**新时代诉讼法学创新文库**（10）

总主编　卞建林

中国政法大学科研项目"民事司法制度改革研究"结项成果

中国政法大学科研项目"虚假诉讼研究"结项成果

# 新型民事诉讼程序问题研讨

肖建华　　唐玉富　著

中国人民公安大学出版社

群众出版社

·北　京·

图书在版编目（CIP）数据

新型民事诉讼程序问题研讨／肖建华，唐玉富著．—北京：中国人民公安大学出版社，2018.4
（新时代诉讼法学创新文库）
ISBN 978-7-5653-3163-3

Ⅰ.①新… Ⅱ.①肖…②唐… Ⅲ.①民事诉讼—诉讼程序—研究—中国 Ⅳ.①D925.118.04

中国版本图书馆 CIP 数据核字（2017）第 311761 号

新时代诉讼法学创新文库
## 新型民事诉讼程序问题研讨
肖建华　唐玉富　著

出版发行：中国人民公安大学出版社
地　　址：北京市西城区木樨地南里
邮政编码：100038
经　　销：新华书店
印　　刷：北京市泰锐印刷有限责任公司

版　　次：2018 年 4 月第 1 版
印　　次：2018 年 4 月第 1 次
印　　张：10.625
开　　本：880 毫米×1230 毫米　1/32
字　　数：286 千字

书　　号：ISBN 978-7-5653-3163-3
定　　价：40.00 元

网　　址：www.cppsup.com.cn　www.porclub.com.cn
电子邮箱：zbs@cppsup.com　zbs@cppsu.edu.cn

营销中心电话：010-83903254
读者服务部电话（门市）：010-83903257
警官读者俱乐部电话（网购、邮购）：010-83903253
法律图书分社电话：010-83905745

# 总　序

　　党的十九大作出了中国特色社会主义进入新时代、我国社会主要矛盾转化为人民日益增长的美好生活需要和不平衡不充分的发展之间的矛盾等重大政治论断，深刻阐述了新时代中国共产党的历史使命，确定了全面建成小康社会、全面建设社会主义现代化国家的奋斗目标，对新时代推进中国特色社会主义伟大事业和党的建设新的伟大工程作出了全面部署。

　　全面依法治国是新时代中国特色社会主义的本质要求和重要保障，而法学研究是社会主义法治建设的重要组成部分，肩负着为法治建设提供理性解读与智识支撑的重要任务。诉讼法学作为与法治实践密切相关的应用性学科，面对新时代法治建设的新任务，更需要深入自觉地回应实践发展需求。只有建立能够适应我国国情、符合社会发展趋势的诉讼法学理论学说与制度体系，才能满足司法实践的需要。新时代推进中国特色社会主义法治建设面临的新问题，为诉讼法学研究提供了新的机遇，也使诉讼法学研究面临前所未有的挑战与压力。面对这种挑战与压力，我们有必要重点强调"创新"二字。创新是学术研究与理论发展之魂，是推动诉讼法学研究不断发展的最大动力。创新诉讼法学研究，可以从以下几个方面理解：

　　首先是学术研究领域的创新。研究领域的创新并不意味着否定、抛弃过去的研究成果，而是在此基础上往更广、更深、更符合实践需要的方向拓展。这不仅需要我们在今后的研究中进一步加强基础性研究，争取在原有研究范畴上获得更高层次、更有深度的学术成果，并不断挖掘、开发新的理论研究范畴，同时也需要我们进一步加强应用性研究，特别是法律实施问题的研究，从而使得诉讼法学理论研究的成果能够顺利转化到实践中去，能够真正引导国家司法制度的变革与发展。此外，社会的发展是一个系统工程，各个部分、环节与层面的发展都是相互影响与相互制约的，这种影响与制约的关系越来越紧密，因此，诉讼法学的发展要想跟上社会发展的步伐并充分发挥其作用，也必须加强对社会科学及自然科学中相关研究成果的吸收、借鉴，进一步开展跨学科、交叉学科、边缘学科的探索研究。

其次是学术研究思路的创新。过去，诉讼法学研究存在较明显的功利化倾向，同时也难以摆脱条文的限制，从而缺乏研究的深度和新意。从规范诉讼法学走向理论诉讼法学，是诉讼法学发展的必然趋势。加强对诉讼原理、诉讼规律的研究，有助于诉讼立法的科学化，也对正确开展司法活动具有重要的指导作用。在这个过程中，不仅需要我们积极借鉴法制发达国家丰富的研究成果和宝贵的实践经验，也需要我们深刻解读、准确把握中国法治实践与法治道路的客观规律，重点解决国际司法准则的本土化问题，努力打造具有中国特色的诉讼法治话语体系。

再次是学术研究方法的创新。长期以来，我国学者在诉讼法学研究方法的运用上偏重于采用概念推理、理论辨析等传统方法，缺乏实践调查与数据分析，以致产生理论设想与实践操作之间的偏离与脱节。面对新时代司法实践中出现的诸多问题，我们有必要进一步加强探索实证研究方法，积极开展各种形式的实践调查和试点实验，加强数据采集与定量分析，不断总结、推广试点经验与实证成果，回答和检验理论研究中的特定问题。实证研究方法的运用有利于实现理论法学与应用法学的衔接、法学理论与司法实践的衔接，也有助于将法学研究成果及时地投入到司法实践中加以检验和修正。

最后是学术研究队伍的创新。以往，诉讼法学研究大都局限于自身学科领域，在研究队伍的组建上存在成员单一、结构固定等普遍问题。在中国特色社会主义新时代，面对不同性质、不同诉求的社会矛盾相互交织、共同作用的现实情况，突破学科壁垒与部门围墙，实现多学科、多部门之间的协同创新势在必行。协同创新理念的实施，要求诉讼法学科在自身优势与特色的基础上紧密联系其他学科，在学术研究队伍的搭建与研究项目的设计上努力实现高校、科研院所、司法实务部门以及企事业单位等不同学科、不同主体之间的资源集成与共享，以此消除诉讼法学科与其他学科、理论研究与司法实践之间的脱节现象。

中国政法大学诉讼法学研究院是从事诉讼法学研究的新型综合性研究机构。2000 年 10 月，诉讼法学研究院入选教育部普通高等学校人文社会科学百所重点研究基地，成为全国法学专业九个重点研究基地之一。诉讼法学研究院以中国政法大学雄厚的法学专业为基础，以国家级重点学科诉讼法学科为依托，集中开展诉讼法学、证据法学与司法制度研究，下设刑事诉讼法学研究所、民事诉讼法学研究所、行政诉讼法学研究所和证据法学研究所。自成立以来，诉讼法学研究院坚持以科研为立院之本，积极承担多个国家级、省部级重大攻关项目，注重人才培养与团队建设，广泛开展多层次学术交流与合作，为国家立法完善作出重要贡献，很好地发挥了重点研究基地的引领与示范作用。

面对新时代涌现的诸多研究课题，在学术研究方面不断创新，积极进取，充分展现重点研究基地的学术影响力，是诉讼法学研究院长期建设、发展的主要目标。为了达此目标，诉讼法学研究院专门创办了"新时代诉讼法学创新文库"这一系列著作项目，用以汇集、总结和展示研究院各位研究人员围绕新时代中国特色社会主义诉讼法治理论与实践中的热点、重点、难点问题而形成的各项学术研究成果。这一文库的出版领域涵盖刑事诉讼法学、民事诉讼法学、行政诉讼法学、证据法学、司法制度等多个方面，以有新意、有深度、有分量的专著、译著为主要形式。我们希望能通过这个文库鼓励学术创新，积累学术成果，并为繁荣、深化和开拓诉讼法领域的学术研究积极贡献力量。

中国政法大学诉讼法学研究院院长

卞建林

2018 年 3 月于北京

# 序　言

　　民事诉讼程序的多元化，是程序分化与革新的重要表现形式，也是构建多元化纠纷解决机制的重要组成部分。其实，多元化纠纷解决机制包含两个层面的内容：一是诉讼程序与 ADR 的不同程序之间妥适的案件分流与纠纷解决机制；二是诉讼程序内部多个子系统的理性发展。司法实践不仅重视多元化纠纷解决机制，重视诉讼与 ADR 之间的程序分流与程序衔接机制，而且也十分重视审判程序的多元化。这也是诉讼程序发展的必然趋势。

　　欧美法治发达国家于 20 世纪六七十年代面临着民事诉讼成本高昂、效率低下和诉讼拖延等严重正当化危机的客观现实，转而接受和大幅度利用 ADR。即使在当今 ADR 已经可以化解绝大多数民事案件的情形下，亦需要确立诉讼程序的示范意义与功能。所以，建构合理化和多元化的诉讼程序仍然是民事司法改革的重要方向，我国民事诉讼法也不例外。

　　民事诉讼法不断确立一些新的程序形式，或对原有的程序进行完善，我们把这种程序称作新型民事诉讼程序。他们有的已为法律或者司法解释所确认，并且在司法实践中产生了非常积极的效果，如公益诉讼程序和恶意诉讼程序。但是，有些民事诉讼程序仍然处于探索之中，尚未上升到法律层面，如附带上诉程序。借鉴、移植这些成熟有效的民事诉讼程序可在相当程度上充实丰富多元化民事诉讼程序，亦能妥善地促进民事诉讼程序的精细化。为此，我们把一些新型民事诉讼程序的研究汇集成书，并希望为民事诉讼实践提出一些建设性的意见。

本书由肖建华与唐玉富合作完成，分工完成后由肖建华进行修改定稿。具体分工如下：

肖建华：撰写第一章、第二章、第三章、第四章、第五章、第十章。

唐玉富：撰写第三章、第四章、第五章、第六章、第七章、第八章、第九章。

新型民事诉讼程序问题仍然是全新的研究课题。囿于研究能力，我们在论述过程中可能存在一定的问题，恳请读者多多批评指正！

肖建华

2018 年 5 月 27 日于小月河畔

# 目　　录

# 第一章　现代型诉讼之程序保障

我国民事诉讼法正在面临现代社会所需要的转型。民事诉讼法的修改在一定程度上反映了这一要求，以面对现代社会纠纷解决的需要。传统民事诉讼倡导诉讼双方当事人进行平等的对抗，体现了司法竞技主义的色彩。在现代社会中，诉讼当事人双方的力量明显不对等，古典的对抗主义或绝对当事人主义诉讼结构面临着重大的挑战。例如，在大规模的消费者利益受损案件、股民受上市公司虚假信息欺诈案件、重大环境污染案件、医疗纠纷案件等不特定多数人利益受损的案件中，其诉讼当事人的主体资格，诉讼中的证明责任的分配，以及法院判决的既判力等，与传统的民事诉讼相比都呈现出不同的形态。民事诉讼法必须面对这些新型诉讼中多数人的利益受到损害而需要司法救济的现实。这里拟以 2012 年《中华人民共和国民事诉讼法》（以下简称《民事诉讼法》）和相关司法解释的具体条款为分析对象，探求现代型诉讼的司法解决与程序保障之道。

## 一、现代型诉讼的界定

### （一）现代型诉讼的含义

20 世纪中叶以来，现代化工业大生产带来了社会经济的大幅发展和利益格局的深刻变动，出现了许多传统诉讼制度无法涵盖的新型诉讼，环境权诉讼、公害诉讼、消费者诉讼、医疗损害赔偿诉讼、产品质量诉讼、虚假广告侵权诉讼、日照权诉讼与嫌烟权诉讼等都需要司法制度进行正面的回应和相应的程序安排。这些区别于传统一对一的私益诉讼而涉及不特定多数人共同利益的新型诉讼形态就是现代型诉讼。现代型诉讼是针对传统型诉讼而言的，直到20世纪六七十年代才逐渐受到重视，并呈喷发式增长。现代社会工业大生产和社会权利的勃兴提供了孕育现代型诉讼的温床。"作为深刻的社会变动之结果，我们时代的主要问题不再是基本上为个人主义的、静态的'私法'及其个人权利的问题，而映射出一个工业化、动态的、多元化社会的问题。"① 现代型诉讼是追求安定的司法制度无法适应急剧变化的社会体制和经济体制的产物。

现代型诉讼实质性地改变了当事人与法院在民事诉讼中的作用负担和权限分工。自由主义的民事诉讼假定诉讼双方当事人的机会平等和武器平等，却没有关注这种形式上平等所隐藏的实质性不平等，造成很多案件的实质正义无法实现。可见，现代型诉讼与自由主义的民事诉讼格格不入。重新分配当事人与法院在民事诉讼中的权限，也吻合诉讼从自由主义到社会性民事诉讼的发展轨迹。社会性民事诉讼要求法官裁断案件时要依托案件所处的政治、社会和经济背景，必要时要行使法官职权，"现代国家并不是与诉讼事件彼此分离地相互对立，不再允许将诉讼视为技术问题，而必须将诉讼列入社会政策计划中"。② 在现代型诉讼中，法官在事实认定、证据调查和法律解释中的积极能动角色是实现社会性民事诉讼必不可少的条件。毫不讳言，现代型诉讼契合社会性民事诉讼的制度机理而逐渐获得了制度确认。但是，现代型诉讼在中国还未获得法律的正式认可，始终游离于法律的边缘。改变现代型诉讼的边缘性地位，必须充分依托正在修改中的民事诉讼法，构建诉讼启动—诉讼过程—诉讼终结的动态程序保障机制。

（二）现代型诉讼的基本特征

尽管我们只能对现代型诉讼进行大致的事实描述，无法精确地

---

① ［意］莫诺·卡佩莱蒂：《比较法视野中的司法程序》，徐昕、王奕译，清华大学出版社 2005 年版，第 322 页。

② ［德］鲁道夫·瓦瑟尔曼：《社会的民事诉讼》，载［德］米夏埃尔·施蒂尔纳：《德国民事诉讼法学文萃》，赵秀举译，中国政法大学出版社 2005 年版，第 90 页。

概括出统一的普适概念，① 却可以从具体的诉讼样态中抽象出不同于传统型诉讼的制度共性，凝结成现代型诉讼的特征。

第一，主体的集团性与实力的倾斜性。现代企业的模式化操作致使其违法活动造成大量市民的利益受到侵害或者面临侵害之虞，由此而引起的诉讼中原告的数量众多而呈现出集团性或扩散性。同时，现代型诉讼中双方当事人呈现失衡的状态，传统民事诉讼所预设的诉讼双方当事人平等对抗的诉讼结构无法实现。在现代型纠纷中，利益受害方往往是势单力薄的个人，有时所遭受的利益损失异常微小，利益权衡后，通过诉讼保障权益的意愿并不强烈，甚至放弃权利，使得加害方无法受到法律制裁而改变其现有的技术性运作。现代型诉讼的被告往往是实力雄厚、掌握特定资源的大型企业、公共团体或者行政机关。与其相比，原告明显处于弱势地位。这种不平等还同时表现在现代型诉讼的证据偏在现象。作为被告的大型企业、公共团体或者行政机关占有和掌握着大量的证据，而原告却无法合法获得这些证据。如果仍然课以原告方证明被告的过错和因果关系的证明责任，势必造成原告的诉讼困局，这对其极为不利。因此，必须设计合理的程序机制才能扭转诉讼双方当事人的不平等局面。具体解决路径有二：一是加强法官在现代型诉讼中的职权，除了进行职权调查取得证据外，法官还要借助于大量的间接事实判断要件事实的成立与否；二是实现证明责任倒置，由被告承担要件事实的证明责任，减轻原告的证明负担，努力消解诉讼双方当事人之间的不平等局面。

第二，争点的共通性与利益的集合性。在现代型纠纷中，同一违法行为危及很多人的利益而使得纠纷争点具有共通性。争点的共通性既可以是事实争点的共通性，也可以是法律争点的共通性。比如，在最高人民法院发布的指导案例"中华环保联合会诉德州晶

---

① 关于现代型诉讼的含义和本质，学界并没有统一的或标准的概念。参见新堂幸司：《现代型诉讼及其作用》，载《基本法学（七）》，岩波书房 1983 年版，第 308 页。

华集团振华有限公司大气污染"民事公益诉讼案件中，振华公司的烟囱长期超标排放污染物，造成大气污染，严重影响了周围居民的生活就是共同的事实争点，众多主体利益的损害都起源于该公司排放污染物这一违法行为。而垄断企业的某一收费事项是否合法就是典型的法律争点，有些案件还可能具有共同的事实争点与法律争点。尽管单独的受害者可能对作为共同争点的违法行为诉诸诉讼，但无法对违法企业形成合理的威慑，而往往需要众多受害者步调一致，共同担负起救济权利的使命。这样现代型诉讼不可避免地牵涉不特定多数人的集合性利益，并由具有充分代表性的主体代表潜在的利益主体主张权利，从而使得主体之间的利益具有同质性。相同利益的凝结类聚促使现代型诉讼所保护的利益具有极强的公共色彩。

第三，请求的多样性与法官的能动性。传统型民事诉讼保护已经遭受损害的法定利益，现代型诉讼所救济的不仅是已经发生的损害，而且还包括受害主体的潜在利益。因此，利益受害者在主张损害赔偿请求权的同时，也可能主张禁止性请求，后者在现代型诉讼中占有举足轻重的地位。此外，这类诉讼中经常出现一些并没有得到实体法规范及其传统理论体系承认的利益、地位，而被作为法律上的权利要求法院承认的情况。① 很多时候，这种利益无法从现行实体法框架中发现适当的保护机制，法官必须能动地适用法律。因此，作为保护不特定多数人利益的程序装置，现代型诉讼还赋予司法者以社会管理者和政策制定者的功能，这也改变了传统的法律适用模式，拓宽了诉讼的利益范围，生成了新型的社会权利。

----

① ［日］谷口安平：《程序的正义与诉讼》（增补本），王亚新、刘荣军译，中国政法大学出版社2002年版，第178页。

## 二、现代型诉讼形式的多样化

### （一）现代型诉讼的具体表现形式

现代社会产生的新型经济权利和社会权利多种多样，且在不断变化，不同的现代型诉讼保护机制也纷纷产生。集团诉讼、团体诉讼、代表人诉讼、示范性诉讼和公益诉讼等都是现代型诉讼的具体表现形式，有时多种形式并存。

集团诉讼是指一个或数个代表人，为了集团全体成员的共同的利益，代表全体集团成员提起的诉讼。[①] 集团诉讼是英美法官依据司法能动性经验累积而成的实践智慧和独具匠心的司法制度，旨在追求集团成员的共同利益或者实现共有的权利。先决条件是："（1）集团成员人数众多，合并当事人存在实际上的困难；（2）集团所有成员存在共同的法律问题或事实问题；（3）集团诉讼代表人提出的请求或抗辩为集团其他成员的请求或抗辩的典型；（4）代表当事人能够公正而且适当地维护全体集团成员的利益"。[②] 在制度集大成者的美国，集团诉讼的辐射范围要广于现代型诉讼，涉及众多主体的私人利益的传统型诉讼也可纳入其中，但是现代型诉讼却淋漓尽致地彰显了集团诉讼的制度优势。

团体诉讼是一种赋予某些团体诉讼主体资格和团体诉权（当事人适格），使其可以代表团体成员提起、参加诉讼，独立享有和承担诉讼上的权利义务，并可以独立作出实体处分的制度。[③] 在团体组织比较发达的德国，《反不正当竞争法》、《一般交易条件法》、《商标法》和《电信法》等单行实体法明确授予消费者组织和行业协会等自治性组织以提起不作为之诉或撤销之诉的团体诉权，制止违法行为，维护团体成员的合法利益。团体诉讼与现代型诉讼有一

---

[①] 肖建华：《民事诉讼当事人研究》，中国政法大学出版社 2002 年版，第 353 页。
[②] 范愉：《集团诉讼问题研究》，北京大学出版社 2005 年版，第 158 页。
[③] 范愉：《集团诉讼问题研究》，北京大学出版社 2005 年版，第 231 页。

定的交集，但却包含着现代型诉讼的典型要素。

示范性诉讼又称为试验性诉讼，是指双方当事人之间达成契约，约定选择某一具有相同的事实问题或法律问题的诉讼为示范性诉讼，在示范性诉讼判决确定前其他未起诉的当事人暂时不提起诉讼或已经提起诉讼的中止诉讼，接受示范性诉讼判决的约束，此协议为示范性诉讼契约。[①] 示范性诉讼包括契约型、职权型和混合型三种具体表现形式。[②] 契约型示范性诉讼以双方当事人事先达成示范性契约为前提，而职权型示范性诉讼则授予法官是否适用示范性诉讼的启动权，混合型示范性诉讼融合了当事人的诉讼合意和法官的程序管理。2005 年德国通过了《投资者示范诉讼法》，专门规制示范性诉讼的程序运作。示范性诉讼是发挥现代型诉讼制度优势的合理程序载体。

我国融合美国集团诉讼和日本选定当事人的制度，建立了独具特色的代表人诉讼。代表人诉讼是指一方或者双方当事人人数众多时，由众多的当事人推选出代表人，代表全体当事人进行诉讼，代表人所作诉讼行为对全体当事人发生效力的诉讼制度。代表人诉讼又分为人数确定的代表人诉讼和人数不确定的代表人诉讼两种。诉讼代表人必须与诉讼具有共同的诉的利益，实施的诉讼行为对所代表的全体当事人产生效力，但是如若进行实体权利的处分必须征得所代表的当事人的同意，代表人诉讼实行的是不完全的诉讼担当。在司法实践中，法官基于审理的便捷性和安全性甚至维稳等因素的现实考量，实践中已经很少运用代表人诉讼维护众多主体的共同利益。

我国《民事诉讼法》第 53 条规定，当事人一方人数众多的共同诉讼，可以由当事人推选代表人进行诉讼。代表人的诉讼行为对

---

① 参见沈冠伶：《示范性诉讼契约之研究》，载《法学论丛》2004 年第 6 期，第 78 页。

② 参见肖建国、谢俊：《示范性诉讼及其类型化研究》，载《法学杂志》2008 年第 1 期，第 34—37 页。

其所代表的当事人发生效力，但代表人变更、放弃诉讼请求或者承认对方当事人的诉讼请求，进行和解，必须经被代表的当事人同意。从第 53 条本身看，其只是一般原则性规定，从立法的角度对当事人推选代表人进行诉讼的权利予以肯定。但这在诉讼的实际操作中难度很大，彼此不相识且人数众多的当事人如何推选代表人、代理人费用以及代表人巨大的时间成本都是问题。因此，该条款仅为代表人诉讼提供了法律依据，但缺乏使适合集体诉讼的案件推进的动力。第 54 条规定对于推选不出代表人的情况，人民法院可以与权利人商定代表人。但这只是为推举代表人提供了选择，法院并不是必须为之。从法条来看，推举代表人只是人民法院的权利，而并非义务。所以此条规定仍然不具备将代表人诉讼推进下去的动力。该条款还考虑到法院与当事人协商失败的可能性，赋予了法院指定代表人的权利。但是，这仍然只是法院的权利，不是义务，所以仍然缺乏将集体诉讼推进下去的动力。

我国的代表人诉讼制度确实解决了其从无到有的问题。但从法条本身看，可能造成的代表人难产只是问题的表面，所有的诉讼参与人缺乏把诉讼推动下去的内部和外部动力才是根本。首先，代表人诉讼制度从法律条文上讲并没有对法官有任何强制性的要求。对于使用集体诉讼的案例，法官不是必须促成集体诉讼，使得制度上的外部动力缺失。其次，当事人作为受害者，应为最有动力推进集体诉讼的利益关系人。但其动力的大小往往取决于受害人受侵害的程度。受侵害严重的当事人，可能急需通过诉讼得到救济。但受损害程度很轻或者经济损失数额较小的当事人，可能会得过且过，选择忍气吞声。最后，在诉讼代理人方面，其最终目的是获得劳动所得，胜诉或者败诉暂且不论。集体诉讼相对来说耗时耗力，并且胜诉的概率相对较小，当事人也可能来自各行各业，甚至没有共同目标。但是，他们面对的多为有强大的资本做后盾的企业。所以代理人代理此类案件时风险与潜在的收益并不成比例，缺乏承接此类案件的动力是很有可能的。

相较于我国代表人诉讼制度在司法实践中的情况，美国的集体诉讼制度相对成熟，并且在司法实践中应用较为广泛。从法律适用条件上看，美国集体诉讼的规定比我国代表人诉讼的规定要细致得多，且有较高的可操作性。对于适用集体诉讼或者代表人诉讼的案件，美国《联邦民事诉讼规则》进行了几乎充要条件的规定。比如，对于是否以集体诉讼立案，其规定的不仅条件清晰，并且对于法官的权利和义务也有所体现。其第23条C款规定：一旦有人要求期待集体诉讼程序，法院应尽快就是否同意进行集体诉讼作出裁定。法院的裁定可以是附加条件的，在案件审理终结之前，法院可以变更或修改该裁定。如有必要，法院也有权把一个集团诉讼拆分成更小的集团，分别作为集体诉讼处理。有了适法的充要条件，有了法院对集体诉讼所负有的责任和义务，该法的实际可操作性自然大大提高，同时也为诉讼参与人施加了必要的外部动力。

对于诉讼费用问题，美国采取了相对有效的方法——实行胜诉酬金，即败诉方律师不收取任何费用，胜诉方律师将取得赔偿金的三分之一。由于集体诉讼赔偿总额巨大，取得赔偿总额的三分之一是巨大的利益诱惑，这在很大程度上调动了律师的积极性。他们会利用自己的专业知识把集体诉讼推进到底。对于法官来说，一方面，法律规定使用集体诉讼的条件非常明确，另一方面，集体诉讼是社会关注度很高的案件，主审这样的案件，会大大提高自身的知名度，所以内在和外在的动力均具备，于是诉讼参与人各方均有动力把集体诉讼推进下去。

关于我国代表人之诉既判力的扩张，首先，应当考虑对后诉中权利人诉讼权利的保障。对于未登记的权利人的诉讼请求内容超过了原诉讼中提起的诉讼请求的，如果法院确认未登记的权利人提出的诉讼请求成立，应当作出新的判决，以排除原审裁判的适用。如果前诉是经调解结案的，那么其调解书的效力是否及于未登记权利人提起的后诉？笔者认为，严格来讲，调解书的内容并没有经过法庭充分辩论、对抗，因此对调解书当事人以外的任何人不产生约束效力。其次，在此可以借鉴美国的做法，对于原诉是调解结案的情况，调解书经过法院的审查批准，在保证调解书公正和保护未登记权利人利益的前提下，可以将原诉中的调解书的效力及于未登记权利人提起的后诉中。最后，在未登记权利人以自己与对方当事人达成调解协议为由，请求法院确认调解协议效力，而不要求适用原裁判的情况下，法院可以根据《最高人民法院关于适用〈中华人民共和国民事诉讼法〉的解释》（以下简称《民事诉讼法解释》）中新增的司法确认调解协议的规定，以充分尊重申请人的意愿，经过审查裁定调解协议的效力。

公益诉讼是指特定的机关、组织和个人根据法律的授权就侵犯众多主体的国家利益或者社会公共利益的违法行为向法院提起的现代型诉讼。民事公益诉讼的首要目的是保护社会公共利益、不特定多数人的群体利益，是现代型诉讼的典型。这也是民事公益诉讼与一般民事诉讼最根本的区分。这一本质区别确定了任何与案件没有利害关系的个人或组织均可向法院提起民事公益诉讼请求。民事公益诉讼中原告既可以是其利益受到直接侵害的社会组织和个人，也可以是其自身权益没有受到任何侵害的组织和个人，即只需该违法行为人的违法行为对社会利益或者是不特定多数人的群体合法利益构成了损害，造成了损失，任何组织和个人都可以自己的名义向法院提起诉讼。传统的民事诉讼的原告个人或组织必须要求与案件有直接的利害关系。在民事公益诉讼实践中，行政机关、检察机关已经实际扮演着向危害社会公共利益的侵权行为人进行起诉的角色。

传统的民事诉讼，原告提起诉讼，主要是由于被告的违法行为造成的直接利益损失。在传统的民事诉讼中，原被告双方多为普通的组织或公民。在民事公益诉讼中，被告主要是大型企业，在公用事业方面具有垄断地位的强势力等，而原告是一个普通的人或组织，当事人双方在形式上虽然具有法律意义上的平等，但其实质的力量对比却存在巨大的悬殊。在诉讼活动中，无论是在聘请优秀律师接受法律服务，还是在诉讼费用的支出方面，被告方较之于原告方来说都有巨大的优势。在这种情况之下，原告方想得到法院的认可，将会在权利的主张和证据的收集方面遇到莫大的困难。因此，在民事公益诉讼中为了让原告更好地实现诉讼目的，在程序设计上应给予原告方适当的倾斜照顾，如在举证责任、诉讼费用的承担等方面均让被告方承担更多的责任，另外，采取对原告方的专业需求提供法律援助等措施，以缓和原被告双方明显的实力对抗不平衡。

民事公益诉讼中保障的利益主要是涉及国家和社会公众的群体利益，其保障利益的集结性和全面性特点决定了民事公益诉讼的判决结果必须具有相应程度的辐射扩展性。国家的利益扩张，经常引起垄断经营单位和公共服务机构的重大政策的变化和主要行为的调整，甚至相关法律制度的修订。重要的是，民事公益诉讼的结果是不仅针对过去的行为，也指向没有发生的未来。但传统的民事诉讼所解决的纠纷主要是针对当事人之间的平等个体之间的民事权利和义务，不涉及公共利益。传统民事诉讼的判决也是具有相对性的，不会涉及案件当事人以外的第三人，更不会产生广泛的社会效应。

随着社会公共利益受损情形的不断加剧，人们对有关社会公共利益维护的探讨也日益增多，我国的民事公益诉讼制度建设也在不断完善。目前，我国研究民事公益诉讼的学者主要从以下几个方面进行较为深入的研究：第一，从宏观方面研究民事公益诉讼的相关理论问题，从民事公益诉讼的概念、特征[①]着手，对我国创建民事公益诉讼的必要性及可行性做出了一定阐释。[②] 同时对国外公益诉

---

① 韩红志：《公益诉讼制度：公民参加国家事务管理的新途径》，载《中国律师》1999 年第 11 期；苏家成、明军：《公益诉讼制度初探》，载《法律适用》2000 年第 10 期。

② 颜运秋等：《论公益诉讼的可行性与合理性》，载《湘潭工学院报》（社会科学版）2002 年第 3 期；李艳芳：《美国的公民诉讼制度及启示——关于建立我国公益诉讼制度的借鉴性思考》，载《中国人民大学学报》2003 年第 2 期；张廉：《我国公益诉讼制度的可行性分析》，载《河南师范大学学报》（哲学社会科学版）2002 年第 4 期。

讼的相关情况进行了介绍,[①] 并对我国民事公益诉讼的进一步发展提出了建议,[②] 当然也有学者从民事公益诉讼对传统诉讼的挑战方面探讨,[③] 提出了相应的处理措施。第二,从部门法方面对民事公益诉讼进行剖析,鉴于民事公益诉讼主要保障的是社会公共利益,大多数学者最早是从经济学的角度对民事公共利益进行解析,认为民事公益诉讼实质上就是经济公益诉讼,对民事公益诉讼的建设也应多参照经济诉讼方面的制度,对于民事公益诉讼的程序设计更应结合经济法方面的要求。[④] 第三,对民事公益诉讼的主体制度进行了探讨,[⑤] 对公益诉讼主体的讨论主要集中在检察机关是否有提起民事公益诉讼的主体资格,在具体的操作程序方面,民事公益诉讼制度中,检察机关应如何发挥作用,以及检察机关进入民事公益诉

---

① 颜运秋:《公益诉讼理念研究》,中国检察院出版社 2002 年版,第 116—154 页;王太高:《国外行政公益诉讼制度论述》,载《山西省政法管理干部学院学报》2002 年第 3 期;赵慧:《国外公益诉讼制度比较与启示》,载《政法论丛》2002 年第 5 期;赵许明:《公益诉讼模式比较与选择》,载《比较法启示》2003 年第 2 期;苏文卿:《诉讼法发展的新动向——国外公益诉讼制度鸟瞰》,载《探索》2003 年第 5 期。

② 王应强:《试论我国公益诉讼制度的构建》,载《学习论坛》2004 年第 1 期。

③ 颜运秋:《论公益诉讼对传统诉讼的挑战》,载《湘潭大学社会科学学报》2003 年第 3 期;李广辉、孙永军:《公益诉讼法理与传统民事诉讼法理的冲突及衡平》,载《南阳师范学院学报》2003 年第 5 期。

④ 颜运秋:《论经济法的可诉性及其弥补》,载《当代法学》2000 年第 1 期;颜运秋:《经济诉讼独立的缘由和表征》,载《湘潭大学社会科学学报》2000 年第 3 期;颜运秋:《经济诉讼独立的法理分析》,载《江海学刊》2000 年第 3 期;阮大强:《论在我国建立经济公益诉讼制度的根据》,载《天津师范大学学报》(社会科学版) 2001 年第 4 期。

⑤ 颜运秋、颜运夏:《质疑"直接利害关系人"制度》,载《行政与法》2003 年第 6 期。

讼程序后具体应如何操作等问题。① 第四，还有学者从具体的制度建设方面对民事公益诉讼进行研析，如消费者公益诉讼、② 环境公益诉讼、③ 社会保险公益诉讼、④ 反垄断公益诉讼⑤和科技公益诉讼⑥、国有资产流失公益诉讼，等等。

（二）现代型诉讼主体的多元化

无论是集团诉讼、团体诉讼和示范性诉讼，还是公益诉讼，现代型诉讼遭遇的最大制度障碍是利害关系人无法获得诉讼主体资格，纠纷不能进入到实质性的司法裁判过程中，陷入诉告无门的尴尬境地。西方各国的公益诉讼，尤其是美国等发达国家，由于公益诉讼制度起步早，司法实践经验丰富，制度体系较为完备。就以美国举例，关于主体资格，美国法律规定，只要有损害事实，遭受损害的一群公民或几个组织、团体中的成员，就可以代表其提起诉讼。国会可以授权没有资格起诉的主体提起诉讼，请求对官员的行

---

① 荆忠：《试论检察机关提起民事公益诉讼的有效方法》，载《北京市政法管理干部学院学报》2003 年第 1 期；肖易村、诸葛旸：《检察机关提起公益诉讼之我见》，载《检察实践》2003 年第 1 期；邓中文、王光荣：《对检察院开展公益诉讼的探讨》，载《兰州学刊》2003 年第 6 期；李韶冠、武凯佳：《我国检察机关提起公益诉讼之理论问题解析》，载《行政与法》2004 年第 1 期；检察机关参与公益诉讼研究课题组：《检察机关提起公益诉讼的法律地位和方式比较研究》，载《政治与法律》2004 年第 2 期。

② 张明华：《建立消费者公益诉讼制度之构想》，载《中国工商管理研究》2003 年第 3 期；张明华：《消费者公益诉讼若干问题研究》，载《杭州商学院学报》2003 年第 1 期。

③ 颜运秋：《论环境与资源诉讼中的公益理念》，载《甘肃政法学院学报》2003 年第 2 期；张明华：《环境公益诉讼制度刍议》，载《法学论坛》2002 年第 6 期；冯敬尧：《环境公益诉讼的理论研究与实践探析》，载《湖北社会科学》2003 年第 10 期。

④ 单飞跃、袁玲：《社会保险公益诉讼的障碍分析与路径选择》，载《北京市政法管理干部学院学报》2002 年第 4 期；颜运秋、曾明：《社会保障权与公益诉讼》，载《暨南大学法律评论》（创刊号），法律出版社 2007 年版。

⑤ 张明华：《反垄断公益诉讼制度初探》，载《燕山大学学报》（哲学社会科学版）2003 年第 1 期；颜运秋：《论反垄断诉讼的公益性》，载《南华大学社会科学学报》2003 年第 1 期。

⑥ 焦洪涛、谢惠加：《试论科技公益诉讼》，载《科技与法律》2003 年第 1 期。

为进行司法审查，以阻止官员的违法行为。联邦最高法院确立了适格公民之诉原告的限制条件：一是必须具备实际损害，在证明实际损害时，原告必须与受损害的环境之间有具体合理的关联性；二是被告的行为与损害结果之间存在直接因果关系，即该损害必须是由被告的行为造成的。也就是说，美国法律认为，公民之诉原告应当与案件存在利益相关性。

我国 2012 年修订的《民事诉讼法》原则性地建立了民事公益诉讼制度，赋予"法律规定的机关和有关组织"提起民事公益诉讼的原告资格。这种立法不仅缺乏可操作性，而且有很大缺陷。在诉讼主体资格、诉讼程序进行、诉讼请求范围、诉讼费用、和解规则、法院职权等诸多方面未予明确化的情形下，通过民事诉讼法修正案，原则性地建立民事公益诉讼制度。立法者的立法意图是首先通过《民事诉讼法》原则性地建立民事公益诉讼制度，然后随着司法实践的发展和相关部门法及司法解释的细化逐步完善民事诉讼法中对该制度的规定。这种方法无可厚非，这是我国在立法技术不发达和民事公益诉讼实践经验不丰富时的一种权宜之计。立法在原则性地建立民事公益诉讼制度的同时，经过草案反复修改，最终却将"公民"这一主体排除在提起民事公益诉讼的原告范围之外。这不仅是对公民保护社会公共利益积极性的严重打击，更造就了我国民事公益诉讼制度的重大缺陷。从《民事诉讼法》的修订讨论过程可以看出，最终之所以没有赋予公民提起民事公益诉讼的原告资格，是因为担心滥诉、浪费司法资源和"防止被人利用"。笔者认为，作为一项规制人类行为方式的社会制度，不可能是尽善尽美的。不能因为一项制度在某方面有可能出现的弊端就一棍子打死，废弃不用。我们能做的是权衡利弊，修缮制度，使一项制度的优势得以最大限度地发挥，而通过相应程序的设立尽可能避免制度的缺点和不足。

《民事诉讼法》第 55 条规定："对环境污染、侵害众多消费者合法权益等损害社会公共利益的行为，法律规定的机关和有关组织可以向人民法院提起诉讼。"公益诉讼的制度确认是对传统的实质利害关系理论的巨大突破,极大丰富了当事人适格理论。换言之,运用当事人适格理论规定民事公益诉讼制度的立法技术,消解了公益诉讼单独成章或者成节可能造成的法条冲突。

当然,经过某种利益博弈后,立法确立的公益诉讼与社会需要的制度期待仍有相当大的距离。《民事诉讼法》所确定的民事公益诉讼不但将其适用范围局限于环境污染纠纷和消费者权益纠纷两种案件类型,而且严格限定民事公益诉讼的诉讼主体资格。依据该条款,提起民事公益诉讼的主体只能是"法律规定的机关和有关组织"。可是,法律规定提起民事公益诉讼的机关却寥若晨星。爬梳既有的单行法,笔者发现只有《海洋环境保护法》第90条规定,国家海洋局有权就海洋环境污染案件代表国家对责任者提出损害赔偿要求。除此以外,法律没有明确的机关具有民事公益诉讼主体资格。这样的话,法治国家普遍确立的检察院民事公益诉讼主体资格并未明确。

降低诉讼门槛、保障当事人的诉权让民众接近司法,走向正义,是当代各国司法的共同使命,而扩充当事人在民事公益诉讼中主体适格的范围,是现代型诉讼运作的重要前提。首先就是要确认检察院的公益诉讼主体资格。在我国这样一个行政权力高度强化的国度,检察院提起公益诉讼显得更为必要和急迫。有一个代表社会集合利益的人民检察院提起公益诉讼,可以增进社会公共福祉,保护受到侵害的不特定多数人利益,保证法律的实施增进多数人的幸福。诉讼信托和诉之利益理论为检察院提起公益诉讼提供了法理基础。

因为,即使赋予行政机关提起民事公益诉讼的资格,也不能认为其积极因素有多大。行政机关面对现代型纠纷行政不作为或者滥用权力导致公益受到损害是公益诉讼存在的重要原因,赋予具有许可权、监管权和处罚权的行政机关提起相关民事公益诉讼的资格,对走向现代法治是一个倒退。例如,前几年轰动一时的三聚氰胺毒奶粉案件、毒胶囊案件等,首先是相应的行政机关没有在事前履行其应有的监管职能。受害人如果起诉法院一般不予受理,问题往往是由各地行政机关通过政策方式解决,示范性诉讼无法适用,案件解决的方式因案因人而异,很难产生宣示性的社会效果,也无法有效地在全社会形成法律意识和企业责任意识。

当然,即使赋予检察机关公益诉讼主体资格,也不代表就能在很大程度上实现立法的目的。因为有些法治国家检察院提起民事公益诉讼的案件也不多。"人们广泛承认的事实是:检察官太少用于其广泛的权力,以致不能有效保护新兴的超个人利益,诸如少数族彝、政治和宗教少数派的基本自由,自然资源的保护,以及消费者权利。"① 在我国,检察院与法院在组织层面上往往是利益共同体,检察院不愿直接与法院发生利益冲突,并且检察院还担心在民事公益诉讼中充当原告是否会削弱法律监督者的职能。特别是检察院提起民事公益诉讼一审胜诉后,有可能在二审陷入作为被上诉人的角色,这也会让检察院在提起民事公益诉讼时慎之又慎。此外,民事公益诉讼对案件的调查、取证、评估、鉴定、审理等,不但要耗费很大的财力,而且要耗费大量的人力,检察院也会担心自己没有充足的精力应付过多的公益诉讼。有些案件如环境污染案件等现代型纠纷涉及的企业是当地的纳税大户,检察院也很难一视同仁。检察院进行选择性起诉很可能是必须的,必然为检察院带来负面的评价,而无法发挥其公共利益维护者的角色。

但是,在这个急剧变革的时代,国家机关必须担当起历史的责任,必须保卫我们的社会。无论是通过这次《民事诉讼法》赋权,还是通过修改《人民检察院组织法》,检察院的民事公益诉讼主体资格不能再含糊其辞了。

一般地,赋予社会团体以公益诉权是修正草案的亮点。但哪些

---

① [意] 莫诺·卡佩莱蒂:《比较法视野中的司法程序》,徐昕、王奕译,清华大学出版社 2005 年版,第 381 页。

社会团体才能行使公益诉权呢？法律条款并未加以明确。依据成立要件的不同，社会团体可以分为两类：一类是依据社团管理条例需要在民政部门登记注册的，《社会团体登记管理条例》第 10 条规定了 6 项成立要件，无论是人员还是资金都有非常严格的要求，使得很多社会团体难以取得民政部门的登记；另一类是不需要登记注册的人民团体或者经过国务院批准成立的社会团体，如妇联、工会、残联等，这些社会团体具有半官方色彩，是否具有提起公益诉讼的强烈愿望和动力是存在疑问的。既然法律条款未对社会团体予以明确区分，就可以认为两类社会团体都具有公益诉讼主体资格。事实上，2001 年《工会法》就赋予了工会这一社会团体的公益诉权。该法第 20 条规定："企业违反集体合同，侵犯职工劳动权益的，工会可以依法要求企业承担责任；因履行集体合同发生争议，经协商解决不成的，工会可以向劳动争议仲裁机构提请仲裁，仲裁机构不予受理或者对仲裁裁决不服的，可以向人民法院提起诉讼。"工会可以其名义就工会会员的劳动权益侵权纠纷提起民事公益诉讼，而且利益诉求不仅包括停止侵害的预防性请求，还包括就与自己无直接利害关系的纠纷提起损害赔偿请求。但是，工会在民事公益诉讼中获得胜诉判决后，如何分配胜诉金额就成为非常重要的问题。而在团体诉讼最为发达的德国，社会团体是通过单行法形式取得公益诉权，并且只能提起预防性请求，一般无权行使金钱损害赔偿请求权。

民事公益诉讼立法的最大缺憾是没有规定公民个人的公益诉权。根本原因还在于对公民的不信任，担心"爱管闲事"的公民个人大量提起民事公益诉讼，造成民事公益诉讼案件数量激增。其实，这是一个好的结果。法治社会就是应当具有包容性和多样性。让公民充分行使权利，防卫国家公权被滥用或不作为，让人民监督政府，是国家发展的健康状态。其实，公民从事公益诉讼的成本比较大，而且法律对当事人滥用诉权也规定了制裁措施，如防范和制裁恶意诉讼（含虚假诉讼），规定当事人诉讼应遵守诚实信用原则等，把打击滥诉和鼓励"公民之诉"结合起来有助于改进政府工作，推动社会的民主与法治进程。

认同公民提起民事公益诉讼，即所有因被告的行为而直接或间接受到损害的人，都是与案件具有法律的利害关系，都可以维护自己的私人利益和公共利益，取得原告资格，并不会导致滥诉。①

事实上，最高人民法院的反垄断司法解释已经先前一步，赋予了公民个人具有提起反垄断诉讼的主体资格。2012 年 5 月初公布的《关于审理因垄断行为引发的民事纠纷案件应用法律若干问题的规定》第 2 条规定，"原告直接向人民法院提起民事诉讼，或者在反垄断执法机构认定构成垄断行为的处理决定发生法律效力后向人民法院提起民事诉讼，并符合法律规定的其他受理条件的，人民法院应当受理"。可见，只要原告有证据证明受到损失，就可以直接提起反垄断公益诉讼，无须先行经过行政认定程序。这种规定具有制度样板意义，应该成为公民个人提起民事公益诉讼的典范，并应逐渐获得作为基本法的民事诉讼法的制度确认，摆脱个案的典型意义而具有普适性。但是，公民代表提起民事公益诉讼，需要规定对未参加诉讼的利害关系人的程序保障。为此，严格限定公民的诉讼代表资格并由法院进行审查，就是一个恰当的选择。我国台湾学者认为，为确保未亲自参与诉讼之人的利益能够在诉讼中充分地主张，应以当事人适格概念去选择、控制对纷争具有最强烈利害对立之人作为实际进行诉讼之当事人，进行充分之攻击防御，强化该判决的拘束力扩张于未亲自参与诉讼之第三人之正当性基础。②

综上所述，现代型纠纷的司法保障，需要调动多元社会主体参与社会管理和制度创新的积极性。检察院、行政机关、社会团体和公民个人都应当被赋予民事公益诉讼的主体资格，而其行使的条件

---

① 参见陈亮：《美国环境公益诉讼原告适格规则研究》，中国检察出版社 2010 年版，第 145-151 页。

② 参见黄国昌：《民事诉讼理论之新开展》，北京大学出版社 2008 年版，第 286页。

和方式可以通过司法加以规范，条件成熟后进一步通过立法加以完善。

（三）现代型诉讼的举证证明责任

民事诉讼中的证明是当事人提供的民事证据所能够形成的确定或信服的最终结果，证明责任则是当事人对有关民事争点的具体情况提供相应证据，依此民事证据的提出以佐证其所欲申明的事实。而举证责任被表述为，"从自己的利益出发、为避免诉讼上的不利而对争议事实举证的必要性"。① 关于举证责任的具体负担行为在民事诉讼中是一种具备合理性的取效行为。举证责任分配制度无疑是民事诉讼证据制度的重要组成部分，具体难点体现在民事诉讼双方当事人之间如何界定这种非此即彼的证明责任分配。《民事诉讼法》大部分情况下所规制的并非是民事主体的善意，相对于刑事诉讼法、行政诉讼法等类似部门，民事诉讼法的程序制度设置更浓厚地体现了一种契约精神。必须认识到，针对民事原告方诉求被告方的相关证明责任程序进程，只有公正的分配才能统摄整体民事证据的"攻击与防御"角色。而之于民事公益诉讼而言，影响规模的范围化使得证明责任分配的重要性尤其凸显，任何一种不适当的证明责任分配规则都会导致法的不安全性。

在对民事公益侵权诉讼的整体认知中，他方所实施的民事行为若仅仅形成对特定公民或法人名誉具体损害的，可以断言，此时其并不构成公益侵权，而仅仅构成一般的私益侵权，应纳入一般侵权诉讼程序，而由原被告双方当事人围绕特定被侵损的民事权益加以"一对一"的较量。相对来说，《新民事诉讼法》第55条确定的民事公益诉讼的受案范围仅为环境公益诉讼及消费者公益诉讼，"公益"才是民事公益侵权诉讼唯一的程序驱动力，民事公益诉讼的

---

① 范愉：《集团诉讼问题研究》，北京大学出版社 2005 年版，第 231－234 页；［日］新堂幸司：《现代型诉讼及其作用》，载《基本法学（七）》，岩波书房 1983 年版，第 308 页。

权利保护及主体资格的扩张性、双方当事人地位的不对称性，决定了其侵权行为与损害后果之间具有的是一种并不明显的因果关系。在民事公益诉讼具体进行中，弱势的原告方当事人具有强烈意图去保护公共利益，而优势的被告方当事人对相关民事证据得以强力控制。对获取证据资源的现实无力，导致原告方其所诉求乃至主张的民事公益无法顺利得以实现。强制民事诉讼一方当事人披露出极有可能对自己不利的民事证据，只要此不利证据能够证明案件事实，是举证责任分配规则的分内之责，在民事公益诉讼中，因为具有依因果关系而进行举证的优势条件，这种强制即加之于被告方当事人。

传统的民事诉讼法体系中关于举证责任的分配，"肯定者承担证明，否定者不承担证明"①是"谁主张，谁举证"这一基本原则性举证责任分配原则的朴素表达。随着证据制度的发展，这一主流规则受到举证责任倒置规则的挑战。台湾学者对举证责任的看法持开放态度，"举证责任之原则，当事人须对其有利之法律规范要件负举证责任，但若审酌个案（群）所有情况，依举证责任分配一般原则，显失公平而不可期待者，不在此限"。②有原则，则有例外。在一般民事诉讼程序推行中，利害关系联系着私益诉讼当事人的资格与地位，其举证责任的分配，基于有利主义，较为简明。而可被称为例外情形的民事公益诉讼中，其双方当事人的举证责任分配在民事公益诉讼的土壤中，为了压制"显失公平"或者"不可期待"的不良效果，体现的是判别具体状况下的区别对待。合理规定何方当事人承担举证责任，直接关系到程序正义价值在诉讼程序中的具体实现。民事公益诉讼的程序特质，最主要的是民事诉讼当事人用弱势地位去抗衡强势地位，这决定了对传统"谁主张，

---

①　参见［意］桑德罗·斯奇巴尼：《民法大全选译——司法管辖权·审判·诉讼》，黄风译，中国政法大学出版社1992年版，第57页。

②　参见姜世明：《新民事证据法论》（修订三版），新学林出版股份有限公司2009年版，第195页。

谁举证"规则的阻断与突破。举证责任应取决于多方面因素的综合考量，如：（1）公平要素，其对应的是民事诉讼价值的程序公正。在宪法"法律面前人人平等"的理念下，当事人平等原则，是民事程序公正价值理念的重要构成要素。在传统民事诉讼中，原告对其主张的攻击性法律事实负有举证的责任，被告方相对应的对其主张的抗辩性法律事实负有举证责任。在现实生活中，因经济条件、社会地位等的不同，民事公益诉讼双方当事人能力差别是客观存在的，并不会因为民事公益诉讼的介入而直接转变，民事公益诉讼矛盾具体形成后，起诉资格较为开放的原告方处于弱势地位，所诉求的公益若在举证责任方面被此种弱势所拖累，实质上的不公平就会侵害合法公益。对举证责任分配规则公平的追求恰恰是对现实中"特权"的削减，从制约现实的不公平来尽可能地达成实质公平，以此保障民事公益的实现。（2）便利要素，其对应的是民事诉讼价值的程序效率。民事公益诉讼的模式设定正是对传统型民事纠纷的补强性保护，而程序"效率"在积极意义层面上的普适化，同样是其所追求的方向。在破除民事证据真伪不明的迷雾之前，民事诉讼程序中具体由哪一方当事人来负担举证责任，将民事证据带到裁判者的面前，这是切实的分配。任何民事证据的举证过程，都会动用一定规模的社会资源，如时间、信息、物质财富等。在民事公益诉讼中，关键证据常常在被告方当事人手中掌握，只有最便利的由距离证据材料最近的一方当事人来承担具体举证责任，才能够依据理性高效维护民事公益。便利因素并未对民事公益诉讼中民事证据的竞争性加以质疑，程序公正与程序效率并不矛盾，而只是在效率方面突出维持私法秩序的价值，保障公共利益的实效性。

在现代社会爆发式发展的背景下，经济的进步却极易产生规模化不良影响，尤以环境污染及侵害众多消费者权益的情况为盛，造成合法民事公益的现实减损。结合这种新情况的综合现状，以新民事诉讼法具体增设民事公益诉讼的程序保障视角，我国的民事公益诉讼作为民事程序方面新法修改的突出方面，不仅仅具有制度实验性，其立法设定所产生的波纹效应，对于针对性解决最广大范围民事主体在公共利益上的衍生问题，具有积极作用。对于举证责任分配规则方面的规范化标准，民事案件的具体类型化差异造成其长久以来呈现漂移不定的态势。对于民事公益诉讼，我国作为大陆法系程序体系的倡导者，在统一确立相关现实分配规则的基础上，应由法院发挥公正居中裁判者的作用，去公断民事公益诉讼双方当事人在举证责任方面的现实潜力。审判法官是民事诉讼程序运行的具体指挥者，对于举证责任分配的指挥亦不例外。此处的指挥并不是具有超职权主义性质的越界，笔者认为，可以将其理解为一种积极层面的司法能动主义。民事公益诉讼的开放性决定了其类型及范围是无法穷尽的，而在此所牵系的举证责任分配亦然动向性地变化着。应当综合考量侵权责任法及《新民事诉讼法》第 55 条的立法意图，并充分发挥法院在公益诉讼案件中举证责任分配的能动性，从而实现公益诉讼的公正价值目标。

在民事公益诉讼中，对法官的司法裁判要求应当更严格，追求达到"公共中的公正"，过度地追求实质正义就会耗费相应多的诉讼资源，效率性亦随之低下。笔者认为，应当由法官来决定被告方承担最主要民事证据的举证责任，而至于正当干预的程度则决定着分配规则的效率性便利。法官干预并不等于国家干预，二者法理基础相悖，后者理应出现的是一种消极不干预，而前者体现的是一种辩证的衡平。大陆法系民事诉讼，视诉讼为解决争端的一种约定，其中强化当事人责任的基本依据似乎在默默吟咏着当事人在英美法系司法领域各个部门的杰出作用，但是，法律程序解决纠纷的使命也促使了人们对有争议之公平的思考，诸如如何平衡双方当事人的实力，转至能干扰探求真实之需要的价值观上来。① 在民事公益诉讼中双方当事人的实力对比，只要经济社会的地位不变，永远呈现

---

① 参见米尔建·达马斯卡：《漂移的证据法》，李学军、刘晓丹、姚永吉、刘为军译，中国政法大学出版社 2003 年版，第 173 页。

原告方弱势、被告方强势的局面。笔者认为，法官干预的正当程度可以作用在以下几个方面：在判定对民事关键证据材料占有的优势距离上；对社会现实客观规律的认定上；程序公正、效率的价值判断上；对恶意妨害举证的一方当事人强制性承担举证义务上。法官干预限明以上范围，属于有针对性地提升民事公益诉讼的效率，以促进合理的举证责任分配规则的建构，便利民事司法。

### 三、现代型诉讼救济的倾向性

在现代型诉讼中，被告的实力明显强于原告，法律必须在救济方式向弱势的原告方倾斜，才能真正实现有权利必有救济、有损害必有赔偿的基本法理。当现代型纷争已经进入正式的诉讼程序中，诉讼双方当事人关注的重点是如何生成正确的诉讼产品，强化判决的正当基础，构建能够实现实质平等的证据制度就成为程序输出链条的重要一环。新《民事诉讼法》创设的诉前证据保全、专家证人和电子数据等证据制度有利于进一步加强证据收集的功能和科学证据调查的缜密性。然而，证据开示、文书提出命令和证明妨碍等关键性制度的缺失，还难以根本矫正诉讼双方当事人力量失衡。并且对客观证明责任的滥用，使得诉讼证据制度越来越掣肘现代型诉讼的发展。

现代型诉讼的一个突出特点是证据偏在，大多数证据掌握在明显处于优势地位的垄断企业、公共团体和行政机关手中，从而加剧了本就弱势的原告收集证据的困难。《德国民事诉讼法》经过 1976 年和 1990 年的两次全面的修改，在借鉴英美法系主要国家的证据开示制度的基础上，创建了自己独有的独立证据调查程序，把诉前证据保全程序作为一个独立的程序，将证据保全扩张为证据收集的一种积极手段，同时也明确了诉前证据保全的功能，从传统的一元化证据保全功能向四个方面扩展，包括保全证据、确定事实、证据开示以及促成纠纷裁判外解决的四个功能。一方面，可以使诉讼双方能够尽早地发现与纠纷相关的重要证据，以防止对方诉讼突袭，保障诉讼权利的平等实现，以实现集中化审理的目标。另一方面，也可以使当事人诉讼前知晓对方及自己的重要证据，从而对案件事实和证据做一个整体的评估，获得更多的诉讼程序选择机会，促进当事人自主地解决纠纷，避免纠纷的进一步扩大，节约司法资源。

我国《民事诉讼法》新增设的诉前证据保全制度在一定程度上有助于增强原告的证据收集的手段。原来的诉前证据保全的规定只限于海事案件和知识产权案件，现在则所有的民商事案件都可以申请诉前证据保全。我国新《民事诉讼法》第81条第2款规定，"因情况紧急，在证据可能灭失或者以后难以取得的情况下，利害关系人可以在提起诉讼或者申请仲裁前向证据所在地、被申请人住所地或者对案件有管辖权的人民法院申请保全证据"。从这一法条中我们可以看到诉前证据保全的使用条件有两个，一是证据可能灭失，如知悉案件真实情况的人面临生命危险或生老病死以及作为物证或书证载体的物即将毁损或者灭失以及发生别的不能预估的状况；二是证据以后难以取得，如证人移民或即将出国。这两个方面只需具备一个方面就可以申请诉前证据保全，传统证据保全也是基于这两方面而考虑的，一是证据会由于自身的原因发生毁损或者灭失，二是证据的利害关系人人为地毁损或者消灭证据，从这两方面看，无论是自然的还是人为的致使案件的重要证据发生损毁或灭失的风险，都会改变证据的原有状态，都需要进行证据保全。所以设立诉前证据保全的目的就是要固定与案件事实有重要联系的证据，进而发现案件事实。而保全证据就是以实体公正为价值目标，以发现案件事实为目标，只有这样，保全证据才有了正当性。

诉前证据保全可以避免证据灭失或者证据持有人故意毁损、转移、藏匿、篡改证据等而造成的诉讼不公平。其意义在于：一方面，利害关系人免受证据主观或者客观灭失或者损坏之危险，提前搜集到证明预防性请求或者金钱损害赔偿请求所必需的证据；另一方面，诉前证据保全也可发挥证据开示的某种功能，利害关系人搜集到原先未掌握的证据方法，知悉被告支配下的证据，具有了相对方向原告方开示其所掌握的信息的意味。尽管诉前证据保全还未实现诉讼双方当事人的相互开示，但是，原告通过保全可以理性地权衡各自持有的证据范围和事实情况，从而为两造合意解决创造了空间。有学者认为，证据保全功能突破了证据固定而具有解决纠纷的功能。① 这种观点模糊了诉前证据保全与审前和解/调解的界限，却实际上认识到诉前证据保全功能的微妙变化。

现代型诉讼中伴随着大量科学证据的产生，对于法官的专业知识提出了新的挑战。受制于特殊的教育背景和知识经历，法官必须借助于专家证人的帮助，这也是这次民事诉讼法修改的重要成就之一。《民事诉讼法》第 79 条规定，"当事人可以申请人民法院通知有专门知识的人出庭，就鉴定人作出的鉴定意见或者专业问题提出意见"。专家证人是依凭自己所掌握的专业性知识根据当事人的聘请或者法院的指定对某些需要专门知识才能确定或者澄清的证据或者案件事实提供专业性意见的人。在大陆法系国家，法院决定是否需要聘请或者指派专家证人，当事人不具有真正意义的程序启动权。而在英美法系国家，当事人认为需要专家证人帮助说明或者解释某些专门性问题就可以自行聘请专家证人，法院在认为必要时，也可以指定中立专家证人，不过这种情况很少出现。受特定利益的驱使，诉讼当事人双方往往聘请有利于己方的专家证人，律师在开庭前还在要庭前进行演练和训导，造成英美法系国家的专家证人具有强烈的党派性。有学者甚至批评专家证人为"唯利是图的人、妓女、枪手、缺乏原则并把自己的证言出售给竞价最高者的证人、聘请方当事人诉讼利益的维护者"。② 因此，专家证人应受必要的限制，如有必要确立意见证据规则和暂时性意见规则等。专家证人基于客观中立立场，运用专业性知识出具专家意见或出庭说明技术

① 参见沈冠伶：《民事证据法与武器平等原则》，元照出版有限公司 2007 年版，第 158-183 页。

② Timothy Perrin, Expert Witness Testimony: Back to the Future, 29 U. Rich. L. Rev., p.1389.

性问题，有助于现代型诉讼涉及科学证据问题的审理。值得注意的是，我国《民事诉讼法》在确立专家证人制度的同时，也明确了专家证人出庭作证制度，法官和当事人有权对专家证人进行询问，可落实直接言词原则。

2014 年 12 月 18 日，《民事诉讼法解释》的颁布，标志着我国对专家辅助人制度的完善又进入了一个新的阶段，《民事诉讼法解释》第 122、123 条对《民事诉讼法》第 79 条专家辅助人的相关规定进行了细化，规定了申请专家辅助人的期限、诉讼活动范围及费用负担等问题，并明确指出具有专门知识的人就专业问题所出具的意见，视为"当事人陈述"是法定证据种类之一，这似乎给人一种"专家辅助人的诉讼地位随着这一证据属性的确定将随之而定"的错觉，但专家辅助人针对鉴定意见进行的质证及接受询问时所发表的专业意见属于何种证据，法律没有规定，并且对专家辅助人部分意见属性的界定并不能由此推断其本身所处的诉讼地位。因此，从我国现存的法律及司法解释来看，专家辅助人的诉讼地位问题依旧悬而未决。

在民事诉讼中，诉讼当事人的诉讼地位直接决定了各自在诉讼中的立场。例如，原告、被告是诉讼当事人，是诉争标的的权利义务承受者，与案件的实体利益密切相关，这就决定了原告和被告在诉讼中具有倾向性，法官居中裁判者的地位决定了其必须保持中立以维护司法公正，而证人是案件发生过程的见证者，如实陈述事实的义务要求其必须客观公正地陈述案件事实，保持中立的立场，不能带有倾向性。对于民事诉讼专家辅助人是否应该保持中立，学者们有不同的看法。有学者认为，专家辅助人主要是为了帮助当事人和法官理解专门性问题，目的是查清案件事实，促进公正判决的作出，该目的直接决定了专家辅助人只能是公正客观的；而有的学者考虑到我国诉讼模式正在向当事人主义转变，认为带有倾向性的专家辅助人更符合现实需要。<sup>①</sup> 在诉讼中专家辅助人应尽量将事实证明引向有利于申请其出庭一方当事人的方面，与对方提出的不利于己方的鉴定意见或者专家意见形成对抗，让法官兼听双方意见，更准确地把握案件事实，同时"为支付费用一方服务"也符合市场经济基本规律，能够为专家辅助人制度的发展提供有力支撑。<sup>②</sup> 专家辅助人的立场问题一方面直接决定了专家辅助人在诉讼中发言的内容，带有倾向性容易避重就轻，保持中立则要求尽可能就专业问题全面发表意见，另一方面又决定了其能否充分发挥应有的作用，推动诉讼进程，但理论界和实务界均未对专家辅助人的立场问题达成一致意见，在司法实践中专家辅助人发言的立场依法庭的不同，甚至因法官对该问题理解不同而千差万别。造成这一困境的主要原因就在于相关法律并没有明确专家辅助人的诉讼地位，故明确专家辅助人的诉讼地位显得尤为必要。

诉前证据保全与专家证人制度在某种程度上改变了诉讼双方占有证据的不平等现象，但不可能完全弥补证据偏在带来的不公平。《民事诉讼法》没有借鉴英美法系证据开示的程序规则或日本关于当事人照会的规定，也未借鉴大陆法系文书提出义务和证明妨碍等保障现代诉讼进行的重要制度。

大陆法系国家立法普遍规定了文书提出义务。它是指持有文书之不负证明责任之当事人或者当事人以外之第三人，因举证人将该文书作为证据方法使用，而所负将其提出于受诉法院以便法院进行证据调查之诉讼法上之义务。<sup>③</sup> 其制度旨趣在于保障当事人的证据收集权，避免证据结构性地集中于对方当事人手中而拒不提出，努

---

① 李学军、朱梦妮：《专家辅助人制度研析》，载《法学家》2015 年第 1 期，第 154 页。

② 裴小梅：《论专家辅助人的性格中立性抑或倾向性?》，载《山东社会科学》2008 年第 7 期，第 155 页。

③ 占善刚：《证据协力义务之比较法研究》，中国社会科学出版社 2009 年版，第 68 页。

力实现当事人之间的实质平等。这将有助于淡化传统辩论主义不负证明责任的当事人不提出证据的竞技诉讼的色彩。文书提出义务的适用对象是引用文书、交付或者阅览文书、利益文书和法律关系文书，日本甚至将其扩展到一般性义务文书。当事人期望法院发出文书提出命令，必须提供证据证明持有人实际持有该文书。然而在现代型诉讼中，原告很难证明被告持有这些文书，可能根本就不知道产品设计图、诊断报告等文书的存在，面临着无法满足初步证明的要求致申请被驳回之危险。故此，1996年，日本民事诉讼法创设了文书特定程序，即明确文书之表示与内容面临显著困难时，当事人只需明确"可以使文书持有人识别被申请文书的事项"即可，从而极大减轻了现代型诉讼中原告的证据压力。为了防止原告滥用这种权利，申请事项涉及内部文书、秘密文书、刑事记录等特定文书时，法院不能发布文书提出命令。一旦文书提出命令发出，当事人或者第三人就应提出所指定的文书，违反文书提出命令时，将遭受证明妨碍的法律制裁。若对方当事人违反文书提出命令时，法院将拟制举证人关于文书之主张为真实，第三人违反文书提出命令时，法院将拟制文书证明之要件事实为真实，后一制裁更为严厉。可以说，文书提出义务与现代型诉讼具有天然的亲近关系。因此，在现代型诉讼已经映射出现代法治利益保障的新阶段之时，民事诉讼法确立文书提出义务和证明妨碍制度显得至关重要。

实现现代型诉讼中诉讼双方实质平等的重要途径是减轻举证方的证明责任，某些特定要件事实由加害方承担证明责任。《侵权责任法》第66条规定，因污染环境发生纠纷，污染者应当就法律规定的不承担责任或者减轻责任的情形及其行为与结果之间不存在因果关系承担证明责任。因此，加害方的污染企业必须就法律规定的免责事由和不存在因果关系承担证明责任，从而加大了加害方的证明负担，缓解了受害方无法提供污染企业防污或者无害处理措施等难题，有助于实现两造的力量平衡。实现证明责任倒置已经成为现代型诉讼的典型特征。然而，动态运行中的制度操作经常出现与理论设计不相一致的地方。比如，长期奉行无过错归责原则的医疗侵权纠纷却在侵权责任法中被修改为适用过错推定原则，原告必须证明医疗机构隐匿或者拒绝提供、伪造、篡改或者销毁病历资料才能推定被告方存有过错，其要件事实的证明力度远高于证明责任倒置。

我国司法实践对于客观证明责任的偏好，很大程度消融了民事诉讼立法保障当事人双方平等武装对抗的努力。以绝对当事人主义为建构目标的司法改革曾经将证明责任与当事人败诉风险直接挂钩，将证明责任泛化，实际上用客观证明责任取代主观证明责任，这是本末倒置的。事实上，"仅仅在口头辩论结束而事实问题仍然真伪不明时才可能涉及客观证明责任。……客观证明责任只针对法院，他独立于当事人的诉讼活动，并为克服真伪不明提供途径"。①证明责任不是当事人的败诉责任，而只是法律预先设定的要件事实真伪不明时的法官裁判方法，适用的空间很有限。因此，现代型诉讼尊重法官的证据调查权、程序审查权，鼓励法官发现案件真实，形成合理心证，尽量避免证明责任判决的出现。

强化现代型诉讼证据保障的另一种路径是间接反证。间接反证是指就主要事实负证明责任的当事人已经暂时地证明在经验法则上足以推认该要件事实之间接事实存在时，对方当事人借由证明与该间接事实可以两立之另一间接事实，来妨害主要事实之推认的证明活动。② 也就是说，对方当事人必须提出要与原告主张的间接事实相矛盾的间接事实推翻法官暂时的心证或者使其陷入真伪不明之状态，否则可能面临败诉的风险。"在这一点上，间接反证部分地变更了原本在主要事实上进行的证明责任分配，可以说，间接反证是一个对（法律要件分类说所主张的）在主要事实中进行证明责任

① ［德］汉斯·普维庭：《现代证明责任问题》，吴越译，法律出版社 2000 年版，第 52 页。

② 参见林望民等：《间接反证》，载民事诉讼法研究基金会：《民事诉讼法之研讨（十一）》，三民书局 2003 年版，第 61 页。

分配之法则予以部分修正的理论。"① 可以说，现代型诉讼为间接反证理论提供了宽阔的空间。现代型诉讼大多数事实是具体的间接事实，而"过失"或者"因果关系"等高度抽象的主要事实无法正确引导诉讼审理的进程，只能就作为诉讼双方攻击防御方法的间接事实进行证明。

间接反证理论在环境公害诉讼中表现得非常明显。法官形成受害方食用遭受化工厂排出之水银化合物污染的鱼类，依赖的间接事实有三个：（1）致病物质为水银（病因物质）；（2）致病物质到达受害方的途径（污染途径）；（3）化工厂排出致病物质（生成与排除的装置）。当法官依赖这三个间接事实获得因果关系的主要事实成立的心证时，被告化工厂可就间接事实——化工厂未造成、排出致病物质水银进行证明。若能够提供证据证明化工厂未排出致病物质水银或者是否排出致病物质水银真伪不明，就可以推翻法官的临时心证，从而达到目的。现代型诉讼适用间接反证理论也往往与表见证明和经验法则紧密结合，尤其是涉及"过失"或者"因果关系"这两个特殊法律要件。

### 四、现代型诉讼裁判效力的特殊性

现代型诉讼中交织着私人利益和公共利益。法益的扩散性和集团性，造成有些利害关系人无法全程直接参加攸关自身利益的诉讼，而判决效力又及于参加者和被代表人的众多个体。因此，现代型诉讼需要"在兼顾对裁判的预测可能性及程序安定性等要求下，尽可能因事件类型之个性、特征，就个别的场合选择适合而有助于满足其特性、需求之程序保障方式"，② 强化诉讼代表人的充分性，适度扩张判决的效力是其核心问题，这也是目前两大法系的通行做

---

① ［日］新堂幸司：《新民事诉讼法》，林剑锋译，法律出版社 2008 年版，第 403 页。

② 邱联恭：《程序制度机能论》，三民书局 1996 年版，第 96 页。

法。不过，现代型诉讼判决效力有全面扩张和片面扩张之程度差异。

全面扩张既判力的典范是美国的集团诉讼。基于同一事实或者法律问题而具有实体公共利益的不特定多数人，可由一个或者数个代表人进行诉讼，众多的当事人经由程序法技术拟制成为一个集团。集团代表当事人展开诉讼行为，判决的效力不仅及于参加诉讼的当事人，而且扩张到没有参加诉讼的当事人，这势必严重冲击英美法系奉为圭臬的正当程序。故此，能够合理平衡既判力扩张和正当程序矛盾和冲突的程序机制就显得异常关键。美国的集团诉讼也是经过实践的淘洗才选择了现有模式。1938 年美国的集团诉讼实行明示进入（opt in）规则，利害关系人知悉诉讼启动后明确表示同意才能成为当事人。这就要求法院将诉讼信息告知所有的利害关系人。然而，有些案件很难全部通知到所有的利害关系人，法院为诉讼告知支出了巨额成本，这都严重限制了集团诉讼的适用空间。为此，1966 年美国联邦民事诉讼规则改采明示退出（opt out）规则，只要不声明退出案件就视为案件的当事人，判决的效力也适用于这些主体（即使其不知晓诉讼的启动和开展），从而大大扩展了集团诉讼的规模性和适用率，成熟的集团诉讼运作模式才得以定型。当然，当事人也可对诉讼代表人的充分性提出异议，以缓冲判决效力的全面扩张。

片面扩张既判力的典范是德国的团体诉讼。作为自治团体的传统行会在德国法律生长过程中发挥重要作用，以此思想为出发点，德国单行实体法基于诉讼信托理论将诉讼实施权赋予具有法人资格的某些团体，由其以自己名义维护受到侵权的团体成员利益。因为团体自身利益并未受到侵害，所以团体只能提起作为或者不作为之诉以及确认之诉，无权提起损害赔偿之诉，判决的效力只是片面的扩张。只有当该团体获得胜诉判决，其成员才可以该判决为依据向被告主张损害赔偿请求，相反，团体没有获得胜诉判决，团体成员不受判决效力的约束。为了保障基本法规定的听审请求权，未明确授权的团体成员以及未参加诉讼的其他团体及其成员也不受胜诉判决的约束。但是，团体成员以外的消费者基于任意的诉讼担当理论授权，消费者团体以自己名义提起损害赔偿请求之诉，团体诉讼的判决效力及于团体成员，无论是胜诉判决还是败诉判决。同时，示范性诉讼也在一定程度上扩张了判决的效力。《投资者示范诉讼法》的基本理念是：在大量投资者因为同一法律事实提起诉讼时，根据当事人的申请，就这些诉讼中共同存在的典型问题先行裁判，并以此构成平行诉讼的审理基础。① 示范性诉讼的判决不具有严格意义的约束力，仅产生预决的效力，只是由于裁判法院的权威性而可能被认可，这种做法非常类似于我国正在大力推行的案例指导制度。

现代型诉讼判决效力的扩张与正当程序保障既存在一致性，也存在矛盾性。如果能够协调这种矛盾性，就应该充分扩张现代型诉讼判决的效力。我国的制度安排实际上也实现了现代型诉讼判决效力的扩张。现代型诉讼判决效力范围扩张的目标，就是为了实现权利的安定、判决的终局，以防止由于当事人的反复争议而使得公共利益陷入动荡与不安，失去了制度设立的应有之义。既然生效判决在当事人双方充分行使程序权利的基础上作出，诉讼参与各方就应当对其予以尊重。对于受损公共利益的恢复或补偿，是民事公益诉讼制度设立之初衷，但公共利益的特点决定了必定将波及不特定多数人的利益，即包括地域范围的不特定，同时也包括受众群体的不特定。因此，传统民事诉讼视野下所诞生的既判力理论由于私益诉讼辐射范围相对狭隘、有限的特点，同时出于对案外第三人利益保护的考量，仅将判决既判力范围生效于具体的个案与当事人之中。倘若将适用于传统民事诉讼的既判力规则不加改进而直接移植到公益诉讼制度中，其他有利害关系但不受既判力拘束的第三人为维护

---

① 参见吴泽勇：《〈投资者示范诉讼法〉：一个群体性法律保护的完美方案?》，载《中国法学》2010 年第 1 期，第 150 页。

自身权益，必然由既判力范围的限制而导致重复诉讼局面的出现，公益的保护与纠纷的一次性解决终将成为空谈。为此，从程序利益保障价值的角度出发，赋予民事公益诉讼判决较为宽泛的既判力，以扩张至不特定群体中未参与诉讼的成员，从而起到避免重复起诉和引发矛盾判决，提高诉讼效率经济之作用。

既判力的基本含义指的是判决确定后，判决中针对当事人请求而作出的实体判断就成为规定当事人之间法律关系的基准，此后当事人既不能再提出与此基准相冲突的主张来进行争议，法院也不得作出与此基准矛盾的判断。[1] 既判力是公权力载体的法院依凭法律权威和制度强制所作的权威性判断，当事人和法院必须予以尊重，并且是衡量其法律行为正当与否的标尺。有时，既判力还对实体法律关系主体以外的人产生法律效力，而呈现一定的扩张性。现代性诉讼关涉到不特定多数人的利益，诉讼主体和诉讼类型的差异都影响和制约着既判力扩张的尺度。

反垄断司法解释规定公民个人可就垄断企业的违法行为直接提起诉讼，在这一微小的法律夹缝中我们看到了公民个人提起民事公益诉讼的一线希望，并成为未来民事诉讼法修改的方向。当垄断企业发生违法行为或者其他损害公共利益的现代型纠纷出现时，公民个人可就此提起金钱损害赔偿诉讼，通过权利登记制度催促利害关系人在公告期间内向法院主张相关权利，法院判决对参加诉讼的人和全体权利登记人产生效力，并对未进行权利登记的利害关系人提起的后诉有预决的效力。公民个人也可以提起行为违法的确认之诉以及采取制止措施或者停止违法行为的作为或者不作为之诉，其既判力产生对世效力。例如，公民个人要求确认垄断企业的某种收费方式违法，诉讼当事人可以获得法益，受此影响的所有利害关系人都可援引该判决。以此为基础提起损害赔偿诉讼，法院可依据职权援引在先判决。

---

[1] 王亚新：《对抗与判定》，清华大学出版社 2002 年版，第 338 页。

《民事诉讼法》明确了团体的公益诉权，但是公益团体到底可以提起何种类型的公益诉讼却付之阙如。公益团体自身并无权益侵害之虞，只是为维护团体成员的利益基于法律的明确授权才提起民事公益诉讼。因此，团体只能提起确认之诉以及作为或者不作为之诉，无权提起损害赔偿诉讼。借鉴德国团体诉讼片面扩张的做法，消费者保护协会等团体提起公益诉讼，并获得胜诉判决，判决效力及于团体以及授权的团体成员，未授权的团体成员不受制于判决。败诉判决不能约束团体成员，其仍然有权提出损害赔偿诉讼。当然，公益团体如消费者保护协会可以基于任意的诉讼担当理论从消费者成员获得损害赔偿请求权，此时判决的效力及于团体和团体的成员。

立法如果认可行政机关的诉权，而对是否可以提起损害赔偿请求诉讼却未予明确，这就给实际操作留下了很大的余地。事实上，其中存在明显的二律背反：一方面，行政机关提起损害赔偿诉讼可以有效威慑侵犯公共利益的企业或者团体；另一方面，行政机关自身利益并未受到侵害，胜诉后如何分配胜诉利益也非常困难。现实中，很多行政机关已经提起损害赔偿诉讼，却无法获知赔偿金额的分配去向，其提起民事公益诉讼的正当性这就不得不让人质疑。因为缺乏合理的分配机制，真正利益受害者还是无法得到维护。因此，必须确立一个基本的规则：行政机关可以提起确认之诉或者要求作为或不作为以及停止侵害等禁制令诉讼，胜诉判决对后诉产生预决效力，受害个人可以此为依据向法院主张损害赔偿请求权。

检察院也是适格的公益诉讼主体，可针对利益对象法人不同提起不同类型的民事公益诉讼。作为国家公共福祉的维护者，检察院可就侵害国家公共利益的案件提起损害赔偿诉讼、确认之诉以及作为或者不作为之诉，国有资产流失案件即是典型。相反地，检察院就侵害社会公共利益的案件却不能提出损害赔偿诉讼。因为一旦检察院的损害赔偿诉讼获得胜诉，就面临着如何分配这些重大的公共利益的现实难题。寻找不特定的利益归属主体或者由检察院建立赔偿基金等都将课加检察院过重的程序负担。规定检察院提起民事公益诉讼，只限于确认之诉以及作为或者不作为之诉为宜，检察院获得胜诉判决后，公民个人可以以检察院之前诉判决为基础，就自己的实际损害诉求赔偿。

## 结　语

现代型诉讼保障新兴的经济权利和社会权利，恢复受到侵害的公共利益，增进社会的公共福祉，推动国家的司法变革，实有加强程序保障之现实必要。这种程序保障是一项动态的、发展的制度建构过程，程序启动、程序推进和程序终结都应有符合特定程序阶段的保障机制，更要有贯穿于整个过程的程序保障脉络体系。我国的现代型诉讼程序保障机制还处于探索阶段，许多新兴的利益和权利还未被纳入到法律的涵摄范围，有些主体的公益诉权还未被法律正式认可，契合现代型诉讼的文书提出义务和证明妨碍等证据制度还未确立，判决效力的扩张方式也有待检讨。总之，建构现代型诉讼的程序保障制度是一个长期的过程，其中充斥着各式各样的利益冲突和价值平衡，我们期待、呼唤立法者和司法者以理性的视角，现代的气魄和法治中国的果敢，实践中国现代型诉讼的法治道路，更期待莘莘学人"大胆假设，小心论证"，正确引领中国法治的未来。

# 第二章　论恶意诉讼及其法律规制

这是一个走向权利的时代，也是一个权利被滥用的时代。在当前的司法实践中，既有诉权保障不充分的现象，也有比较严重的当事人滥诉问题。滥诉往往以利用程序制度为手段，以损害他人合法权利为目的，给案外人造成了损害或法律上的不利益。如果一方当事人故意利用诉讼或法院裁判打击对手，获得对方财物、法律上的利益；或双方当事人恶意串通获得法院裁判损害第三人的利益，就是恶意诉讼。

## 一、恶意诉讼的界定

我国学者认为，恶意诉讼是指当事人故意提起一个在事实和法律上无根据之诉，从而使受害人陷入不利司法境地，受到不利益甚至不公正判决从而为自己谋取不正当利益的诉讼行为。[①] 这个概念强调起诉权被滥用的情形，也包括一方当事人的行为可能给案外人造成损害的情形。这种概括性较强的描述并不能将恶意诉讼的认知趋于统一，我国现有文献中对恶意诉讼进行描述的语言依旧略显杂乱，存在概念混用的现象。依据法学界较有影响的几家报刊媒体对涉及该违法行为的报道进行考察可以发现，有用"恶意诉讼"进行概括描述的，也有用"虚假诉讼"进行概括描述的。对这些文献进行总结不难发现，概括性描述的语言不同，针对概念的理解也

---

① 汤维建：《恶意诉讼及其防止》，载陈光中、李浩主编：《诉讼法理论与实践》，中国政法大学出版社 2002 年版，第 66—67 页；于海生、贾一峰：《论恶意诉讼侵权责任中的损害》，载《学术交流》2010 年第 9 期。

不始终如一。以"虚假诉讼"为描述的内容表达比较一致，从文献中列举的案件进行考察可以发现，采纳此类描述的撰稿者所选取的案例均属于当事人之间恶意串通侵害第三人利益的案情。但以"恶意诉讼"为描述内容的文献中选取的案例既有当事人双方以恶意串通为手段的案情，又有当事人单方采取的以缠讼、炒作为手段的案情。诸多的文字描述中还可以总结出行文者想要表达的主要观点，主要集中于诉讼过程中权利被滥用，因此也存在"滥用诉讼权利"、"滥用诉权"的表达。对概念的运用，表达的是对案情理解的立场，各式概念的出现也为法律的解释带来了较大的难度，同样在对恶意诉讼进行定性并予以规制时，也会体现出是否规制、规制手段以及规制范围的不确定性。对于这些关联性较强的概念，有必要对其逐一梳理，并通过理顺其逻辑关系，来界定并总结出恶意诉讼的具体内涵。

"虚假诉讼"是指双方当事人为了牟取非法的利益，恶意串通，虚构民事法律关系和案件事实，提供虚假证据，骗取法院的判决书、裁定书、调解书的行为。[①] 虚假诉讼描述了当事人之间恶意串通，虚构诉讼法律关系和证据的行为，而恶意诉讼侧重于描述提起诉讼目的的非正当性。虚构法律关系和事实是虚假诉讼典型的手段，但主观上一定表现为恶意。由于我国基层人民法院的许多案件通过调解结案，调解制度也有被滥用的现象。鉴于我国新《民事诉讼法》的出台，从其中第112条的规定中可以看出，虚假诉讼所形成的是基于双方当事人、法院以及案外第三人的四方法律关系。[②] 这与传统诉讼中双方当事人与法院的三方法律关系具有显著的区别。三方关系中当事人双方的权利义务关系在现有立法中均被规定得比较详细，可以说现有的民事诉讼立法主要是以此为基础而构建的较为完整的法律体系，且由于都参与到了诉讼程序的进行过

---

① 李浩：《虚假诉讼中恶意调解问题研究》，载《江海学刊》2012 年第 1 期。
② 张卫平：《第三人撤销诉讼程序》，载《人民法院报》2011 年 8 月 31 日。

程，具有充分的程序保障。而在四方法律关系当中，案外人由于缺失了对程序的参与，并不能对自己的权利进行主张，同时也丧失了程序的保障。虚假诉讼的概念表达意旨在于明确上述四方法律关系的存在。虽然在前诉的恶意串通的虚假诉讼中，双方当事人实施了《民事诉讼法》第 111 条中规定的捏造事实伪造证据的不法行为，不可否认的是他们之间的行为在法院做出裁判的情况下，已经构成了一项民事诉讼法律关系。也正是在肯定虚假诉讼存在的前提下，案外人才可通过《民事诉讼法》第 56 条第 3 款规定的第三人撤销诉讼来维护自己的合法权益。相较于其他关于恶意诉讼概念的表述，虚假诉讼的概念内涵较小，其内容也相对明确，其出发点是当事人双方恶意串通虚构实体法律关系而形成的诉讼。

　　以权利被滥用为内容考察，在元照英美法词典中可觅踪迹的表述有三种："滥用民事诉讼程序"（abuse of civil proceedings）、"滥用诉讼程序"（abuse of process）、"恶意滥用民事诉讼程序"（malicious abuse of civil proceedings）。上述三个概念均是以英美法为背景，从恶意诉讼以侵权行为的定性角度为基础，从而进行了表述。各概念在语句的表述上也极其近似，均指恶意不正当地利用了常规的诉讼程序。但究其各概念细节却又可发现其表达的侧重点略有不同，第一个概念以英国法为背景，强调这是为了对他人侵权而提起的诉讼，所述损害包括人身自由、财产、声誉的损失；第二个概念强调程序滥用者的目的是从对方当事人处获益；第三个概念主要描述的是对财产权的无理主张不仅会使原告败诉，还会使其败诉的责任范围扩展到诉讼费用外的其他损失。① 在大陆法系的德国，对程序上权利滥用禁止的基础主要是德国民法典中关于诚实信用义务以及禁止恶意的规定，并被主流观点归纳为四个种类：（1）法律状态的欺诈，（2）当事人违反诉讼程序或诉讼外行为的欺诈，

---

① 薛波：《元照英美法词典》，北京大学出版社 2013 年版，第 9、887 页。

（3）救济手段的丧失，（4）程序救济手段整体上的滥用。[①] 可以看出，因为侧重点的不同，各语言表述之间倾向的规制范围也有所不同。从上述外国立法例中可以发现，在程序领域权利的滥用是以实体法上的权利滥用为基础演化而来，究其关键还在于权利的滥用必须得到法律在一定程度上的规制，然而在规制角度上却又存在究竟是从程序角度规制还是实体角度规制，抑或是两方面均可规制。

我国学界将诉讼法上权利的滥用归纳为"滥用诉权"和"滥用诉讼权"两个类别。这两个类别的主要区别在于诉权和诉讼权利的区别。诉权存在于诉讼发生之前，是一项请求法院做出司法裁判的权利；与之有本质区别的诉讼权利发生在诉讼进行的过程当中，是当事人为了诉讼展开而行为的权利根源，此二者分属程序内外且功能各有不同。[②] 滥用诉权具备两重含义：（1）对起诉权或反诉权的滥用，（2）提出的诉讼请求是明显没有事实依据的。这里强调的是当事人的诉权在受到承认与保护的同时亦应当受到法律的限制，权利—滥用—处罚滥用者、保护受害者的逻辑也顺理成章地产生。[③] 滥用诉讼权利更多地表现在当事人在诉讼过程当中，如滥用异议权的手段来达到对诉讼程序的拖延。[④] 从法律关系产生的角度看，滥用诉权可能是双方当事人恶意串通形成一个虚假诉讼，通过侵害案外第三人对程序参与的权利，从而追求诉讼外的不法利益；亦可能是一方当事人针对另一方当事人提出的无事实根据的诉讼。滥用诉讼权利则表现于诉讼过程当中一方当事人对另一方实施的程序上的侵害。

所以，比较而言，恶意诉讼比虚假诉讼要宽泛，它包括当事人

---

① ［德］博克哈德·汉斯：《德国和奥地利的程序滥用制度》，张艳译，载陈光中、江伟主编：《诉讼法论丛》（第6卷），法律出版社2003年版，第730页。

② 张培：《民事诉权滥用界说》，载《湖北社会科学》2012年第1期。

③ 张晓薇：《滥用诉权行为的法律规制》，载《求索》2004年第8期。

④ 张晓薇：《当事人滥用诉讼权利之法律规制论》，西南政法大学2002年博士学位论文。

恶意串通给第三人利益造成损害，也包括一方当事人滥用诉讼程序损害对方当事人利益，它与"滥诉"或"滥用诉权"概念更为接近。使用"滥诉"、"滥用诉权"概念的学者认为，滥用诉权包括滥用起诉权（反诉权）和提出明显无事实根据的诉讼请求两种情况。因为对诉权的保护和对滥用诉权的防范同等重要，学者认为滥用诉权在立法上应当有明确的要件，理论上包括两个构成要件：一是主观上明知没有事实根据或明知不具备起诉条件却为达到非正当的目的而行使诉权，二是实施了伪造事实或提出无根据的诉讼的行为。[①] 如果法律上严格地界定滥用诉权的要件，过失滥诉的情形不属于滥用诉权，滥用诉权的行为和恶意诉讼在立法目的和范围界定上应当一致。

笔者认为，恶意诉讼是指一方或双方当事人恶意欺骗法院，通过诉讼程序打击对手或通过法院裁判来获得裁判关于事实或权利方面的认定，从而获得对方或第三人财物，或其他不正当利益的行为。恶意诉讼应当包括一方提起诉讼诈害对方当事人和双方恶意串通损害第三人利益的两种情形：

（1）一方当事人提起诉讼诈害对方当事人。诉讼是当事人通过法院裁判解决纠纷的途径，是正当的法律程序的运用过程。现代社会理念要求法院必须解决纠纷，如保障诉权、法院不得拒绝裁判等，但司法实践中却存在有当事人利用诉讼达到不正当的目的的现象。比如，利用诉讼程序损害对方利益；虚构纠纷申请法院保全对方的财产使对方不能正常经营，提起根本不能成立的诉讼拖垮对方或影响对方（如上市公司）声誉；一方当事人声称对方当事人住址不明，通过制造缺席判决方式获得法院裁判损害对方利益等。

有学者采纳日本学者关于诉讼欺诈的学说，从刑法角度研究如

---

① 邵明：《滥用民事诉权及其规制》，载《政法论坛》2011 年第 6 期；张培：《民事诉权滥用界说》，载《湖北社会科学》2012 年第 1 期；张晓微：《滥用诉讼权利之比较研究》，载《比较法研究》2004 年第 4 期；李玉萍：《程序滥用与诉讼终止制度及其给我国的启示》，载《法商研究》2006 年第 2 期。

何规制恶意诉讼。认为诉讼欺诈有广义和狭义之分，广义是指"欺骗法院，通过利用诉讼或其他司法程序使对方交付财物或财产上利益的一切行为"；狭义是指"行为人将被害人作为被告人向法院提起虚假的诉讼，使法院产生判断上的错误，进而获得胜诉判决，使被害人交付财产或由法院通过强制执行将被害人的财产转移给行为人或第三者所有"。诉讼欺诈的目的是获得财务或财产上的利益，也包括非财产利益，如诋毁他人名誉，从时间、经济上拖垮对方等。① 所以，诉讼欺诈属于本书所指恶意诉讼中一方当事人提起诉讼诈害对方当事人的情形。

（2）双方当事人恶意串通损害案外的第三人利益。双方串通规避法律或虚构事实、法律关系损害第三人利益，在我国司法实践中更常见，所以这次民事诉讼法修正案专门针对其加以规制。这里的第三人利益，包括自然人、法人或其他组织的利益，也包括社会公共利益。而且当事人恶意串通损害公共利益更容易被忽视。例如，北京地区的当事人为规避车辆限购令，通过虚构法律关系进行诉讼，获得法院判决实现车辆移转并获得交管部门的车辆登记许可；有些知识产权案件的当事人利用虚假诉讼的判决吸引公众关注，获取驰名商标的认定；一些单位利用虚假诉讼"处理"呆账等行为都属于损害社会公共利益的行为。②

要说明的是，恶意利用诉讼程序的行为，包括诉讼程序与非讼程序，非讼程序被滥用也并不少见。例如，有申请人滥用死亡宣告程序，恶意取得法院关于死亡宣告的判决，获得"死亡"配偶的遗产；在修正草案通过后，可能会有恶意串通的申请人利用调解协议的确认程序来损害第三人利益，等等。通过取得法院裁判损害对

---

① ［日］曾根威彦：《刑法各论》（第三版），东京成文堂 2001 年版，转引自张明楷：《论三角诈骗》，载《法学研究》2004 年第 2 期；董玉庭：《诉讼诈骗及其刑法评价》，载《中国法学》2004 年第 2 期。

② 魏新璋、张军斌、李燕山：《对"虚假诉讼"有关问题的调查与思考——以浙江法院防范和查处虚假诉讼的实践为例》，载《法律适用》2009 年第 1 期。

方或他人利益，不仅指有强制执行效力的法院判决书、调解书和支付令，还包括裁定书。后者包括执行程序中的裁定与诉讼程序中的裁定。

## 二、关于恶意诉讼规制的立法比较

对滥诉或恶意诉讼的规制大概与法律和诉讼产生的历史同步。罗马法就有制裁滥诉的规定："一方借助诉讼来折腾对手，并且希望主要利用审判员的错误或不正义而不是依据事实时，构成滥诉，滥诉者承担 1/10 的罚金。"① 按照徐国栋先生的归纳，罗马法关于滥诉的形态有多种：（1）无中生有的诬告；（2）夸大权利；（3）挤牙膏式诉讼；（4）代理人滥诉。罗马法关于滥诉的预防和制裁措施有：（1）宣誓；②（2）诉讼担保；（3）罚金，上诉败诉的，罚诉讼标的的 1/3 为罚金；（4）破廉耻；③（5）耗尽诉权；（6）既判力的抗辩；（7）迟滞滥诉方诉权。上述方式，对当事人的利益影响极大，应从制度上防范和惩罚当事人滥诉。④

一些国家如意大利和阿根廷等国至今在立法中沿用罗马法的规定：如《意大利民事诉讼法典》第 96 条规定：（滥诉是）在明知自己的过错的情况下，或为了斗气的目的，或为了拖延诉讼，或为

---

① ［古罗马］盖尤斯：《法学阶梯》，黄风译，中国政法大学出版社 1996 年版，第 370 页。

② 誓言是限制滥诉的手段。原告要宣誓自己没有诬告，被告要宣誓自己是在具有充分理由的情况下进行反驳。原告拒绝宣誓的，不得起诉。被告拒绝宣誓的，推定为承认原告的请求。双方的律师也要宣誓，保证自己将在法庭上的作为都是正义的。以上宣誓，在优士丁尼时代，宣誓人要手按福音书在法官的面前进行，此等福音书对于法官也有道德震慑力，所有这些都体现了罗马诉讼法的基督教化色彩。

③ 可以判处破廉耻的诉讼，它们有盗窃之诉、以暴力攫取财产之诉、侵辱之诉、诈欺之诉、监护之诉、委任之诉、寄托之诉、合伙之诉。破廉耻是公法上的刑罚，其法律效果包括丧失选举权和被选举权、服兵役权、对通奸妻子的处罚权、与上层阶级的通婚权、限制诉讼权等，是一种极为严厉的制裁。

④ 徐国栋：《优士丁尼〈法学阶梯〉评注》，北京大学出版社 2011 年版，第 567 页。

了疲劳对方，换言之，在缺乏起码的谨慎并知道自己行为的后果的情况下，以恶意或重大过失起诉或应诉的行为。法律对这种行为规定了加重责任，也就是科加赔偿相对人所有因为被迫参加客观上无正当性的诉讼导致的损害的责任。[①] 而《阿根廷民商诉讼法典》第45条规定：当在诉讼中全输或部分输的某人被宣告其在诉讼中的行为为鲁莽或恶意时，法官可根据案件的具体情况科加败诉当事人或其鼓劲的律师或两者共同承担的罚金。其金额相当于诉讼标的的10%—30%，或者在5千到1万比索。如果诉讼标的额不确定，应按有利于他方当事人的原则确定罚金数额。[②]

概括地说，在两大法系国家，都有关于恶意诉讼的防范和规制。就防范而言，大陆法系国家立法一般表现为法院对诉讼成立要件、一些程序要件进行审查，赋予被告方诉抗辩权等。同时，德国重视诚实信用原则在实体法和程序法中的运用。1933年，德国民事诉讼法开始确立当事人真实及完全陈述的义务（《德国民事诉讼法》第138条第1款）。含义是禁止当事人故意作出不真实的陈述，或故意对对方当事人的真实陈述进行争执。"真实"，是指主观的真实，而非客观的真实，当事人因善意所作出的不真实的陈述，不在禁止之列。违反真实义务的后果，是法官在自由心证时对该当事人可能产生不利评价。为防止证人作伪证、鉴定人作出虚假鉴定，德国民事诉讼法规定了到场义务及其强制措施、强制作证、宣誓具结等措施。[③] 而法国法和美国法重视程序预防措施。新《法国民事诉讼法》第32条规定："对于拖延诉讼方式，或者以滥诉方式以及其他不正当手段进行诉讼者，得判处100—10000法郎的民事罚款，并且不影响对方当事人可能对其要求的损害赔偿。"美

---

① Cfr.Federico del Giudice, Nuovo Dizionario Giuridico, Edizione Simone, Napoli, 1998.

② Véase Carlos J.Colombo, Inconducta Procesal: Temeridad o Malicia, En Marcos M.Cordoba(Director), Tratado de la Buena Fe en el Derecho, Tomo I, 2004, Buenos Aires, La Ley.

③ 参见《德国民事诉讼法》第372条之一、第372条之一、第380条、第385条、第390条、第391条、第409条、第410条、第452条、第478-484条。

国则在《联邦民事诉讼规则》第 11 条（各州多采纳其版本）中规定，律师所提出的诉辩文书或者申请具有充分根据并已经善意行事，否则法院查明有违反规定行为时应当进行制裁。美国诉辩程序中的具体措施，为防范一方利用诉讼从而诈害对方当事人的行为提供了切实的程序保障。

在已经实施了恶意诉讼并实际地达成不正当的目的，使法院进入审理程序或获得法院裁判时，如何救济受害的对方当事人或案外的第三人，各国法律却有明显不同的做法。具体地说，美国和德国采取了利用民事侵权制度，来救济受恶意诉讼侵权损害的当事人（主要是裁判中的一方当事人）；而法国则采取了第三人撤销之诉来救济案外的受害人，我国台湾地区最近的规定也借鉴了法国的第三人撤销之诉制度。而日本，则吸收这两种做法，既利用民事侵权制度来救济裁判中受到不利益的一方当事人，同时商法上还有诈害诉讼的再审制度和民事诉讼法上独特的主参加诉讼制度都可以用于保护第三方利益。以下就分别论述这些规制恶意诉讼的方法以及与我国现有立法制度的比较。

（一）损害赔偿之诉

1. 美国法

在美国法中，恶意诉讼被称为滥用法律诉讼，可以单独构成民事侵权，其含义是：一方恶意地、没有合理和合适的理由，使他方陷入一种刑事或民事诉讼并受到损害，结果恶意提起诉讼者败诉，则受损方可以提起侵权损害赔偿之诉，由加害方予以补偿。《美国侵权法重述》将此类侵权行为分为三种类型：恶意刑事告发、恶意提起民事诉讼以及滥用其他诉讼程序。立法明确将滥用法律诉讼规定为侵权行为，实质上就是将恶意诉讼纳入了实体法规制之中。并通过庭前证据开示程序，使得恶意诉讼得以发现和认定，最终使得侵权人承担相应的侵权责任。[①]

---

① 徐爱国：《英美法中滥用法律诉讼的侵权责任》，载《法学家》2002 年第 2 期。

## 2. 日本法

日本对于恶意诉讼的规制具有自己的特色。日本最高裁判判例认为，诈骗取得的判决有既判力，但被害人可以不通过再审诉讼，而提起侵权损害赔偿之诉。诈骗人在判决成立过程中意图侵害对方当事人的权利，以其行为妨害对方当事人参与诉讼，或主张虚假事实等不正当行为诈骗法院，取得不该有的确定判决时，被害人可直接提起损害赔偿诉讼。①

## 3. 德国法

德国则通过判例确立了以损害赔偿诉讼对恶意诉讼中的受害一方当事人的救济。虽然德国法关于既判力的效力的规定比较难以突破，但是对于恶意诉讼的判决，实践宁可放弃坚守的既判力概念，也要追求诚实信用和公序良俗的法律道德底线。德国帝国法院民事判例曾经认为，诈骗法院或当事人取得的确定判决根本不发生既判力，② 受害的当事人无须提起再审程序，而可直接根据《德国民法》第826条"故意以悖于公序良俗的方法，加损害于他人"的规定，对诈骗人提起损害赔偿之诉。与再审之诉相比，该诉的起诉时间不受申请再审期限的限制，也不需要严格符合再审事由。

德国联邦法院判例对此已经有所修正，认为既判力本质为诉讼法确定的效果，"诈骗法院或当事人取得确定判决"并不能简单地认为无效。因此，受害人提起损害赔偿之诉，不能诉请返还不当得利，损害赔偿之诉起到再审之诉的作用。损害赔偿之诉胜诉的结果，主要是恢复原状、赔偿损失。在实施恶意诉讼的债权人尚未申请强制执行以前，被害人（债务人）可以请求对方当事人不得申请强制执行（不作为诉讼），并同时请求交还判决，以恢复原状；至于判决在执行过程中或已执行完毕，被害人可起诉请求返还被执

---

① ［日］高桥宏志：《民事诉讼法——制度与理论的深层分析》，林剑锋译，法律出版社2003年版，第585－586页。

② ［德］奥特马·尧厄尼希：《民事诉讼法》（第27版），周翠译，法律出版社2003年版，第339页。

行标的物，或者提起替代的金钱损害赔偿之诉。根据德国判例，一方当事人在对方"诈骗法院或当事人取得确定判决"的情况下，能提起相当于再审功能的损害赔偿之诉，其情形有：（1）原告明知被告的住所地或居住地，而谎称不知，利用法院的公告送达，获得胜诉判决；（2）原告明知被告的清偿抗辩有理由，仍故意坚称未清偿；（3）当事人明知证人的证言虚假，却仍援用以证明自己的诉讼请求；（4）当事人串通证人作伪证；（5）当事人恶意隐瞒重要事实。①

另外，德国法院也认为，判决或其他执行根据，在取得过程中没有恶意诈骗等情形，但债务人被执行的结果，如违反公序良俗，债务人仍可提起该诉，请求损害赔偿。② 例如，银行与消费者所订立的格式合同有暴利行为（相当于我国合同法的显失公平），或有其他违背公序良俗的情形，银行根据格式合同申请支付令，继而申请强制执行。消费者在督促程序中未对支付令提出异议，异议期间经过后，债权人取得执行根据。这里消费者处于弱势地位，而且不知道可以提出异议，故而申请人获得的支付令"违反公序良俗"，消费者仍可提起损害赔偿之诉。

此外，德国的律师费用由败诉方负担。③ 这一规定也能抑制恶意诉讼。《德国民事诉讼法》第 93 条规定，被告即时认诺，诉讼费用由原告承担；同法第 96 条规定，无益的攻击防御方法，即使该人胜诉，也可命其负担因此而生的费用。第 97 条规定，提起无益的上诉、上诉中新的主张费用由提起人负担。第 114 条则限制滥诉者申请诉讼费用救助。

---

① 蔡章麟：《民事诉讼法上诚实信用原则》，载《民事诉讼法论文选辑（上）》，五南图书出版股份有限公司 1984 年版，第 14 页。

② 称为"违反风俗"利用判决，参见［德］奥特马·尧厄尼希：《民事诉讼法》（第 27 版），周翠译，法律出版社 2003 年版，第 339 页。

③ 罗伯特·霍恩、海因·科茨、汉斯·G. 莱塞：《德国民商法导论》，托尼·韦尔、楚建译，中国大百科全书出版社 1996 年版，第 50 页。

### 4. 我国的惩罚与赔偿制度

早年我国在讨论编撰侵权责任法的过程中曾一度讨论是否将其作为一类独立的侵权行为进行立法。[①] 从侵权行为角度定性恶意诉讼的做法一直以来受到学术界的追捧，从诸多具有代表性的学术成果中均反映出学者们的这一倾向。[②] 然而 2010 年实施的《侵权责任法》中并没有出现有关恶意诉讼作为侵权责任的规定。鉴于恶意诉讼并没有在我国民事实体法的规制中被固定，新《民事诉讼法》不仅描述了恶意诉讼的内容，同时也规定了相应的程序性制裁。按照《民事诉讼法解释》第 144 条的规定，法院在审理案件时发现当事人存在《民事诉讼法》第 112 条规定的内容的，可适用民事诉讼强制措施；另外在《民事诉讼法解释》第 144 条和第 190 条第 2 款中分别规定了在审理一般民事诉讼程序和第三人撤销诉讼程序时，发现当事人之间存在恶意串通的，适用《民事诉讼法》第 112 条关于民事诉讼强制措施中的处理方法。立法在要求违法者承担民事诉讼法律责任时主张的是法院主动适用的态度。这样的态度表现在对恶意诉讼的查明方面。对于恶意诉讼的查明，法律提出了较高的要求。按照《民事诉讼法解释》第 109 条的规定，对当事人存在欺诈、胁迫、恶意串通事实的证明标准，必须达到排除合理怀疑的程度。鉴于多数恶意诉讼发生在受侵害者没能参与的前诉中，受侵害者在举证方面存在较大难度。因此，立法规定当事人及其诉讼代理人因客观原因无法收集的证据，以及法院认为审理需要的证据，当事人及其诉讼代理人可以申请法院收集。司法解释

---

① 全国人大常委会法制工作委员会民法室编：《侵权责任法立法背景与观点全集》，法律出版社 2010 年版，第 127 页。

② 郭卫华：《滥用诉权之侵权责任》，载《法学研究》1998 年第 6 期。杨立新：《恶意诉讼的侵权行为》，载杨立新主编：《类型侵权行为法研究》，人民法院出版社 2006 年版，第 465–469 页。怀宇：《我国恶意诉讼侵权制度的构建》，载《法律适用》2009 年第 11 期。刘金波、吕军英：《论恶意诉讼侵权》，载《人民司法》2012 年第 1 期。潘牧天：《滥用民事诉权的侵权责任研究》，上海社会科学院出版社 2011 年版。

对此处涉及的证据进行解释时明确提出了这部分证据可能涉及的内容包括侵害国家、社会利益，以及恶意串通损害他人合法权益。这样的规定正好契合了《民事诉讼法解释》第 190 条第 1 款规定的恶意诉讼侵害的权益。因此，法院在对恶意诉讼查明时，对于证据的列举法院占据主导的地位。因此，在查明恶意诉讼确实存在时，对其主动施以民事诉讼强制措施，是法院要求违法者承担民事诉讼法律责任的后果。

5. 赔偿制度中的缺陷

虽然民事诉讼强制措施中增加对恶意诉讼的规制，从立法的层面看填补了恶意诉讼中并没有被归入《侵权责任法》予以规制的空缺。但从强制措施的性质上看，其并没有为受侵害人提供弥补损失的机会。关于妨害民事诉讼强制措施性质的问题，学界存在"制止和教育手段说"、"处罚说"①、"制裁说"②。从这些学说的内容上看，关于强制措施的功能可以体现在通过对行为人妨害民事诉讼的行为进行惩罚与制裁，以此起到警戒与教育的作用。但这并没有弥补损害的作用，对既存违法人进行惩罚，同时教育警戒将来可能进入诉讼的人，可能会起到防止现有损失扩大的倾向，但无法让损害恢复到受损前的状态，可以说对被侵害人而言，这种措施可以止损但不能补救。

当事人可能通过恶意串通的方式直接侵害案外人利益，此类违法行为本身具有难以识别的一面，法院在应对时往往是权益受侵害者提出自身权益受损后，被动地适用民事诉讼强制措施来处罚侵害者。根据《民事诉讼法解释》第 190 条第 2 款，受侵害的第三人依据《民事诉讼法》第 56 条第 3 款提起撤销之诉后，法院需进行审查，待确认前诉确实为恶意串通而为的虚假诉讼之时，才适用

---

① 吴明童：《谈谈妨害民事诉讼的强制措施的几个问题》，载《西南政法大学学报》1988 年第 2 期。

② 田平安：《正确适用民事诉讼的强制措施》，载《现代法学》1984 年第 2 期。

《民事诉讼法》第112条的强制措施。法院在此惩罚的滞后性虽然起到了惩罚警戒甚至教育的作用，但法条并没有规定权益受侵害者可以因此要求损害赔偿，仅规定了可以通过起诉撤销前诉，而在关于撤销诉讼的法条内容中亦没有找到有关损害如何处理的问题。在案件审理终结后的执行环节中，被执行人依旧可以通过恶意诉讼来阻碍纠纷的解决，同时侵害申请执行人的权益，然而就此次的恶意诉讼，法条不仅规定了强制措施的适用，更规定了损害赔偿的内容。依据《民事诉讼法解释》第315条第2款，申请执行人因被执行人与案外人以执行异议、执行异议之诉的形式来妨碍法院执行从而受到损失的，法条赋予了其可以另诉请求赔偿的权利。这里不禁要提出疑问，为什么对前一种行为法条仅规定了当事人可以通过第三人撤销诉讼来维护自身权益；而对于后一种行为法条却赋予了当事人另诉寻求救济的权利。

在这两种情形中，强制措施都被适用，但对损害赔偿的态度却截然不同。换一个角度从《民事诉讼法解释》第315条中提及的损害内容看，申请执行人在此处可以请求赔偿的损失，来自被执行人在串通的情况下提起的执行异议、执行异议之诉，这两者的内容均针对的是法律文书规定需要被执行的内容，这部分内容大多以财产形式表现，内容明确且已经被判决所确定。而《民事诉讼法解释》第190条中的内容针对的是虚假诉讼，是法院通过受侵害人被动地对虚假诉讼的内容进行否定性评价，这里所涉及的内容并未完全被法院确定，且前提是法学必须对前诉内容进行审查。法院赋予受侵害第三人撤销前诉的权利，在撤销诉讼中第三人通过对自身权益的主张才能最终确定其受损失的范围，而前诉被撤销则被认为是对其权益的救济。从这个角度上看，我国现有立法对当事人权益的救济考量得已经很全面，且避免了权益受侵害者肆意主张权益受损的可能。但是这两个司法解释均忽略了权益受侵害者提出诉讼产生的诉累问题。虽然胜诉一方当事人可以通过《民事诉讼法解释》第207条的内容免除缴纳诉讼费用的义务。但是诉累的表现并不仅仅止于诉讼费用的程度，当事人为此付出的时间成本、聘请律师的成本等均在诉累的范围内。因此，若以民事诉讼强制措施的规制范围来概括侵权责任的规制范围，对于权利受侵害者而言并不公平。将恶意诉讼完全地当成妨害民事诉讼行为来规制，显然缺少了对其侵权属性的认识。

（二）日本诈害防止的独立参加与诈害再审制度

《日本民事诉讼法》第 47 条规定了独立当事人参加的制度。只要客观上可以判定，当事人具有通过诉讼来侵害案外人意思的情形，该案外人即可实施这种参加，以牵制与对方串通的当事人（被参加人）的诉讼活动。① 第三人实施的这种参加有两个意义：（1）当该第三人受前诉判决效力（既判力、反射效力）所及，可以为独立参加，以排除可能对他不利的判决的效力；（2）当该第三人不受前诉判决效力所及时，此时为独立参加，具有防止产生可能影响后诉法官心证的前诉判决的机能，但并不影响其法律地位。从当事人实施诉讼的状况来看，在认定不能期待有关方当事人展开充分的诉讼活动时，即可以推定为当事人在实施诈害性诉讼。例如，（1）当第三人不希望败诉的一方当事人既未提出答辩书，也不提出准备书面，并缺席主期日程序时；（2）一方当事人受送达后故意不出庭；② （3）在当事人串通试图违反第三人意思来处分诉讼（如自认、认诺、放弃诉讼请求、撤诉）的情形下，也应当认可这种参加。上述及类似的理由应在以起诉实施参加时说明；此外，如果案外人能够对"一旦参加就可以实施当事人不实施的诉讼活动"作出说明，也可参加。但是，在事实审理即将终结之际，如果从参

---

① ［日］高桥宏志：《民事诉讼法——制度与理论的深层分析》，林剑锋译，法律出版社 2003 年版，第 585-586 页。

② 如果串通诉讼的被告根本不出庭，法院即无法通过对当事人询问或观察得出虚假诉讼的判断。比起双方出庭但不争执，这是一种更方便的虚假诉讼方式。

加的事由看，让第三人在另诉中进行争议更有助于诉讼审理，① 而且从参加人的审级利益看，另诉有助于保护其利益，② 那么应当否定这种参加。

防止诈害的独立参加，将形成三面共同诉讼的情形。换句话说，任何一方当事人不得自认、承认或放弃诉讼请求、撤诉、达成不利于他人的和解，任何一方当事人的上诉、事实主张、举证，对另外两方当事人生效；发生在一方当事人身上的诉讼的法定停止、裁定停止事由，及于全体当事人。

独立参加制度在日本运用次数较多，积累了丰富的判例。但是，事前对虚假诉讼的防范，可能有难度。一是虚假诉讼当事人一般不敢声张诉讼系属，唯恐他人知道，所以第三人得知诉讼进行并实施参加的概率不大；二是虚假诉讼具有事前隐蔽性，很多时候直到诉讼审结，法院才知道该诉讼为虚假诉讼，即使法院可依职权告知诉外第三人参加诉讼，作用也有限。因此，日本法曾经有诈害再审的规定，即"第三人主张判决因原被告的共谋以诈害第三人的债权为目的所作成，而对判决声明不服时，准用再审的规定。此时应以原确定判决的双方当事人为共同被告"。这一规定在大正十五年民诉法修正时删除。学者们认为，删除诈害再审的规定，是立法疏漏；而且《日本商法》第 268 条之三，仍保留着类似规定。因此，有日本学者主张，当前诉判决效力及于第三人时，"就该判决废弃有固有利益的第三人"，不论在前诉中是否参加，③ 均可以按

---

① 从诉讼的实际运作看，第三人恶意地通过独立参加的方式，进入他人的诉讼，导致程序运作迟滞，反而常见。因此如果当事人间的诉讼即将审结，该第三人进入诉讼可能导致审理混乱、诉讼延迟，让第三人通过另诉或其他渠道排除虚假诉讼造成的不利益，比较合适。

② 日本独立参加人进入诉讼后，直接由本诉法院审理并作出判决，否则无法达到纷争统一解决的制度目的；因此，本诉事实审理即将审结时，如果本诉处于第二审，参加之后，参加人就相当于丧失了一个审级的利益。

③ 骆永家等：《民诉法研究会第八十七次研讨纪录》，民事诉讼法研究基金会2004 年，第 13-14 页。

照独立参加的形式，提起再审之诉；胜诉判决的效力是宣告原来的虚假诉讼判决对第三人不发生效力，这与一般的再审完全撤销原判决不同。

针对第三人权益进行侵害的恶意诉讼在我国早就有之。在现有法律的调整范围内，第三人的救济手段具有多重的选择性，可以通过第三人撤销诉讼来撤销侵害其合法权益的前诉；可以通过执行异议、执行异议之诉的内容防止自己的权益被他人诉讼中的执行行为所侵害；亦可以通过再审制度质疑前诉的纠纷解决结果。看似多样的维权方式，却因法律赋予的权利可能被滥用而使原本用来维权的手段成为新的侵害方式。《民事诉讼法》第113条的内容即是对这种侵害的反应，被执行人亦可能通过执行异议、执行异议之诉的方式阻碍纠纷的解决。可见，我国诉讼法上对第三人的救济制度在应对恶意诉讼时依旧存在需要完善的一面。且注重事后救济的立法忽略了第三人对前诉参与的重要性。

法律赋予两造当事人之外的第三人可以参与诉讼的权利，其目的是为第三人提供程序的保障，并且力图达到纠纷一次性解决的立法目的。参与到诉讼中的第三人可以在他人诉讼进行的过程当中，行使自身被法律规定的诉讼权利，通过提出证据材料与诉讼主张来影响裁判的结果，从而第一时间维护自身的合法权益。在应对他人针对自己权益而为的恶意诉讼时，具有救济的即时性与直接性。然而我国关于第三人诉讼参与的机制并非极尽完善，相应的配套措施的缺失也使得本应当参加到诉讼中的第三人没能及时地参与。

就《民事诉讼法》第56条规定的有独立请求权的第三人而言，法律规定的是在其认为诉讼中的双方当事人争议的诉讼标的与其有利害关系时，可以以主动提起诉讼的方式进行参与。但是实施恶意诉讼的双方当事人往往在恶意串通的情况下进行诉讼，知晓其提起诉讼的人并非多数，对可能站出来提出异议的有独立请求权的第三人更是会进行隐瞒。这使得这一类当事人在实施恶意诉讼的前诉开始之时，很难了解这样的诉讼正在进行。就无独立请求权的第三人而言，我国主张的是法院可以通知其参加诉讼，当事人自己也可以申请参加诉讼。这里可以通知的规定表明法院并非将通知该类第三人参加诉讼作为自己的义务，仅是一项有选择性的职权。在我国台湾地区，法院在保障第三人参与诉讼的方面，规定了案件当事人具有告知的义务并且相应地规定了法院通过职权告知的义务。①而现行《民事诉讼法》中关于这部分内容是缺失的状态。可见，法律虽然规定了第三人参加诉讼的权利，但面对恶意诉讼时，第三人并不一定有参加到诉讼程序中维护自身权益的机会。

除第三人因法院告知义务缺失可能导致程序性权利得不到维护外，现有法院追加当事人的制度也可造成诉讼突袭的隐患。《民事诉讼法》在第12章第2节审前准备工作中规定了通知必要共同诉讼人参加诉讼的内容。按照该法第132条规定，法院有依职权通知的义务，在《民事诉讼法解释》第73条中明确了除法院通知外，当事人在法院审查参加理由后亦可以申请法院追加必要共同诉讼人。然而这一系列的规定均没有说明必要共同诉讼人由谁进行查明，必要共同诉讼人是否出现在法庭之上完全取决于当事人是否告知法院。由于并没有规定法院有查明必要共同诉讼人的义务，亦没有规定法院释明案件双方当事人添加必要共同诉讼人的义务，导致案件中遗漏必要共同诉讼人的现象时有发生。然而在创造纠纷解决型的恶意诉讼中，鉴于恶意串通的双方当事人的故意隐瞒，这里增加必要共同诉讼人的规定具有被架空的嫌疑。在阻碍纠纷解决型的恶意诉讼中，当事人为了通过阻碍纠纷的解决来达到法外不法目的的追求，在诉讼开始时并不通知必要共同诉讼人，亦不向法院说明必要共同诉讼人的存在，在诉讼进行到一定程度时为了达到拖延的目的，按照《民事诉讼法解释》第73条内容申请法院追加。这样的追加会导致法院审判工作的加重，同时出现的新情况和新证据对之前的审判可能造成改变或混淆视听的效果。除一审程序中追加必

① 姜炳俊：《诉讼告知与参加人权限》，载《月旦法学教室》2003年第5期。

要共同诉讼人之外，在二审程序中提出必要共同诉讼人的存在同样可以起到诉讼拖延的效果。按照《民事诉讼法》第 170 条第 4 款的规定，原审判决遗漏当事人的，二审法院裁定撤销原判发回重审。这样出现的程序性的推倒重来，对诉讼进度和纠纷的解决造成了极大的阻碍。当事人和必要共同诉讼人串通拖延诉讼进程还可能发生在再审的程序当中。按照《民事诉讼法》第 200 条第 11 款的规定，原判决、裁定中遗漏当事人的，法院应当再审。必要共同诉讼人的出现在这里成了再审启动的条件。可见，我国立法在规定当事人的诉讼参加机制中缺乏法院对当事人的查明机制，为阻碍纠纷解决的恶意诉讼人提供了较大的行为空间。这样存在于诉讼中的当事人的突袭，对纠纷的一次性解决产生了较大的妨害。

（三）第三人撤销之诉

1. 法国法规定

《法国民事诉讼法》第 582 条至第 592 条是关于第三人撤销诉讼的规定，该制度规定所有未参与前诉程序的（当事人以外的）第三人，因他人间前诉判决的效力受到损害或有可能受到损害的，可以采用这种非常救济程序。

这种非常救济程序与法国民法理论相通。虽然《法国民法》第 1351 条规定，判决的效力（既判力）仅于同一当事人之间发生，但法国学说将该条文中的"当事人"概念，按照民法观点从宽解释，发展出扩张既判力主观范围的"诉讼代理"理论。该理论主张，与前诉中实体权利的归属主体密切关联的第三人，[①] 因为他被实际实施诉讼的当事人"代理"，受到前诉既判力的扩张。[②] 根据这种"诉讼代理"理论，在债务人勾结他人、以诉讼的方式制造假债权的案件里，其他一般债权人应受该恶意诉讼的确定判决既判力所及。因为债务人的全部财产是一般债权人的债权的总担保，债权的实现依赖于债务人财产的增减，所以即使债务人仅就其一项财产与他人进行诉讼，[③] 他也被认为同时"代理"所有的一般债权人诉讼，判决就对与债务人有关的其他所有债权人的实体利益产生影响。在一方当事人与对方当事人串通、实施恶意诉讼，以及"诉讼代理"的当事人诉讼技术拙劣、怠慢诉讼时，被"诉讼代理"的第三人（其他所有债权人）即受前诉不利判决既判力所及。对此，法国法赋予第三人一种非常救济方法，即第三人撤销诉

---

① 例如，实体法或诉讼法上代理关系的被代理人、承受当事人系争法律关系的继受人（诉讼终结后当事人的承继人）、当事人的一般债权人、与当事人有共同权利或义务关系的人都属于此列。法国学说对于连带债务人中一人与债权人间判决效力是否及于其他连带债务人（连带债务人不必一同被诉），因为是否发生"代理"的观点的变迁，相应地也经历了三个发展阶段。最早的学说，认为连带债务人中一人与债权人进行诉讼，视为受其他连带债务人委任（发生默示代理），因此既判力及于其他债务人；之后，有学者认为，这种"代理"基于其他连带债务人的不完全的委任，因此连带债务人在前诉取得胜诉判决时，其效力方能及于其他连带债务人。最后，法国学说否定连带债务人中一人进行诉讼能够发生"诉讼代理"，因此既判力不及于其他未实施诉讼的连带债务人。

② 吕太郎：《第三人撤销之诉——所谓由法律上利害关系之第三人》，载《月旦法学杂志》2003 年第 8 期。

③ 例如，债务人就其所有的某一财产权利，与他人发生确权纠纷，他人主张该财产权利为其所有的情形。

讼。①《法国民事诉讼法》第583条规定，"凡（与前诉判决结果）有利益的人，除该人为前诉判决的当事人或被代理人（前述诉讼代理理论中的被代理人）外，均可提起第三人撤销之诉。但当事人一方的债权人及其他承继人，在前诉有诈害其（当事人的债权人）权利的判决时，或（该承继人）主张自己的固有的攻击防御方法时，也能提起该诉"。② 从该条文可知，债务人进行恶意诉讼的，这时债务人的一般债权人的利益未被充分代理，因此可以提起第三人撤销诉讼，以资救济。

至于第三人撤销诉讼的判决效力，根据《法国民事诉讼法》第591条，（第三人撤销之诉的）攻击或变更的效果不及于所有撤销诉讼的当事人，仅在第三人撤销之诉的双方当事人之间发生效力，但原判决在前诉双方当事人间仍然有效，该撤销判决只是对于第三人而言不起作用。该撤销判决中胜诉债权人仍可就前诉当事人获得的财产取偿。

但是，法国法还规定了第三人撤销判决对前诉当事人全部失效的情形。在诉讼结果对于原当事人与第三人具有不可分的情形，与第三人利益相关的判决部分与其他部分不可分；那么根据《法国民事诉讼法》第584条规定，法院对所有当事人进行传唤后，第三人撤销诉讼的判决对所有人发生效力，这时原判决全部失效。

---

① 法国法上"诉讼代理"理论所未涵盖的第三人（例如，所有权确认诉讼的案外第三人，实际上真正的物权人），不受判决既判力的拘束，因此其权利不因前诉判决受到法律上的损害，所有权不因前诉判决而消灭。但该判决可能对于该第三人将来实施的诉讼，造成事实上的不利影响。后诉法官在判断物权归属时，心证或许会受到前诉判决的干扰。这里的第三人可以考虑是否提起第三人撤销之诉，以排除前诉判决造成的事实上的损害；但不是必须提起第三人撤销诉讼，因为他还保留有通常的救济途径，可以对前诉胜诉当事人主张权利。

② 法国通说认为，提起该诉还要求第三人并非因为可归责于自己的事由而未能参加前诉。

2. 我国立法中存在的缺陷

（1）第三人撤销诉讼的局限性。

关于第三人撤销诉讼的立法，在诉讼法修改的过程中曾提出过两个方案：其一，是在原有的再审程序中增加第三人申请再审的程序，即赋予因不可归责于己而未能参加诉讼的案外人，在能证明前诉的生效裁判对其有法律上利害关系并有损其合法权益的情况下，可以向法院申请再审，这样的设计是为了满足我国已有诉讼程序体系在诉讼传统的基础上实现救济的目的；① 其二，是仿效大陆法系立法例，建立第三人撤销诉讼程序，其内容独立于我国再审程序，是一项适用于案外第三人救济的单独程序。② 最终立法的出台并没有采取上述两种方案中的任何一种，立法的做法是在《民事诉讼法》第 56 条关于第三人参加诉讼的内容中增加第三款内容，规定该条前诉两款中的第三人，因不可归因于己的事由导致未能参加诉讼，在知道或应当知道诉讼的结果损害其合法权益的六个月内，并在能证明前诉裁判全部或部分错误的情况下，可以提起第三人撤销诉讼。这样的规定专门强调了第三人撤销诉讼程序保障的功能，但在保障第三人参加诉讼权利的同时，亦刻板地限制了参加诉讼作为一项诉讼权利行使的自由。

这样的规定在一定程度上限定了我国的第三人撤销诉讼的提起主体只能是《民事诉讼法》第 56 条中的第三人。同时对第三人施加的限制是"因不能归责于本人的事由未能参加诉讼"，这样的限制使得有独立请求权第三人参加诉讼的规定，与其可以提出第三人撤销诉讼的条件产生了矛盾。按照第 56 条第 1 款的规定，第三人在对双方诉讼标的有独立请求权的情况下是有权提起诉讼，参加到

---

① 奚晓明：《〈中华人民共和国民事诉讼法〉修改条文理解与适用》，人民法院出版社 2012 年版，第 1 页。

② 张卫平：《〈中华人民共和国民事诉讼法〉修改建议稿》第 16 章 "第三人撤销诉讼程序"，载张卫平：《民事程序法研究》（第七辑），厦门大学出版社 2011 年版，第 388-392 页。

现有的诉讼程序之中的。此处"有权提起诉讼"可以被理解为有权决定是否参加诉讼。然而"因不能归责于本人的事由未能参加诉讼"的限制，使得有权决定是否参加变成了在知晓前诉的情况下必须参加诉讼，否则将失去提起第三人撤销诉讼的可能。这样将原本具有选择的诉讼权利，间接变成一种失权可能的做法，与第56条对有独立请求权第三人提起参加诉讼自由的规定存在矛盾。

除此之外，按照《民事诉讼法解释》第82条规定，义务型准独立请求权第三人在被判决承担民事责任时，有权提起上诉。此处同样是对享有上诉的诉讼权利的规定，然而此处的义务型准独立请求权第三人若放弃上诉，则可能因为不满足"因不能归责于本人的事由未参加诉讼"的限制性规定，从而丧失提起第三人撤销诉讼的权利。由此可知，我国第三人撤销诉讼的规定，在法律适用的体系理解上，产生了强制知晓前诉的有独立请求权第三人起诉，以及义务型准独立请求权第三人在被判决需要承担法律责任时必须上诉的效果。因此在适用上，对原有诉讼权利行使的规定产生了限制。

（2）各救济程序间的竞合。

民事诉讼法将实体权利义务纠纷划分为对立的双方当事人以及诉讼标的。通常情况下，确定判决的既判力仅具有相对效力，也就是说，既判力本该仅及于双方当事人而已。判决是为解决当事人之间的纠纷，因此只要拘束法院和两造当事人即可。一般而言，审判是由法院根据当事人提出的事证资料、辩论情况做出的，如果不赋予案外第三人以辩论机会，却将判决效力及于该第三人，强迫该当事人接受裁判的约束，将剥夺当事人受程序保障的利益。因此，既判力原则上不及于诉讼外的人。然而这样的认识与实体法秩序是否协调，颇有疑问。就前文中提及的情况来看，恶意串通虚构法律事实提起诉讼的当事人对既判力向有法律关系或事实关系的第三人扩张，是此类恶意诉讼目的的追求所在。除去判决结果对法律上有利害关系人的效果外，判决在事实上亦可以影响案外人确定的权利义务关系。对案外第三人在诉讼后的救济制度，我国可供选择的立法例除第三人另行起诉外，还包括案外人提出再审、第三人撤销诉讼、提出执行异议、执行异议之诉。

执行异议与执行异议之诉只能在执行的过程中被提出。按照《民事诉讼法》第225条和第227条的规定，我国的执行异议包括对执行行为的异议和对执行标的物的异议。即可以说明，执行异议的内容既包括对程序行为的异议也包括对实体法律关系的异议。同时执行异议亦是执行异议之诉的前置程序。另按照《民事诉讼法解释》第304条的规定，执行异议之诉得向执行法院提出。这样的制度设计使得对执行异议之诉进行判决的法院与驳回执行异议的法院为同一家法院。因此，在前置程序中未能实现的权益保护，想要换一种形式，依旧在同一家法院实现显得尤为艰难。若要将对执行异议的审查认定为形式上的审查，就不应当规定当事人还可就执行的标的提出执行异议，因为对标的的审查必然涉及实质性的审查，因此这样的解释并不能成为立法规定执行异议与执行异议之诉由同一法院审查的理由。再者，在制度设计上，案外人提出执行异议之诉的前提是执行异议被裁定驳回。若假设执行异议的理由被支持，法院中止了前诉的执行程序。但执行异议仅有中止执行的效果，对前诉标的物的处理尚且需要判决来认定。此时案外人却无法提起执行异议之诉，单就一项支持执行异议的程序性裁定无法解决实体问题引发的纠纷。因此，执行中对案外人的救济制度本身在设计上存在漏洞。

对于案外人提起再审，原则上应当是受到确定判决效力约束且具备要求撤销判决利益的人。其中包括前文提及的，被隐瞒的必要共同诉讼人和口头辩论结束后诉讼权利的承继人。[①] 但基于其享有撤销前诉的利益，同时亦没有参与前诉诉讼过程，实体利益和程序

---

① ［日］新堂幸司：《新民事诉讼法》，林剑锋译，法律出版社2008年版，第669页。

利益均受到侵害，在前诉系因恶意诉讼提起的情况下，排除第三人撤销诉讼的适用，仅能通过再审维护自身权益的立法规定值得商榷。原因在于再审主要针对的是原审当事人之间的纠纷，而前诉的恶意诉讼实质上创造了针对案外人的新纠纷，对于再审而言，应对这一被刻意创设出来的新纠纷显得较为陌生。① 因此，究竟第三人撤销诉讼与再审哪一项更为适合解决这一问题，不仅应当考量第三人适用条件的限制，还需要考量再审与第三人撤销诉讼适用位阶的解释。

### 三、我国规制恶意诉讼的法律路径

（一）案外人的诉讼参加

关于有独立请求权第三人在诉讼中的地位和功能，在诸多立法例中均有所体现。在大陆法系国家，有独立请求权第三人被称为主参加人。《法国民事诉讼法》第 329 条中规定了主参加诉讼的内容，指的是诉讼参加人为了本人利益提出诉讼请求的情形，主参加诉讼的只有在参加人对于前述请求享有进行诉讼的权利时法院才会受理。② 我国台湾地区 2013 年新修订的"民事诉讼法"第 54 条中规定了就产生于他人之间的诉讼，在满足对该诉讼的标的有部分或全部的请求；或该诉讼的结果对自己的权利可能发生侵害时，第三人可以将该诉讼中的原被告双方作为被告向该诉讼系属的法院提起诉讼。③ 具有类似内容的规定同样出现在《日本民事诉讼法》当中，根据该法第 47 条的规定，主张由于诉讼结果而使其权利受到损害的或主张诉讼标的的部分或全部属于自己权利的第三人，可以

① 张卫平、任重：《案外第三人权益程序保障体系研究》，载《法律科学》2014年第 6 期。

② 罗结珍：《法国新民事诉讼法法典（附判例解析）》（上），法律出版社 2008年版，第 359-360 页。

③ 台湾地区"民事诉讼法"2013 年 5 月修正，参见 http://www.doc88.com/p-3902945635115.html，最后访问日期：2016 年 3 月 10 日。

作为当事人参加诉讼。在这个诉讼中的对方当事人可以是前诉讼的一方或双方当事人。① 相比而言，我国关于有独立请求权第三人参加诉讼的规定存在需要完善的地方。根据《民事诉讼法》第 56 条第 1 款以及《司法解释》第 81 条的内容，对诉讼标的有独立请求权的第三人可以自行起诉参加到他人的诉讼中，这种通过起诉参加的方式除一审程序外，二审程序亦可以参加。我国的规定并没有表明诉讼结果可能对自身权益造成侵害时可以提起参加诉讼的情形。

在诸立法例描述有独立请求权第三人时，均提及的内容包括诉讼标的和请求权。这两个概念均在不同程度上具有程序法和实体法交叉的属性。在只有给付之诉一种诉讼形态的早期，诉讼标的与民法请求权一直处于混同的状态，随着时代发展，社会关系呈现诸多变换，不断产生的新型社会关系造成纠纷的形式多样。在消极确定之诉被承认以后，在这样的诉讼形式中，被请求法院确认的是实体权利的不存在，若此时再将请求权与诉讼标的的混同，将在诉讼最终的结果中得出实体权利不存在，同样诉讼标的的不存在的观点，而有诉讼则必然存在诉讼标的，显然这样的结论显得自相矛盾。鉴于此，德国学者赫尔维希提出了诉讼上的请求权概念，诉讼上的请求权依旧表述出实体权利的内容，但其并非是实际存在的实体上的请求权，乃是存在于诉讼当事人主观上的请求权。② 可见，诉讼上的请求权较实体法中请求权具有较大差别。实体法中的请求权依照民事权利的作用，区别于形成权、支配权、抗辩权而存在。③ 第三人在实体法上的民事权利是第三人得以参加到他人正在进行诉讼程序中的依据，实体上权利的存在是请求法院对其进行保护的前提。因此，第三人在诉讼上请求保护并实现的民事权利不仅包括请求权，还包括形成权、支配权、抗辩权这些民事权利的实现，可以说诉讼

---

① 《日本新民事诉讼法》，白绿铉译，中国法制出版社 2000 年版，第 46 页。

② 段厚省：《民事诉讼标的与民法请求权之关系研究》，载《上海交通大学学报》（哲学社会科学版）2006 年第 4 期。

③ 张晓霞：《民法中请求权概念之辨析》，载《法学家》2002 年第 2 期。

法上的请求权较实体法上请求权而言，其范围要更加广泛。①

可见，有独立请求权第三人参加到诉讼中，对诉讼标的有独立请求权的理解，不应当局限于实体法中的请求权，亦包含对实现其他民事权利的请求。若该项请求产生的基础是实体法中的形成权，那么该第三人在诉讼中期待法院实现对民事实体法律关系的作用表现为：①变更或消灭本人相对于诉讼两造当事人之间的法律关系，②变更或消灭诉讼两造当事人之间的法律关系。基于这样的理解，对于起诉时具有恶意诉讼的双方当事人而言，独立请求权第三人参加诉讼的目的即是发挥上述两种针对民事实体法律关系的作用，从而防止其受到恶意串通的双方当事人的诈害，从而杜绝创造纠纷型恶意诉讼通过诉讼结果被动引发纠纷的可能。这一参加诉讼的目的体现出来的另一种表达方式，即是我国台湾地区以及《日本民事诉讼法》中有关主参加之诉发生的另一种情形：诉讼结果使自身权益有侵害可能时，第三人可以被本诉系属。因此，就我国有独立请求权第三人参加诉讼而言，在应对恶意诉讼时，增加上述主参加诉讼的情形，以此追求诈害防止的可能。

（二）受害人提起损害赔偿诉讼

恶意诉讼所获得的判决，仍有既判力。当事人不能直接主张当然无效，但可以申请再审。但诈害人实施的行为显然违反公序良俗，诈骗法院或对方当事人，取得本不该获得的胜诉判决。因此，借鉴德日美的立法或判例，应当许可被害人提起损害赔偿诉讼，以补再审救济之不足。

关于能否将恶意诉讼直接认定为侵权行为，还需要从我国立法对侵权构成模式的选择中寻求答案。就大陆法系运用成文法的立法习惯观察，学界将侵权构成模式归纳为，以法国民法典为典范的非

---

① 肖建华：《主参加诉讼的诈害防止功能》，载《法学杂志》2000年第5期。

限定性侵权构成和德国民法典为典范的限定性侵权构成。① 其中法国模式下关注的重点在于导致损害发生的事件，而非以受侵害者享有特定权利的边界会否因他人损害而被逾越，权利行使由此遭受阻碍或破坏为认定侵权行为的标准；② 德国模式设立的是一个"对受到法律保护之权益完全列举"③ 的基本侵权行为条文。就我国《侵权责任法》而言，对上述模式的选择尚有一定的认识分歧，通说观点以该法第 6 条对侵权行为的一般性规定为依据，认为我国采取的是法国的非限定性模式。④ 亦有学者以该法第 2 条为依据，认为此条文列举 18 项民事权利的做法是以"部分列举加兜底性条款"的方式概括绝对权的各个方面，展示了侵权法保护的客体，由此认定我国采取的是德国的限定性模式。⑤ 将此两种观点依据的法条结合进行体系解释不难发现，在立法模式的选择上，我国采取折中的态度，既对侵害权益的边界进行了不完全的列举，又通过概括性的一般条款强调因过错行为而引发侵权责任的该当性。将恶意诉讼代入上述观点进行分析。在非限定模式当中，由于恶意诉讼因其最终目的的指向是侵害他人民事权益，虽然手段方式利用了程序规制，但该行为目的符合侵权行为的追求，契合《侵权责任法》的调整范围；在限定模式当中，当恶意诉讼侵害对象符合法律列举时，可当然地认定其为侵权行为，由此仅从该违法行为侵害民事权益的角度看，将其定性为侵权行为的做法无可厚非。再考虑《侵权责任法》中关于特殊侵权行为的规定，虽然恶意诉讼很难归入该法自

① 姜战军：《侵权构成的非限定性与限定性及其价值》，载《法学研究》2006 年第 5 期。

② 张民安：《现代法国侵权责任制度研究》，法律出版社 2003 年版，第 57 页。

③ ［德］克里斯蒂安·冯·巴尔：《欧洲比较侵权行为法》（上册），张新宝译，法律出版社 2004 年版，第 22 页。

④ 张新宝：《侵权责任一般条款的理解与适用》，载《法律适用》2012 年第 10 期；葛云松：《〈侵权责任法〉保护的民事权益》，载《中国法学》2010 年第 3 期。

⑤ 曹险峰：《我国侵权责任法的侵权构成模式——以"民事权益"的定位与功能分析为中心》，载《法学研究》2013 年第 6 期。

第五章起往后规定的七种特殊侵权行为中，但因其侵害的权益可能是该法第 2 条中规定的某一项或某几项内容的集合，将其归入侵权行为定性的做法虽然并非不妥，但由于恶意诉讼侵害的对象还包括司法公信力和浪费司法资源，超出法律规定的民事权益涵盖的范畴，因此在适用侵权责任时得严格遵循违法性要件为前提的思路，总结我国程序法中受侵害者可获得损害赔偿的条款。

在兼备限定与非限定性模式的我国《侵权责任法》中，对侵权行为规制的基本逻辑是"侵害权益—造成损害—承担责任"。[①]以侵权行为定性恶意诉讼进行规制时，必然需要经历"侵害权益—造成损害—承担责任"这一基本逻辑模式的套用，只有在满足一般侵权行为构成要件时的恶意诉讼才可以被定性为侵权行为，而后再被代入此逻辑模式进行司法评价。因恶意诉讼是通过对司法程序的不当使用来寻求不法目的，单方面地从其可能直接引发民事权益受侵害的角度看，在当事人实施侵害的过程符合侵权构成要件时，司法中的纠纷解决机制会以侵害实施手段行为的身份出现在侵害的过程当中，即上述模式中的"侵害权益"行为实施后，当事人的民事权益因不当地被引入司法程序而带来实际上的减损或产生减损的可能性，其某些权利也因程序的阻碍从完全的行使状态变为不完全；无故地参与程序也带来了日常生活中时间成本的增加，即上述模式中的"造成损害"；就由此引发民事权益的减损，受侵害方可以通过《侵权责任法》寻求救济，由此引发对该项不法行为的司法评价，即上述模式中的"承担责任"。以法条中有关违法性条款的规定为基础，结合前述程序法规制中需要完善的内容，将应当适用侵权责任的范围限定在《民事诉讼法》第 112 条、第 113条规定的情形，以及一方当事人以侵害为目的提起诉讼的情形；对于诉讼中非诚信行为带来的侵害，在立法中可查找到的赔偿、补偿

---

① 温世扬：《略论侵权法保护的民事法益》，载《河南省政法管理干部学院学报》2011 年第 1 期。

适用情形包括错误保全，先予执行申请错误，逾期举证给对方当事人增加诉累，再审改判时再审申请人因过错未能在原审中举证引发他人诉累的情形。除此之外建议增加第三人撤销诉讼中提供担保中止执行错误的情形。而对于其他表现在诉讼中非诚信的恶意诉讼，因其不能满足违法性要件的要求，应当被排除在侵权责任的规制范围外，但并不排除因此引发的民事诉讼法律责任。

对于当事人之外的第三人而言，案外第三人教唆当事人实施诈害诉讼行为，该第三人应按照《侵权责任法》第 9 条承担连带责任。当案外第三人因为受本诉判决效力所及，而与当事人一起受到损害，这时权利的主张可能稍微复杂些。诉讼系属后系争物让与，诉讼判决的既判力因此扩张的情形，一般说来，在德国当事人恒定主义的立法例中，受让人只需追究出让人的权利瑕疵责任；至于我国，则无特定继受的明文规定。至于诉讼担当的既判力扩张，实质当事人即被担当人的利益遭到恶意诉讼损害，那么有权提起损害赔偿之诉的主体，是被担当人还是担当人，很难断定，可能要区分担当人与被担当人之间的利益关系而论。在破产管理人、失踪人的财产管理人的法定担当诉讼中，可以说被担当人的利益完全被委托由担当人行使，由担当人提起损害赔偿诉讼比较恰当；在代位诉讼中，代位人与被代位人本来是债权人与债务人的关系，两者利害关系未必一致，有时会出现利益的对立，因此，如果代位人前诉中受到诈骗，由被代位人本人起诉请求损害赔偿，应更合理些。另外，如果对方当事人面对加害人的影响法官心证的诈骗行为（如提出伪证），未曾尽力反驳，招致败诉判决，被害人如有过失，法官在判决时可参照《侵权责任法》第 26 条减少赔偿额。参照德日的损害赔偿之诉，在恶意诉讼的结果（如生效判决、调解书）尚未被申请执行以及正在执行中，应当是请求不作为以及交出执行名义；在执行完毕后，则应为返还执行标的物或金钱赔偿。

（三）请求确认恶意诉讼争执的法律关系不存在

本书将恶意诉讼分为案外第三人受该判决效力（不论是既判

力还是形成力）所及，与不受到该判决效力所及的两种情形。我国司法实践中发生的一些恶意诉讼，如债务人与他人合谋通过诉讼制造假债权以损害其他债权人的利益等常见情况，案外人都不受其判决效力所及。

通常情况下，恶意诉讼判决既判力仅及于双方诉讼当事人（既判力相对性原则）；一般债权人面对债务人与他人确权以逃避债务履行的恶意诉讼，如果不赋予其诉讼撤销权，可允许其将恶意串通的双方当事人列为共同被告，起诉请求确认物权归属仍为债务人。如果他人对于债务人的给付诉讼判决已经确定，并进入强制执行阶段，一般债权人可代债务人之位提起执行异议之诉。只是从《合同法》第73条及相关司法解释看，我国并不承认代位权人可代位债务人提起执行异议之诉（行使诉讼法上的形成权），因此，如果恶意诉讼的判决已经部分或全部执行完毕，主债权人可在提起消极确认之诉后，代位债务人起诉请求损害赔偿。

无权占有人与他人进行恶意诉讼，以损害真正的物权人的权益的情形，即使判决已经生效，但真正的物权人仍可对执行债权人（恶意诉讼胜诉方）提起案外人异议之诉或者对前诉胜诉方提起确认诉讼。

综上所述，我国如果采用德日等国关于既判力主观范围的规定及学说，那么在不发生既判力扩张时，不运用第三人撤销之诉，也可解决问题。① 但如果案外第三人受前诉判决效力所及，就不能依循上述途径获得救济。此时就会发生应由何种途径排除前诉恶意诉讼的判决效力扩张的问题。此时受侵害者可以依据《民事诉讼法解释》第300条的内容，请求成立且确认其民事权利的主张全部

---

① 我国台湾地区"第三人撤销之诉"，根据其司法行政部门提案说明，原告必须"受他人间判决效力所及"，台湾学者对于这种说法大多表示赞同。而且对于前诉判决效力不及案外人的情形，法律已赋予案外人其他救济途径，因此其不能提起第三人撤销之诉，这与法国法的规定不同。所以第三人撤销之诉，只有在无其他救济途径时，方能提起。

或部分成立的，改变原判决的错误部分。

（四）恶意串通调解、申请支付令的规制

双方当事人恶意串通达成调解，对第三人的救济途径，与案外人排除恶意诉讼的判决对其不利影响的方法应当相同。修正案将调解书纳入再审或抗诉的范围，是很必要的。但第三人即可通过事后的确认之诉，排除恶意调解对事实认定的不利影响。因此，债务人与其亲友合谋通过调解的方式制造假债权，图谋损害其他一般债权人利益的，其他一般债权人仍可在事后提起该债权不存在的确认之诉，或者在其他后诉中主张前诉判决既判力不及于自己。在调解结果的效力及于案外第三人时（如调解同意离婚并分割财产），可能需要通过立法确立的损害赔偿诉讼或第三人撤销之诉救济。

我国关于确定的判决书效力与调解书相比，应当是一致的。调解书的效力甚至更强些，需要透过再审之诉救济。[1] 而按照日本的通说及实务观点，诉讼上和解并无既判力;[2] 在效力判断的问题上，案外人可直接主张诉讼上和解的实体法效力的瑕疵。并依照《民事诉讼法解释》第300条的规定请求成立且确认其民事权利的主张全部或部分成立的，改变原调解书内容的错误部分。

督促程序也有可能被用来恶意串通。由于支付令与确定判决有同一的效力，[3] 其既判力、执行力均与判决相同，[4] 因此可以参照关于恶意诉讼的立法规制来应对。至于案外人认为法院确认的调解协议侵害其合法权益，可根据《最高人民法院关于人民调解协议

---

① 从比较法角度，大陆法系民事诉讼与我国法院出具的调解书以及经司法审查所做出的确认调解协议的决定是最相接近的，可以说就是"诉讼上的和解"这一概念了。参见王亚新：《诉调对接和对调解协议的司法审查》，载《法律适用》2010年第11期。

② 三月章甚至认为，诉讼上和解带有诉讼行为的性质，但无既判力。参见［日］新堂幸司：《新民事诉讼法》，林剑锋译，法律出版社2008年版，第259-264页。

③ 《德国民事诉讼法》第338条。参见［德］奥特马·尧厄尼希：《民事诉讼法》（第27版），周翠译，法律出版社2003年版，第453页。

④ 王甲乙、杨建华、郑健才：《民事诉讼法新论》，广益印书局1983年版，第663页。

司法确认程序的若干规定》第 10 条的规定，申请法院撤销确认裁判。

（五）参与分配及破产程序赋予第三人救济手段

《最高人民法院关于适用〈民事诉讼法〉执行程序若干问题的解释》赋予债务人的一般债权人透过参与分配异议及执行参与分配方案异议之诉、争执他人债权存在与否的权利。如果前诉存在虚假合谋，那么可以认为，执行参与分配方案异议之诉的事实认定不受《最高人民法院关于民事诉讼证据的若干规定》第 9 条第 1 款第 4 项所规定的预决事实效力的拘束，而应根据该条第 2 款规定的但书推翻前诉的事实认定。

当然，参与分配中的救济，需要进入执行程序，而且要求异议人获得执行名义，条件稍严格，但如果认为未取得执行名义的债权人也能进入参与分配程序，并提出异议及起诉，以方便一般债权人的救济的话，就不合乎法理。因为未取得执行名义的债权人可参与分配，更方便假债权的得逞。所以，《最高人民法院关于人民法院执行工作若干问题的规定（试行）》规定多个债权人对同一债务人申请执行和参与分配时，其债权人为多份生效法律文书确定金钱给付义务的多个债权人或一份生效法律文书确定金钱给付内容的多个债权人。该规定不允许未取得执行名义、也不享有优先受偿权的债权人参与分配，在排除恶意诉讼的判决不利影响方面，有积极意义。

德国、日本与我国台湾地区，采用一般破产主义，自然人、商人皆可破产，因此参与分配时未取得执行名义的债权人，在发觉自然人债务人无其他财产清偿债务、已经资不抵债时，即可以申请债务人破产，以此停止取得执行名义债权人的执行。在破产程序中，破产管理人可以争执其他债权人的债权是通过恶意的诉讼、调解、督促程序取得的。我国破产法没有采用一般破产主义，自然人的债权人不能通过破产程序停止其他债权人的执行申请，使得参与分配程序与破产法在规制恶意诉讼衔接方面存在问题。

（六）第三人撤销诉讼的应用

1. 第三人撤销诉讼适用条件的适度扩张

正是由于立法中没有强调规制恶意诉讼的本质要求，导致第三人撤销诉讼在现有立法的框架下进行适用存在困惑。对于无独立请求权第三人而言，在其已受法院通知参加诉讼或被申请前来参加诉讼时，其可以利用第三人撤销诉讼维护自身权益的可能性即被排除。无独立请求权第三人在满足第三人撤销诉讼要件的基础上进行起诉时，亦存在适用上与其他程序性救济产生矛盾的可能。无独立请求第三人权益受到侵害最常见的时刻表现在法院判处其承担法律责任之时。若在上诉期间该第三人知晓前诉，可以通过上诉寻求救济。若上诉期间届满，则被排除在运用第三人撤销诉讼的范围之外。此时只能因其需要承担裁判中的法律责任，被认为具有相当于当事人的身份，从而类推适用《民事诉讼法解释》第82条的内容，通过申请再审维护自身权益。① 抛开对法条这样的类推解释是否适当的问题，单就第三人撤销诉讼来看，若立法规定在面对恶意诉讼时可以适当扩张，赋予没有参与因恶意诉讼引发前诉的诉讼程序，仅在被判决承担法律责任时才知晓前诉的无独立请求权第三人，享有上诉或提起第三人撤销诉讼的选择权。这样的扩张不仅大大增加该程序的可适用性，同样对无独立请求权第三人更为公平。按照《民事诉讼法》第164条的规定，对判决的上诉期限是15日，对裁定的上诉期限为10日。而按照第56条的规定，提起第三人撤销诉讼的期限是知道或应当知道之日起6个月。从诉讼时间的准备看，第三人撤销诉讼显得更为充分。同时较上诉而言更加维护了第三人的审级利益。

对于有独立请求权第三人而言，其申请参加到正在进行的诉讼中来，是出于对自身权益的维护。但立法的设定是其主动参加到诉

① 任重：《回归法的立场：第三人撤销之诉的体系思考》，载《中外法学》2016年第1期。

讼中，这样就存在有独立请求第三人对诉讼的参与拥有选择的权利。那么对于有独立请求权第三人提起撤销诉讼而言，其要件要求是因不可归责于本人的原因未能参加诉讼。若有独立请求权第三人申请参加了前诉，则其当然地不可以提起第三人撤销诉讼。对于有独立请求权第三人而言，其参加到诉讼过程中虽然名义上立法将其称呼为第三人，但立法的预设是这样的第三人具有的诉讼地位相当于本诉的当事人，这样独立的诉讼地位则表明其充分地适用处分原则和辩论原则。因此立法上不可强制有独立请求权第三人参加到诉讼中成为独立于原告被告而存在的当事人。那么这样的预设会导致知晓前诉而不参加的有独立请求权第三人，因其知而不作为，导致不满足不可归责于本人事由未参加前诉的第三人撤销诉讼的起诉要件。因此，现有关于第三人撤销诉讼起诉要件的规定，与有独立请求权第三人适用处分原则和辩论原则存在矛盾。这种矛盾的出现，很大一部分原因在于，第三人撤销诉讼的要件没有强调对恶意诉讼的规制而产生特殊扩张的规定。除了诉讼权利行使的障碍外，还存在有独立请求权第三人申请参加前诉未被获准的情形。对于恶意诉讼引发的前诉，有独立请求权第三人在知晓权益受损到申请参加诉讼时间有限，有些损害事实并非在前诉起诉时就会出现，因此在准备不充分的情况下，很可能申请参加诉讼的请求被驳回。若立法规定有独立请求权第三人在有证据证明其未参加，或申请参加但被驳回请求的前诉中，存在双方当事人恶意串通而为的恶意诉讼，从而可以对生效的前诉提起第三人撤销诉讼。这样的立法既尊重了有独立请求权第三人对自己诉讼权利的处分权，又保障了其通过第三人撤销诉讼维护自身权益的可能，同时也强调了第三人撤销诉讼规制恶意诉讼的本质目的。

2. 第三人撤销诉讼与另诉的协调适用

对于恶意诉讼引发新纠纷的内容，立法例中存在另诉的情形主要是《民事诉讼法解释》第 315 条规定的。被执行人与案外人实施《民事诉讼法》第 113 条内容时申请人可以提起损害赔偿诉讼。

此类案件中，依照《民事诉讼法解释》第308条的规定，案外人提出的执行异议之诉中，以申请执行人为被告。从程序上看，申请执行人对该诉讼应当完全地参与，自不需要对其进行程序保障的维护，在保全错误引起损害赔偿的时候，可以理解为一方当事人以侵害为目的而为的恶意诉讼。从侵权角度分析，当然地引发了前述提及的侵权责任，因此获得另诉的利益。但基于此处的申请执行人为执行异议之诉的被告，当然地排除了其提起第三人撤销诉讼的权利。

换另一个角度分析，在《民事诉讼法》第112条规定的情形中，前诉同样系由恶意诉讼引发，案外人在此提起了第三人撤销诉讼维护自身权益，但这类案件是否可以另诉，则需要从重复起诉判断与第三人撤销诉讼的性质这两个角度进行分析。按照《民事诉讼法解释》第247条的规定，认定重复起诉需要满足前后两诉当事人相同、诉讼标的相同、诉讼请求相同或实质相反。符合提起第三人撤销诉讼条件的第三人，在后诉中第三人系针对前诉双方当事人的原告，从当事人的角度看与前诉完全不同，从而诉讼标的也不相同；另外前诉与后诉在案件事实方面的重复，仅会产生《民事诉讼法解释》第93条的效果，后诉将受到前诉事实认定产生预决效果的影响。因此，原则上满足非因归责于己原因未能参与前诉的第三人均可提起另诉。[①]

从第三人撤销诉讼的性质来看，按照《民事诉讼法解释》第300条第1款的内容，在请求成立的情况下对原裁定书、判决书、调解书中错误部分进行更改。这里仅发生的是纠正前诉裁判后果的效果，并没有涵盖因恶意诉讼产生侵权责任的赔偿。也就是说，从确认民事权利的角度，认定第三人在前诉生效判决发生之前民事权利的具体状态，但不对前诉发生后该权利状态发生减损该如何补偿

---

[①] 任重：《回归法的立场：第三人撤销之诉的体系思考》，载《中外法学》2016年第1期。

进行评价。可以推知第三人撤销诉讼的性质为形成诉讼。将对于这样的推论带入与允许第三人采取另诉的对比中，并通过具体案例进行分析。

从具体案件来看，当提起撤销诉讼的第三人，属于"权利型准独立请求权第三人"，该前诉恶意串通的双方当事人通过确认其不动产买卖合同无效，从而使出卖人恢复所有权圆满状态，以此侵害后手买受人请求过户的权利。该第三人通过撤销诉讼撤销了前诉的判决。而后又通过一项新的诉讼，起诉出卖人要求其履行房产过户的义务。[①] 可见该情形中，第三人撤销诉讼仅撤销了前诉认定买卖合同无效的判决，认定了原房产买卖合同的效力，对于合同后续过户义务的履行采取了另案处理的方法。倘若该第三人一开始并没有提起撤销诉讼，而是直接以前诉出卖人的合同效力为内容提起诉讼，请求确认前诉中争议合同的效力，从而进一步请求实现过户的权利。从合同的角度看，前诉中的合同并不具有对世性，基于合同的效力仅及于合同双方当事人，作为合同外的第三方自当没有评价合同效力的权利。因此，该第三人仅能就自己参与的合同效力提起诉讼。然而这份合同始终是有效的，遂只能选择起诉其前手违约或要求继续履行合同，但因其前手丧失了继续履行合同的可能，从而只能选择要求承担违约责任。在忽略此情形可能存在适用第三人撤销诉讼不当的认定，基于房屋实际价值同违约责任之间差距较大，此时另行在维护权利的功能上同第三人撤销诉讼相比，后者呈现的优势更大。对于此处适用第三人撤销诉讼不当的判断，可以通过扩张解释第三人撤销诉讼提起的实体条件来解决。

再就另一种类型的案例进行分析，前文当提起撤销诉讼的第三人属于"辅助参加型第三人"。该类案件中，因恶意诉讼未能参与到前诉的"辅助参加型第三人"，"特别损害"发生在执行过程中。应用第三人撤销诉讼只是将前诉被告的财产状况恢复到前诉生效判

---

① （2014）温苍民初字第 1530 号，审理法院：浙江省苍南县人民法院。

决发生前的状态，并没有对第三人的实体权益造成实质性影响。在第三人为受侵害的投资人时，撤销诉讼仅能将项目款回归于被告，但被告不履行合同义务给投资人带来损失的，尚需要投资人另案处理。当第三人为受侵害的股东，第三人撤销诉讼仅能恢复公司财产，法人代表对于股东权益的损害，亦需要另案解决。倘若此两种情形中的第三人均另行起诉，另诉的理由是确认前诉中原告权利不存在，从而使被告权利恢复前诉发生前的状态。然而此处另诉若发生在前诉因执行而导致此处第三人权益受侵害的时候，依照《关于执行权合理配置和科学运行的若干意见》第 26 条的规定，另诉将因前诉的执行程序被撤销，不能继续进行。相比而言，第三人撤销诉讼中第三人可以通过程序手段，中止前诉的执行。因此，较另诉在权益维护上显得更加充分。

3. 第三人撤销诉讼与其他事后救济程序的协调适用

在面对恶意诉讼时受侵害者可以适用的事后救济程序除第三人撤销诉讼外，还包括再审、执行异议和执行异议之诉。可以发起再审主体，应当是受到确定判决效力拘束且具有撤销判决利益的人，其中包括确定判决的当事人，以及判决效力及于的第三人。① 在讨论规制恶意诉讼的第三人救济程序之语境下，仅就判决效力及于的第三人展开论述。

概括来说，既判力让原本存在前诉双方当事人之间的"一事不再理"状态扩张成对世性的效力。然而在"一物二卖"的纠纷中可能存在这样的情形，原被告双方就物权归属的纠纷展开诉讼，诉讼过程中因标的物发生转移而出现的买受人，在出卖人败诉的诉讼中，胜诉方可因《物权法》第 28 条的内容获得物权，并且可以《物权法司法解释（一）》第 8 条的内容，请求完成动产交付或不动产登记的权利。而标的物已于诉讼过程中转让给买受人，出卖人

---

① ［日］新堂幸司：《新民事诉讼法》，林剑锋译，法律出版社 2008 年版，第 669 页。

早已丧失了标的物的所有权。此时出现买受人基于《物权法》第9条和第23条内容享有物权，同诉讼程序中胜诉方因胜诉获得物权的对抗。此时按照"当事人恒定"原则，保护的是对方当事人的程序利益，判决效力发生扩张至买受人，但其因直接继受了当事人的诉讼权利，类推为原诉当事人，不满足第三人撤销诉讼的程序资格而当然地不可撤销前诉。值得注意的是，这里对买受人权益的侵害仅出现于案件执行的过程中。若出卖人与对方当事人仅持有法律文书，而不申请执行，则并不动摇善意买受人的所有权。而在执行过程中，案外人亦可通过提出执行异议，以案外人再审的方式维护自身权益。但有学者指出，从程序保障的角度，此处的买受人在符合不可归责于己的原因，未能参加诉讼的情况下，可以赋予其提起第三人撤销诉讼的权利。[1]

当被告在原告起诉时是享有物权的状态的，当认定前诉为恶意诉讼的情况下，被告将物权转让的行为应当发生在口头辩论终结后，并在法院做出裁判之前。买受人在此阶段以善意第三人的身份取得物权。由此产生的生效判决才能使得胜诉的原告，可以依照《物权法司法解释（一）》第8条的内容，请求完成动产交付或不动产登记。此时这样的请求只能向真正的物权人提出，所以胜诉的原告只能通过申请执行向买受人主张此权利，即侵害的发生只能在执行的过程中，此时按照《审判监督程序若干问题的解释》第5条的规定，案外人对执行的物主张权利，可在前诉裁判生效后两年内，或者在知道或应当知道之日起三个月内申请再审，同时还将此处提起再审的条件限定为，无法提起新的诉讼解决争议。因此，此处的买受人通过再审维护自身权益完全符合立法的追求。而第三人撤销诉讼正是一项新的诉讼，但鉴于该司法解释出台时尚且没有第三人撤销诉讼的规定，仅因为《审判监督程序若干问题的解释》中的这个限定，就否定此处买受人可提起撤销诉讼的理解并不充

---

[1]　王福华：《第三人撤销之诉的制度逻辑》，载《环球法律评论》2014年第4期。

分。因此需要并结合新的司法解释来判断，按照《民事诉讼法解释》第 303 条的规定，案外人对执行异议裁定不服，得申请再审，而排除第三人撤销诉讼的适用。此时又可提出这样的疑问，买受人若不提起执行异议，直接提起撤销诉讼，或先提起第三人撤销诉讼后提出执行中止是否可行。依照《民事诉讼法》第 206 条的规定，进入再审的案件除法律规定的例外情形，将发生中止执行的效果。而第三人撤销诉讼中的执行异议并不一定引发执行的中止，若被驳回只能提供相应担保来中止执行。相比而言，再审在这种情况下较第三人撤销诉讼而言，更好地保障了买受人的利益。因此，不论从保障的功能，还是从法条的体系解释，此种扩张第三人撤销诉讼的做法并不恰当。同时需要指出的是，将《审判监督程序若干问题的解释》第 5 条的规定代入，前文有关第三人撤销诉讼主体条件的扩张中，可以使本书提出的该种观点得到自洽性证明。而仅利用另诉的方式维权，因为标的物的价值变化容易引发对诉讼结果是否公平的质疑。因此，按照前文内容进行的扩张解释的第三人撤销诉讼，可以很好地解决这一质疑的同时满足法律条文的体系解释。

此外，根据最高人民法院新颁布的《关于防范和制裁虚假诉讼的指导意见》第 10 条的内容，亦需要防范第三人撤销诉讼这一诉讼程序被有关人员利用，制造虚假诉讼的情形。因此，在本书提出扩大适用的基础上，对于第三人撤销诉讼的适用范围，原则上不宜再过多地进行扩大解释。而针对其与再审的关系，则需要结合执行相关的不同情形，对其适用位阶加以说明。

对于在规制恶意诉讼时，第三人撤销诉讼与再审之间的关系，并且如何协调适用的问题，尚且需要以执行为时间节点进行判断。因此可以分为执行前、执行中和执行后三个阶段进行讨论。

执行前这个时间节点中，基于生效判决是否需要通过执行来实现侵害，区分两种情况分别讨论。在判决一经生效就侵害第三人权益的案件中，如前文所述的通过撤销合同，恢复所有权圆满状态的案件中。基于第三人可以通过另诉的方式维护自身权益，因此排除了再审的适用。除去此种情形外，司法实践中尚存在离婚析产案件的判决结果，侵害第三人物权的情形。此时第三人对析产案件中所涉及的财产享有独立的请求权，属于有独立请求权第三人的情形，其享有提起第三人撤销诉讼的同时，亦可以维护自身所有权为理由另行起诉来维护自身权益。基于通过另诉维护自身权益，属于《审判监督程序若干问题的解释》第5条排除再审的条件。因此，在基于体系解释的基础上，对于该种情形第三人应认定为可通过第三人撤销诉讼或另诉的方式维护自身权益，从而排除再审的适用。在此，还需要补充声明的情形是继承类析产案件中，隐瞒继承人存在提起析产诉讼如何处理的问题。首先，按照《民事诉讼法解释》第70条的规定，在继承遗产的诉讼中，没有参加诉讼且为明确表示放弃实体权利的，为共同原告。此处被隐瞒的继承人虽在诉讼之外，但不应当被认定为第三人，应当以遗漏的共同原告来对待。因此，此类案件虽然可因恶意诉讼引发，但因为被隐瞒的继承人实为共同原告，所以既不满足第三人撤销诉讼的条件，亦不可另行提起诉讼。所以只能以遗漏的必要共同诉讼人身份提出再审申请。

按照前文对第三人撤销诉讼实体条件的扩张解释，在前诉可能侵害第三人民事权益时，可以允许提起第三人撤销诉讼，即是在执行前提起第三人撤销诉讼。基于侵害发生在执行阶段，此时第三人撤销诉讼会与执行中的再审发生竞合。对于此时发生竞合该如何适用的问题，司法解释给出了明确的答案。按照《民事诉讼法解释》第303条的规定，在提出第三人撤销诉讼后为中止执行而申请执行异议，当执行异议被驳回后禁止当事人提出再审申请。此时第三人亦可以在执行的过程中按照《民事诉讼法》第227条的规定，案外人以申请再审的方式维护自身权益，同时也排除了第三人撤销诉讼的适用。不过值得注意的是，此时禁止的是第三人在申请撤销诉讼后自行申请再审，但并不禁止法院在此时裁定再审。不过按照《民事诉讼法解释》第301条的规定，当有证据证明前诉系由恶意诉讼引发的诉讼时，排除再审的转换，直接审理第三人撤销诉讼。由此可知，立法在应对恶意诉讼时，采取了特殊法优于一般法的位阶判决，此时发生竞合时优先适用第三人撤销诉讼。而于此需中止执行，需要第三人提供担保的做法可比照普通程序中申请财产保全来理解，鉴于立法中并没有对此处提供担保错误的情形加以规定，遂建议可以比照《民事诉讼法》第 105 条的规定，对申请中止执行错误的行为，可以要求承担赔偿责任。

对于执行结束后申请再审与提起第三人撤销诉讼而言，从《民事诉讼法》第 56 条与第 205 条的规定来看，具有很强的同质性。按照特别法优于一般法的原则，从适用位阶上看，第三人撤销诉讼应当被优先适用，但并不能排除当事人选择适用的权利。因此，需要关注的另一个问题是当事人若先申请再审，在再审申请被法院裁定驳回之后，可否再运用第三人撤销诉讼维护自身权益。从避免重复诉讼的角度来看，此处提出再审与提起第三人撤销诉讼目的均是对前诉裁判效力的撤销，因此避免司法资源被浪费，同时避免当事人的权益被循环争讼，原则上应当排除再审申请被驳回后提起第三人撤销诉讼。

（七）刑事责任的制裁

对于将《刑法修正案九》第 35 条中新增的罪名，直接理解为虚假诉讼罪的做法，从罪名能涵盖的犯罪情节来看并非全面。按照前文第一章关于虚假诉讼的理解，虚假诉讼主要强调的是四方诉讼法律关系为基础探讨对案外人侵害的恶意诉讼。对于导致"创设原程序审查之外的新纠纷"的恶意诉讼而言，除虚假诉讼的内容之外，亦包括一方当事人虚构事实引发民事诉讼侵害对方当事人的行为。是否可以做出这样的理解尚且需要从罪刑法定原则入手寻求其正当性。

罪刑法定原则规定于我国《刑法》第 3 条，从该原则派生出来的四个原则包括：排斥习惯法；排斥绝对不定期刑；禁止有罪类推；禁止重法溯及既往。① 对于将该罪名的犯罪主体理解为包括恶意串通的双方当事人，以及以侵害为目的提起诉讼的一方当事人两种情形是否违反罪刑法定原则，需要考虑的是该理解是否违反了禁止有罪类推这项派生原则。按照《刑法》第 3 条的内容："法律明文规定为犯罪行为的，依照法律定罪处刑；法律没有明文规定为犯罪行为的，不得定罪处刑。"这里的法律并不能按照一般对法的理解进行释义，此处的法专指刑法，包括形式刑法和实质刑法，而就我国法律语境而言我国罪刑法定中的"法"专指刑法典。② 因此该罪名的主体并不受到《民事诉讼法》第 112 条、第 113 条关于恶意串通双方当事人的限制。同时需要注意的是，按照《民事诉讼法解释》第 315 条中规定的，案外人与被执行人恶意串通提起的执行异议之诉中，申请执行人为被告，这种诉讼形式实质上指的是一方捏造事实起诉侵害对方当事人的情形。虽然我国的诉讼法及其司法解释并不是罪刑法定原则中"法"的范畴，但对提起民事诉讼这一行为亦有参考作用。基于常识理解，民事诉讼程序的产生是基于一方当事人的起诉行为，"捏造事实提起民事诉讼"本身包括双方恶意串通提起民事诉讼与以侵害为目的捏造事实起诉诉讼两种情形，在逻辑上存在递进关系，该解释实质上属于当然解释，并非扩大解释，亦不会引发类推解释的嫌疑。因此，基于本书第一章对概念的辨析，虚假诉讼强调的是基于双方当事人、法院以及案外第三人的四方法律关系，并没有包括一方当事人捏造事实提起诉讼的行为，遂不应以虚假诉讼罪对该罪名进行命名，得用恶意诉讼罪来概括其内涵。

　　虽然可以通过当然解释，扩大对"捏造事实提起民事诉讼"的理解，但《刑法》第 307 条内部两项罪名的竞合，依旧使得恶意诉讼罪在适用上受到一定限制。在面对具体案件时，往往存在新

---

① 高铭暄、马克昌：《刑法学》，北京大学出版社 2007 年版，第 30 页。
② 陈兴良：《罪刑法定主义的逻辑展开》，载《法制与社会发展》2013 年第 3 期。

罪名无法适用的现象。① 该案件起因是安工公司中标承建的一项安置小区建筑工程。该工程由朱某实际承建，工程所需钢材由昌顺公司提供。后朱某与安工公司就工程款项的支付发生纠纷。昌顺公司为工程建设共计提供钢材价值 1000 万元，朱某通过其妻子施某的个人账户已向昌顺公司支付了大部分货款，仅剩余款 60 万元未结清。朱某为多拿工程款项，通过与昌顺公司的王某合谋，虚构王某与施某间存在借款的事实，掩盖其已经支付大部分钢材款项的事实。同时虚构债权转让协议将昌顺公司对该工程钢材款项的债权转让给仁建公司的事实，并以仁建公司的名义向安工公司起诉，要求支付钢材款项和违约金合计 1000 余万元。该案最终以朱某被判处妨害作证罪，王某判处帮助伪造证据罪结案。

就导致该案的恶意诉讼而言，其行为表现方式中捏造事实的行为，可能触犯的是妨害作证罪，帮助毁灭、伪造证据罪的内容，即《刑法修正案九》出台前，原本第 307 条的内容。恶意诉讼罪与此两种罪名的区别主要表现为两点。其一，妨害作证罪，帮助毁灭、伪造证据罪发生的时间点，往往在诉讼进行的过程当中。② 而恶意诉讼罪发生于提起民事诉讼时。提起民事诉讼时作为时间点，相对于诉讼中而言，区别在于提起民事诉讼的行为可能导致的结果并不一定就引发诉讼程序的展开，可能存在因为准备材料不充分而不被法院受理的情形。其二，妨害作证罪，帮助毁灭、伪造证据罪是行为犯，即犯罪嫌疑人只要实施以暴力、威胁、贿买等方法阻止证人作证或者指使他人作伪证的行为，就有可能被入罪处罚。而恶意诉讼罪是结果犯，需要达到妨害司法秩序或严重侵害他人合法权益的结果才会被认定为触犯该罪名。③ 依照这样的理解分析上述案例，朱某虚构借款与债权转让协议的事实，并依此为由以仁建公司的名

---

① （2016）浙 0603 刑初 220 号，审理法院：浙江省绍兴市越城区人民法院。
② 高铭暄、马克昌：《刑法学》，北京大学出版社 2007 年版，第 622 页。
③ 李翔：《虚假诉讼罪的法教义学分析》，载《法学》2016 年第 6 期。

义向安工公司起诉，符合捏造事实提起民事诉讼的行为要件。并且该捏造事实的行为发生在诉讼之外，同时由于起诉的行为引发了诉讼程序，当认定为妨害司法秩序。因此，可以认定朱某为恶意诉讼罪的主犯，王某帮助朱某实施犯罪行为得认定为从犯，基于该帮助行为有单独的罪名，按照特别法优于一般法的适用位阶，王某依旧可以以帮助伪造证据罪定罪。

由此可见，加强恶意诉讼罪的适用，关键在于该罪名主犯行为与妨害作证罪的区别。从捏造事实提起民事诉讼这一行为描述看，伪造证据的目的在于使法院立案从而展开诉讼程序，实质上是通过诉讼程序创造了一项本就没有的纠纷。而妨害作证罪的关键在于，对于原本存在的纠纷，为了胜诉的目的妨害作证、伪造证据。此二者的行为目的具有本质的区别，依此犯罪目的区分两种罪名的适用，可以避免因《刑法》第 307 条内部竞合而限制恶意诉讼罪适用范围的问题。

# 第三章　公益诉讼制度的司法建构

　　报载，被称为政府首次替流浪汉打官司的"中国第一案"于 2007 年 3 月 28 日在江苏省南京市中级人民法院审结。法院以上诉人高淳县民政局并非适格的诉讼主体为由，判决驳回其上诉请求。其案情是司机李某酒后驾车，将一名躺在马路上的流浪汉碾压致死。经刊登认尸启事无人认领后，依照规定被火化，骨灰由殡仪馆保管。后高淳县民政局以肇事方（出租公司及其司机）、保险公司为被告诉至法院，要求被告赔偿流浪汉死亡赔偿金、丧葬费 30 余万元。高淳县人民法院开庭审理后判定原告不符合诉讼主体资格，从而驳回其诉讼请求。原告不服上诉，上诉法院判决维持原判。

　　此案在社会上引起了广泛的反响和讨论。该案涉及的许多问题，已超出了案件本身，民政局胜诉与否的意义已在其次。国务院《城市生活无着的流浪乞讨人员救助管理办法》和民政部《城市生活无着的流浪乞讨人员救助管理办法实施细则》，规定了地方各级民政部门承担对无名流浪乞讨人员的救助职责，如提供食物、住宿条件和疾病治疗等。但是，法律法规赋予地方政府承担这些义务的同时，却没有赋予政府或有关公权主体代表国家向有关责任者提起诉讼的权利。显然，这不仅无法给予被救助者的权利以司法保障，而且国家或地方财政支付的救助费用却不能从违法者那里获得任何补偿。这是不符合现代社会法治理念的。

　　该案仅仅是许多社会问题无法得到司法权力保障的冰山一角。在公益诉讼未实现法律化之前，行政机关提起民事公益诉讼不被受理是很普遍的法律现象。即使在公益诉讼已经成为制度的今天，行政机关也基本上无权提起民事公益诉讼。原因在于，《民事诉讼法》第55条指称的公益诉讼适用范围和诉讼主体均是非常有限的，至于公益诉讼的运作程序更是根本未予涉及。这导致我国仍然缺乏精细化的公益诉讼程序。要想更好地透过公益诉讼保护不特定的多数人利益并且遏制不法企业/集团的违法行为，确实有必要建构出一套契合我国国情的公益诉讼程序，这也是我国公益诉讼制度发展的重要课题。

## 一、公益诉讼的制度功能

随着经济的蓬勃发展，传统的民事诉讼已经不能完全容纳所有的纠纷，诉讼过程中法的空间与制度需求的矛盾进一步加剧。为克服私益诉讼的弊端，迎合不特定的多数人的诉讼需要，公益诉讼应运而生。何为公益诉讼？从大的方面说，市场经济鼓励个人和企业组织进行经济创新。国家要通过立法保障市场主体的经济利益，并确立个人利益和国家利益的边界，建立"有限政府"，以防止国家对市场主体的过度干预。但是，国家还承担着保护公共利益的职能，要监管市场和社会，以国家的名义对社会上的不当行为进行矫正，这就需要立法确认国家检察机关或其他公益主体担当社会利益保护者，并具有相应的诉讼主体资格。

公益诉讼是指特定的主体根据法律的授权就侵犯公共利益的行为向法院提起的现代型诉讼。与公益诉讼相对的是私益诉讼。"私益诉讼是为了保护个人私有权利的诉讼，仅特定人才可以提起；公益诉讼是为了保护社会公共利益的诉讼，除法律有特别规定外，凡市民均可提起。"公益诉讼突破了传统的单一诉讼的限制，将一些按照既有的诉讼理论不具有诉的利益和不适格的原告提起的诉讼吸纳进来，以达致当事人平等地接近司法和正义的目标。

与传统的私益诉讼相比，公益诉讼的特性包括以下几个方面：

第一，公益诉讼标的的公共性。按照旧诉讼标的理论，私益诉讼的诉讼标的是当事人之间争议的民事法律关系，法官进行利益衡量时更多依托于两造对立的争议当事人，诉讼的主要趣旨在于解决当事人之间的纠纷。在公益诉讼中，诉讼标的则超越了私人纠纷领域，而带有明显的公共性的烙印。环境公害污染、消费者权益纠纷、国有资产流失诉讼等都是私益诉讼无法简单衡量的，法院不能仅仅进行描述性的事实判断，同时应当关注法官裁判的社会后果从而具有价值判断的意蕴。公益诉讼的真谛在于为公共福祉而战，而非专为个人利益而战。

第二，公益诉讼原告的多元化和拟制化。私益诉讼的原告必须对待决事实具有诉的利益，否则不予受理。在公益诉讼中，特定的主体若认为行为人的行为侵犯了公共利益，就有权向法院提起诉讼。没有受到违法行为侵害的特定组织和个人依据诉讼信托理论或者国家干预理论等亦可提起诉讼。公益诉讼倚仗诉的利益理论的支撑，挑战传统的当事人适格理论。当然，并非所有受到侵害的当事人都参加到公益诉讼中，这些受害者被法律拟制为一个集团或者群体，由特定的组织和个人代表该集团或者群体诉讼，判决的效力扩散到该集团的所有成员，这种拟制被赋予了"实在权利"的意义。

第三，诉讼两造的实力不均衡。在公益诉讼中，原告是特定的法定机关、社会组织或者个人，被告则往往是经济实力雄厚、运用特殊的科技手段、掌握着特定的专门性知识的大型企业或者某个行业的垄断组织，实力的差距造成了诉讼技术和程序的差异，诉讼的天平天然倾斜。

第四，兼具直接性和预设性。在公益诉讼中，原告对被告的实质性请求内容往往不限于损害赔偿，预防性停止特别是不作为之诉则更为频繁，这都涉及对被告行为方式的正当性评价问题。在此类诉讼中，原告可能是权益受到侵害的特定多数当事人，但是在表面的利益主体背后隐藏着实质利益的主体，利益共通性促使这些主体相互结合以获得有利的裁判。在此空间中，公益诉讼不但维护了诉讼当事人的权益，而且也使得实质利益主体的权益获得圈定，即使当事人的群体诉讼未获得法官的支持，也由诉讼的启动，加之法庭的公开辩论、集中审理等严谨的程序凸显主要事实以及间接事实的社会重要性，引起普通国民的关注进而对立法者施加一定的压力。这样，法官在解决今后的纠纷时可能获得法律依据，即使没有也可考量既有诉讼对相似诉讼的解决。法官在被期待形成公共政策的同时，也代替了立法者，为一定程度的利益衡量。

由于建构在现代型纠纷的不断滋生以及解决的基础上，公益诉讼的含义非常广泛。公益诉讼不受诉讼形态的限制，既有行政公益诉讼，也有民事公益诉讼，有些国家甚至包括宪法诉讼。通过对西方法治发达国家的对照物的考察，笔者发现，这些国家的公益诉讼都是弱势群体为保护不特定多数人的重大公共利益事项而提起，法律对此又无明确规定的新型诉讼，如对堕胎提起的诉讼，对违法征税提起的诉讼，对违宪行为或者法律提起的诉讼，等等。公益诉讼保障的利益具有重大性，并非所有的涉及不特定多数人的利益的诉讼都可进入到公益诉讼中。一般情形下，群体诉讼涉及不特定多数人的利益，又可将其涵摄到现行法律规范中。当然，很多的群体诉讼法律也很难及时作出规制。因此，公益诉讼和群体诉讼既存在交集，又相互分离。因公益诉讼样态的新型性，法律还无法对此作出适时合理的规范，所以公益诉讼往往借助于群体诉讼机制予以实现。

和谐社会旨在实现人与自然的和谐、人与人的和谐以及思想领域的和谐。这一过程交融着道德和法律，其实现不仅是道德法律化的过程，而且也是法律道德化的过程。"和谐作为一种理想的社会形态，应有能力使产生的矛盾通过纠错机制和缓解机制而得到有效的化解，并由此实现利益大体均衡，实现多元利益的协调、相互容纳和共存，以此来维持良好的秩序，从而使整个社会达到一种动态的平衡状态。"和谐是利益衡量机制的结果，也是其追求的目标。诉讼作为利益衡量的最优化体现，其最终的目的也是达致利益的有机协调，秩序的平稳和谐。公益诉讼作为保障不特定多数当事人利益的制度装置，其所具有的扩散性纠纷解决功能、公共政策形成功能和程序保障功能的最终归宿点都落实到和谐目标上。公益诉讼的建构和完善对和谐社会目标的实现起着极大的促进作用，和谐社会的实现也需要公益诉讼的制度化和体系化。

作为现代国家的法律治理手段和社会变革工具，公益诉讼应该担负起供给有效社会公共产品、引领现代权利理念更新并且倡导全新诉讼理念的时代重责。遗憾的是，应然的制度功能在现代中国的法治语境下并未能以正当的方式实现，反而在相当程度上被消解，甚至有功能导向错误之嫌。不能也无法苛责充溢实用主义精神的立法者，突破既定制度框架建构全新的公益诉讼，这本身就需要非凡的法律智慧和勇敢的时代担当勇气。然而，实在法确立的公益诉权主体范围不明和适用主体过窄却是不容否认的客观事实。于此，以开放的姿态扩张公益诉讼的原告主体范围成为时下刻不容缓的重要课业，唯此才能从根本上弥合实在法所造成的裂痕，消解公益诉讼面临的现实窘境。更为关键的是，扩张公益诉权的主体范围，将极为深刻地改变现代权利的生成过程，推进整体正义的实现步伐。

（一）扩展私法权利的生成渠道

私法权利是民事实体法的基础，也是维系民事实体法存续的主要脉络。私法权利经过人为的整合和制度的修饰逐渐建构起规制和指导社会成员日常生活实践的法律规范，它们凝集而成参天大树般的民事实体法体系。私法权利的生成逻辑表现为：某种特定的私法利益因其独有的价值吸引了社会成员的注意，引发社会成员不同的利益主张或者利益追求，稀缺特性决定其不能为所有社会成员共同享有，社会成员的相互争夺使得利益处于不确定的状态。为明确利益的真正所属，需要社会成员之间在不断的博弈和妥协之后形成社会共识，获得相关利益主体的肯定性评价，特定自我和他人的自主性认知，由此而形成的关系性存在才称为权利。当这种观念性权利被立法者运用到国家机器吸纳进正式法律之中，就转化为正当的法律权利。民事实体法是正当的私法权利的抽象性集合。"权利的生成意味着社会规范对稀缺性利益或资源的制度性界定"，但是，民事实体法直接指称和保护的是正当的私法权利，稀缺利益或者新型利益未能通过利益到权利的利益权利化或观念性权利到法定性权利的权利法律化的转化过程的任一阶段，故仍然无法涵盖到民事实体法的辐射范围。两个阶段如同两道门槛，规制民事实体法的保护限度。那些纯粹的私法利益或者观念性权利均不在民事实体法的保护范围之内。经过正式法律制度积极肯定的私法利益或者私法权利遭受不当侵害而陷入危险境地之时，司法制度才被现实地利用到法律实践之中。

私法权利是单个个体性利益的抽象化集合，这意味着建构于个人权利基础之上的民事实体法并未给超越个人利益的公共利益提供权利基础。公益诉讼是涉及不特定多数人利益的新型诉讼样态，不但满足了公共利益权利化的现实需要，而且在实质上更新民事实体法的权利内容，拓宽民事实体权利的生成渠道。公益诉讼重塑现代权利的生成过程，主要以三种不同的方式表现出来：

第一，同种类型个人利益的集聚。同一违法行为侵蚀众多主体的个人利益，这种同种类型的个人利益因其主体的广泛性和争点的共通性汇聚到一起，结晶为集合性公共利益。例如，上海福喜公司销售过期肉的行为不仅仅损害单个消费者的个体利益，更是造成不特定多数的消费者因食用过期肉而使生命健康陷入危险中，一个个单独的个人利益叠加凝聚而成公共利益。由此而生的公益诉讼指向的对象不再仅限于单数的个人权利，而是将复数的公共利益吸入其中。此种方式带来的是权利表现方式的改变，而非私法权利的实质性改变。

第二，既有实体权利的范围拓展。作为民事私法权利制度保障装置的民事诉讼，所指向的对象是独立可分割的个人权利，相应的制度安排亦以此为出发点。然而，在经济全球化和社会一体化的时代大背景下，越来越多的人被悄无声息地整合到一起，他们共享普遍认同的利益，承受同源发生的损害，形成传统诉讼构造无法涵摄进去的公共利益。若法官合目的性扩张解释既定的实体法律制度，合理化公益诉讼的权利基础，将新出现的公共利益纳入审判视野并给予积极性评价，公共利益在观念上被填补至原有私法权利之内。当新制定或者修改的法律对新型的公共权利予以正式的肯定，这种公共权利就完成了权利法律化的跨越，取得正当性的法源，同时也意味着私法权利的适用界限被大大拓展。典型表征是环境权的扩张。一般而言，环境权指称有关环境的私人人格利益和财产利益。当现代工业化大生产引发的环境公共利益（无论是经济型环境公益还是生态型环境公益）越发显得重要时，正式的司法制度有必要给予妥适的制度反馈，环境公益诉讼适时登上法律舞台，成为环境公共利益权利化的实现装置。但是，还没有走完权利法律化的关键步骤，宏观视野上的环境权有待《环境保护法》的明确承认。这种权利生成方式改变的是既定私法权利的实体内容和适用边界，没有重新创设或者确立新的实体权利。

第三，法官司法权力的实践创设。新型社会权利的大量出现直接促发了公益诉讼的制度建构。其实，公益诉讼制度的设立初衷就是为既定实体法中没有规定的新型社会权利提供法律空间和制度供给。在没有实体法的权利基础，又缺乏程序法的制度安排的情况下，只能借助于法官的自由裁量权依据在公益诉讼个案实践中创设法律权利。这又为立法者提供了很好的制度实践和权利规范，逐渐为后续法律所接受和确立。日照权、嫌烟权等均是通过公益诉讼的权利生成功能得以形成的。

综上所述，公益诉讼之于现代权利观念的重塑具有相当关键的作用。无论是制度设计者还是制度运营者均应秉承理性而开放的原则，正视公益诉讼重塑实体权利格局的现实功能，赋予公益诉讼充分的适用空间。我国公益诉讼法律化过程恰恰昭示，既定的实体权利生成过程仍是立法者长期固守的思维逻辑，并被当作约束和限制公益诉讼现实运用的法律依据，未经实在法明确授权的检察院、行政机关和个人等均被阻隔于法院大门之外，即便是实体法明确授权的极少数公益诉权主体也常被法官以现行法无具体操作规则为由加以驳回。实践运用率极低的现实，使得公益诉讼宛如镜花水月，无法正当发挥重塑实体权利格局的制度实效。事实上，立法者和裁判者未能高度重视公益诉讼的这种制度效能，也缺少对程序法与实体法关系安排的反思性审视，没有对现代民事诉讼的发展趋势予以合理的应变。打破这一僵局的最佳途径就是扩张公益诉讼原告主体范围，允许更多的诉讼主体行使公益诉权，使一些长期遭受冷落而徘徊于法院大门之外的公共利益获得有效的制度保护，进而丰富和发展私法权利体系。

（二）推进整体正义的实现步伐

为解决诉讼两造间私权争议而架构起来的民事诉讼程序将增进正义作为不懈追求的目标，不过，民事诉讼私权保护的目的指向决定了其所实现的只能是个人正义。我们一般所言称的正义均指个人正义。这种正义偏重于形式正义而忽视实质正义，成为自由主义民事诉讼的结构性制度缺陷所在。随着公共利益权利化时代的来临，作为制度预设前提的个人正义越发无法成为衡量法官、当事人或者其他社会成员的核心司法指标。因为现代市场主体的规模化运作和格式化处理使得同一违法行为可能侵害到为数众多的社会成员的正当利益或者有使其陷入困境之危险，一人利益受害往往意味着不特定多数人的利益同时遭受损害，受害者的受损利益呈现出高度的同质性和公共性。于此，公益诉讼所要保护的不仅仅是易于分割的个人利益，更要"尝试排除与原告处于同一立场的利益阶层的人们的扩散的片段性利益的侵害"，保护不特定多数人共享的公共利益。这种公共利益，无论仅指民事诉讼法特定的社会公共利益，还是指涉国家利益和社会公共利益，抑或大到容纳国家利益、社会利益和特殊保护利益，无疑都与比个人正义具有更大辐射性的整体正义或社会正义具有正相关关系。换言之，整体正义或者社会正义才是支撑和决定公益诉讼规范设计和制度安排的核心主旨。

与传统民事诉讼一样，公益诉讼也面临着诉讼两造事实主张能力和诉讼资料收集能力失衡的现实难题，甚至更加严峻。因为公益诉讼的受害者往往是实力单薄的个体，被告却常为资金和技术实力超群的大型企业或垄断集团，信息不对称和证据偏在现象成为横亘在原告面前的重大障碍。公益诉讼制度自从诞生之日起就始终面临着这些问题，也不断探索加强弱势利益群体的法律措施，这与公益诉讼追求整体正义/社会正义是同步进行的。"公益诉讼在世界范围内的发展始终有一个不变的主线——为弱势人而战，即代理无人代理的和易受伤害的社会部分，通过运用法律手段，来谋求解决由于社会中存在的差别等级结构和不平的机会与授权分配所产生的社会问题——而这正是社会正义的主题，并且也是公益诉讼中公共利益的意涵。"为加快整体正义/社会正义的推进步伐，既要求法官采行职权探知主义，主动采纳超越当事人主张范围的要件事实或重要间接事实，适时妥当行使阐明权，亦要甄别案情合理适用证明责任倒置、文书提出义务、证明妨碍、表见证明与间接反证等有助于发现实质真实的证据制度。

公益诉讼作为实现整体正义/社会正义的公共话语平台，有助于反思和质疑正在施行之中的法律行为或者公共政策的正当性与合理性，为社会成员提供了释放社会不满、消解社会不公的正当渠道，很大程度上矫正了利益分配和资源占有上的不公正格局。同时，公益诉讼将其规制触角延伸至法律、政治、经济、环境、历史与社会等多种叙事情境下，成为推动现代社会整体变革的制度工具，基于此，公益诉讼被称为解决时代困境的社会实验工程。我国在移植和建构公益诉讼时未能将整体正义理念融入到制度子系统，它只是作为诉讼装饰而湮没于立法者的工具理性之中，未能成为推动法治实质变革的有说服力的法律话语。否定公民个人和检察院的公益诉权，意味着他们无法参与到社会共同体追求整体正义的制度试验之中；限制行政机关和社会组织的公益诉讼主体资格，致使公益诉讼很难被付诸于法律实践之中，更别提用以改变社会和法治试验。我们对此不能无动于衷，应当改变公益诉讼华而不实的法律现状，允许更多的诉讼主体参与到公益诉讼法治实践中来，推进整体正义的实现和社会系统的变革。

## 二、公益诉讼的适用范围

公共利益是一个历史性概念，需要根据不同的语义背景具体考量。毋庸置疑，公共利益具有公共性、整体性和不确定性。公共性昭示其关涉社会全体成员的利益；整体性表明利益共同体的不可分割性；不确定性表征利益主体和内容的不特定。正是由于该不确定性赋予了公益诉讼更大的支配空间，同时其所具有的利益整体性又为更多的受害者利用公益诉讼维护自身以及社会公共利益提供了制度支持。

公共利益不只是抽象的理论性词汇，其还具有权利实在的意蕴。正如耶林所言，"公共利益在由个人接近权利实现的情形下，就不再仅仅是法律主张其自身的权威、威严这样一种单纯的概念上的利益，而同时也是一种谁都能感受得到，谁都能理解得到的非常现实、极为实际的利益……即一种能够保证和维持个人所关注的交易性生活的安定秩序的利益"。因此，公共利益可以转化为现实可诉的利益。有学者详尽考察美国公用征收条款后得出结论：在民主国家，公共利益由代表民意的议会予以界定，法院必须尊重民选议会的政策判断，在法理界定不明确的情况下，法官不应该以自己对公共用途的理解来限制议会权力的行使。

就我国而言，目前仅可对损害社会公共利益的法律行为提起公益诉讼。具体而言，公益诉讼只是适用于环境污染公害案件与侵害不特定消费者合法权益案件，除此以外的涉及公共利益的案件，均未被纳入公益诉讼的规制范围。尽管《民事诉讼法》第 55 条用"等"字表明公益诉讼法律规范的开放性。但是，据立法机关的人员介绍，"等"字意味着公益诉讼还只能局限于这两种案件类型，不过随着实践的不断累积，侵犯不特定多数人公共利益的案件也可以考虑囊括进公益诉讼制度中。另外，立法者将公益诉讼适用对象限定于侵害社会公共利益的行为，就意味着侵犯国家公共利益的违法行为不在公益诉讼的调整范围。如此一来，国有资产流失案件等损害国家公共利益的案件就不能采用公益诉讼制度，这不能不说是公益诉讼立法的一大遗憾。

针对公益诉讼适用范围有限性的客观现实，在未来的发展过程中，应将更多涉及公共利益的纠纷涵摄到公益诉讼之下。就纠纷类型而言，公益诉讼的可诉范围包括以下几个方面：

第一，国有资产流失案件。具体包括未经法定程序低价变卖；转制过程中的流失；未经法定程序破产；利用无效合同造成国有资产流失等。

第二，大量的现代型纷争。这主要包括环境公害污染诉讼、消费者诉讼、社会福利关系诉讼、产品质量诉讼、医疗损害诉讼、公厕收费诉讼等。这些案件往往关涉公共利益，而且人数众多，应当赋予特定的人诉讼主体资格，这对传统的实定法创制权利、法律规则的原则化以及法律概念的不确定性都造成严重的挑战和突破。事实上，在现代型纷争中，法官早已超越了事实判断的个别化衡量而兼具价值判断的深化意蕴的双重功能。

第三，涉及公共利益的人身关系案件，这类案件主要包括确认婚姻无效案件、亲子案件、隐私权案件、禁治产案件等。

第四，行政越权之诉。行政越权之诉是法国最具特色的一种公益诉讼制度，是指当事人的利益由于行政机关的决定受到侵害，请求行政法院审查该项行政决定的合法性，并撤销违法的行政决定的救济手段。它要求申诉人在利益受到行政行为的侵害时才可以提起。其特点有以下三个方面：（1）提起主体广泛。行政决定的直接相对人或因为违法行政决定而受到直接利益侵害的第三人，集体利益受到行政决定直接影响的工会、社团等团体，负有维护公益职责的行政机关。（2）申诉人的利益不仅包括物质性利益，也包括精神性的利益，如宗教尊严、集体荣誉等。（3）请求保护的利益不限于现实利益，将来的利益如果确实存在，也可提起越权之诉。在我国，通常相对人只能就行政机关的具体行政行为的合法性提起诉讼，但是相当多的抽象行政行为往往涉及公共利益，受害人往往束手无策。行政透明化和当事人权利意识的加强都需要对涉及公共利益的案件诉诸诉讼，检察机关则是这一制度的载体。

第五，其他涉及公共利益，应予纳入公益诉讼的纠纷。

### 三、公益诉讼的原告主体资格

（一）沉寂的公益诉讼与断裂的公益诉权主体

实现公益诉讼的法律化是 2012 年民事诉讼法修改的基本共识。新《民事诉讼法》第 55 条"对污染环境、侵害众多消费者合法权益等损害社会公共利益的行为，法律规定的机关和有关组织可以向人民法院提起诉讼"。正式在法律上确立了公益诉讼，从而叩响公益案件进入司法制度的法律之门。运用正当武器维护既已遭受侵害或有遭受侵害之虞的公共利益终于有了现实法律依托。就此意义而言，公益诉讼的法律化实现了公益诉讼从无到有的飞跃性发展和包容性增长，是我国民事诉讼制度发展史上的重大里程碑事件。

拥护者抱持乐观的态度期待民事诉讼法描绘的公益诉讼美好图景转化为行动中的实践，然而，公益诉讼案件并未如预想的那样呈现井喷式的增长。在付诸实践最开始的一年半时间中，公益诉讼仍如入法前一样普遍遭遇立案难的现实困境而大多被阻隔于法院门外。权威统计数据显示，截至 2013 年 12 月 3 日，全国各级法院在前 11 个月受理的环境公益诉讼案件仅有 53 件，平均下来每个省份不到 2 件，有的省份更是出现零受案的尴尬，有些法院直至 2014 年 6 月才实现环境公益诉讼零的突破。客观来说，公益诉讼面临的制度障碍和司法环境并未有太大好转，有时比入法前还要严峻。中华环保联合会在公益诉讼入法前提起的公益诉讼还有被受理和胜诉的情形，入法后反倒无法做成公益诉讼——中华环保联合会在 2013 年提起的八起公益诉讼案件无一被受理。可见，与巨大的期待形成鲜明落差的是公益诉讼沉寂而落寞的身影。

制度设计者的渐进式功利主义改革路线以及制度利用者的"理性冷漠"现象和"搭便车"行为等均是引发公益诉讼沉寂或低

潮的重要因素，毋庸置疑，公益诉权主体缺位或者断裂亦是非常关键的因素。不得不承认，新民事诉讼法确立公益诉讼是重大的进步，但实质上只是向前迈了很小的步伐。原因在于新民事诉讼法采用概括性和宣示性的立法技术，未能建构公益诉讼赖以支撑的程序技术和制度安排，正如有的学者所言，该条只是在整体上明确了公益诉讼原则。同时，公益诉讼条款充溢着开放性和限制性的看似矛盾性的规定：就前者而言，现有的公益诉讼包括环境公益诉讼和消费者公益诉讼两种类型，"等"字表明，随着司法实践的经验积累，其他损害社会公共利益的行为亦可被吸纳于此条款之下。就后者而言，第55条将公益诉权的主体严格限定于"法律规定的机关和有关组织"。这种指示性规定，意味着必须从单行法中找寻公益诉讼的授权规范。在新民事诉讼法刚通过时，仅有《海洋环境保护法》第90条授权国家海洋监督管理部门（主要是国家海洋局）就海洋污染事件、《工会法》第20条和《劳动合同法》第56条授权工会就用人单位违反集体合同行为提起公益诉讼。为呼应民事诉讼法的公益诉讼条款，2013年10月25日修改通过的《消费者权益保护法》第47条授权省级以上的消费者协会提起消费者公益诉讼，2014年4月24日修改通过的《环境保护法》第58条授权符合特定条件的社会组织提起环境公益诉讼。

除此以外的行政机关、检察机关和社会团体均被阻挡于公益诉讼的大门之外，公民个人的公益诉权更是从未现实地映入立法者的眼帘。即使是法律授权的主体，也很少具体实践可能遭受制度内和制度外的多重障碍的公益诉讼。多种因素的综合作用，使得公益诉讼的原告主体被压缩至极为有限的程度。开放性规范与限制性规范在公益诉讼条款得到了完美的融合，彰显出立法者回应现实需求建构公益诉讼又加以一定限制的审慎立法思路。公益诉讼的立法技术充满着工具理性和实用主义，在当下的法治语境下的确是非常高明的。然而，过度限制公益诉讼的原告范围势必切断功能协调有序的公益诉权主体体系，断裂的逻辑下形成的公益诉讼被压缩到极小的范围而归于沉寂。换言之，立法者为公益诉讼敞开了一扇大门，又为其关上一扇小门，使得公益诉讼更似一道"看得见的风景"。

（二）建构多元的公益诉讼原告主体框架

适当扩张公益诉讼的原告主体范围是公益诉讼制度发展的基本趋势。倘若漠视这种开放性趋势，拘泥于狭隘的公益诉讼主体规范，势必严重掣肘公益诉讼的广泛利用和实效发挥，进而无法遏制破坏公共生活环境、侵损不特定消费者正当权益等公害案件的持续发生，更加无助于塑造新型社会权利、增进整体正义。因此，有必要运用反思理性精神重新审视公益诉讼主体框架的正当性和局限性，探求行政机关、检察院、社会团体和个人享有公益诉权的必要性和可能性，建构多元化的公益诉权主体体系，统合多元力量达致公益诉讼的多重效能。

行政机关是否有权提起公益诉讼是争议很大的问题，赞成者有之，反对者有之。值得关注的是，新修改的《消费者权益保护法》和《环境保护法》均持否定态度。反对的主要理由有：其一，行政机关具有维护公共利益的法定职责，在行政权框架内采用行政处罚和行政强制等手段即可督促违法者纠正违法行为，不必求诸公益诉讼。更为严重的是，行政机关提起公益诉讼，会导致行政权与司法权出现功能错位。其二，行政机关提起公益诉讼会造成诉讼结构的失衡。其三，行政机关提起公益诉讼可能异化为遮掩行政失误的合法手段，滋生权力寻租和利益勾兑等行为。笔者认为，此种观点有失片面，有待商榷。首先，它混淆了行政权和司法权的界限。如果行政机关主动利用各种行政手段纠正违法者的不当行为，妥适维护受害者正当权益，赋予其公益诉权确实多余。然而，事实是很多案件中行政权并未起到相应的规制效果，其中既可能是因为行政处罚的成本支出远远低于违法收益而致违法者有时对行政处罚等行政手段置若罔闻，也可能是因为行政机关漠视法定职责行政不作为，致使公共行政执法不足，引发权力失位和政府失灵。同时，行政权的公权本质要求行政行为建立在法律的明确授权基础上，行政机关有时面临着无权处罚或者制裁的困境，交错盘结的权力造成政出多门的现象，单一行政行为有时无法从根源上阻遏违法行为，反而导致违法行为持续发生，负外部效应的出现也就顺理成章。其次，行政机关惯于运用行政化思维和政策性手段，以个案解决大规模的公害案件，并以制度外方式阻止公益诉讼的现实利用。这样的处理方式无法对违法企业形成真正有效的制度威慑和法律制裁，更无法产生示范性的法律效果，也无法为以后发生的相同或者类似案件提供制度性规范。再次，公益诉讼的被告往往拥有极为雄厚的经济实力和广泛的社会资源，由行政机关提起公益诉讼恰恰能够解决诉讼两造失衡的问题。即使被告为势力单薄的企业或者个人，法律也建立各种实现实质性武器平等的手段。最后，担忧遮盖行政失误就事先截断行政机关提起公益诉讼的通道是一种因噎废食的非理性处理方式。不容忽视的是，《海洋环境污染保护法》已明确授权国家海洋局等提起环境公益诉讼。我们应该抱持开放、乐观的态度，允许行政机关提起公益诉讼。

《民事诉讼法》第 55 条对检察院的公益诉讼资格语焉未详，各单行法又没有明确授权，检察院在公益诉讼框架体系中存在事实上的缺位。无论是出于鸵鸟政策的主动放弃权利，还是利益博弈后的选择性让步，检察院都没有担负起代表国家维护公共利益和保卫社会的责任。要知道，我们共同生活于行政权力极度泛化而公共性制度供给又相对贫乏的时代，行政机关时常伴有的消极不作为和选择性执法容易滋生行政权异化，社会转型过程中又出现大量的市场失灵和政府失灵情况。特殊的法律现实呼唤掌握更多权力资源并能将其转为实效的强势公共利益捍卫者。检察院成为克服公共行政执法不足、维护公共利益的最优化选择。在我国独特的权力构造中，唯有检察院可对行政权形成制度性的有效权力干预，唯有检察院可对违法者形成严厉的法律震慑。赋予检察院公益诉权不仅契合保障社会公共福祉的法律定位，而且能满足饱受法律父爱主义精神熏陶的国民和社会的殷切期待。正如科恩所言，"那些成长于国家总是积极、主动干预社会生活这样的环境中的个体民众，曾寄希望这个国家会很仁慈，能够如父母那样拥抱、呵护他们"。在我国的法治语境下，要做的应是强化检察院的公权行使，不是消减或者限制检察院权力的正当运用。诉讼信托理论或者诉的利益理论为检察院提起公益诉讼提供了正当法理基础。检察院提起公益诉讼具有充足而正当的理由，应当成为一种制度实在。事实上，检察院提起公益诉讼制度已经成为法律现实。2015 年 7 月 1 日，全国人大常委会授权最高人民检察院在全国十三个省、自治区和直辖市开展为期两年的检察院提起公益诉讼的试点。2017 年 6 月 27 日全国人大常委会通过法律修正案的方式，正式确定了检察院提起公益诉讼制度。

社会组织公益诉权法律化是公益诉讼制度发展史上的标志性事件。社会组织三个组成部分的社会团体、民办非企业单位和基金会在应然的法律层面上似乎都获得了公益诉讼主体资格。然而，各单行法的制度化或再制度化才是决定社会组织享有公益诉权指称范围的关键环节。无论是新修改的《消费者权益保护法》还是《环境保护法》均对此采取严格限制的审慎态度。就前者而言，第 47 条明确要求，只有省级以上的消费者协会/消费者权益保护委员会才有资格提起消费者公益诉讼，其他主体均被排除在外。就后者而言，第 58 条将环境公益诉讼的原告限定于在设区的地市级以上民政部门依法登记且专门从事环境保护公益活动连续满五年无违法记录的社会组织。笔者并不反对为社会组织提起公益诉讼设定一定的条件，但是作为制度实在的消费者公益诉讼和环境公益诉讼均将主体范围仅限于比较有限的社会组织却不妥当。赋予社会组织提起公益诉讼原本的主要目的就在于打破行政权条块分割式的垄断性，弥补行政监管中的政府失灵，因应大规模现代型纠纷解决的需要，维护不特定主体的公共利益。当省级以上的消费者协会/消费者权益保护委员会排他性独占消费者公益诉权，因其特定的半官方属性势必形成新的垄断，即便将其主体资格放宽到地市一级消费者协会/消费者权益保护委员会，也仍然无法实质性改变这种现状。冲破团体垄断的最佳方式是引入民间消费者保护团体，建立多元社会组织的竞争机制。环境公益诉讼的原告范围相对较广，却也存在一定的缺陷。第58条要求环境公益诉讼主体必须经过地市一级以上民政部门登记，不但将很多的民间环保组织、环保基金会等排除在外，而且可能将自然之友这样登记在区级民政部门的环保组织加以排除，主体要件实是有些严厉，无益于环境公益诉讼的长远发展。因此，有必要放宽社会组织提起环境公益诉讼的准入门槛，允许一些民间环保组织和环保基金会参与到环境公益诉讼的合作治理中来，实现多元主体的协同共治。

关闭公民个人通向公益诉讼的通道是立法者在制定公益诉讼过程中秉持的原则，在三个版本的《民事诉讼法修正案（草案）》中始终无法寻觅到公民个人进行公益诉讼的身影。立法者担忧，一旦公益诉讼向公民个人敞开怀抱，会导致很多与案件无实质利害关系的人滥用公益诉权，阻塞公益诉讼通道，造成公益诉讼的无序化。这体现了立法者对公民个人深深的不信任而延展开来的结果主义思维逻辑以及仅将公民个人视为受治者而非共治者的法律态度，其实这样做无异于扬汤止沸。建立一种新制度就希望它能被广泛运用，达到效能的最大化，不能创立一种制度又担忧其副作用，将其作为美丽的摆设。然而，立法者担心的滥用公益诉讼从未成为现实，始终只是臆想。在有学者统计的30起公益诉讼案件中，仅有一件为公民个人所提起，比率低至3.3%。我国长期缺乏基于私人主导权的法律实现手段，将法律实施的主导权高度集聚于公权主体。成熟的法治社会有义务为公民提供系统化的司法保障，鼓励权利斗士通过公益诉讼捍卫公共利益。落实到制度实践中，原子化的受害者进行公益维权，成本相当之高，在成本与利益的分析后极有可能放弃公益诉讼，真正付诸于公益实践的公民个人微乎其微。正是这些敢于挑战公共政策正当性或者违法行为合理性的公民个人，为行政机关、违法企业甚至立法机关反思其行为或者政策的正当性提供了适当机会。公民是有权参与国家政治的"政治人"，公民权既是对政治的参与权，也是对国家公权力的防卫权。人民当家做主不只是抽象的、整体意义上的"主权在民"，也不限于通过代议制等形式来实现，而可以是公民和社会组织直接行使公民权。当国家利益或者社会公共利益受到侵害，公民可作为诉讼主体参与诉讼，行使其对政治的参与权，防卫国家公权力的恣意。公益诉讼法律规范还存在无法自圆其说的逻辑悖论：一方面，与案件无实质利害关系的社会组织有权维护包含个人利益在内的公共利益；另一方面，真正利益受害者却无权维护自己的正当利益。因此，允许公民个人提起公益诉讼是回应公益诉讼制度发展和现实需求的重要步骤。公共利益的非竞争性和非排他性造成利益主体的广域性并不能成为所有公民都可以提起公益诉讼的正当理由，唯有具有充分诉讼代表性的公民个人才能实在地行使公益诉权，美国集团诉讼的诉讼代表人运作模式变迁史或可提供予以借鉴的有益素材。

（三）扩张公益诉讼原告主体范围的合理路径

建构行政机关、检察院、社会组织和个人的多元公益诉讼原告主体资格并且推进多元互补主体之间的协力合作是深化公益诉讼权利生成和整体正义制度效能的重要保障。描绘未来的制度蓝图只是做好了原告主体扩张的前期准备，驻足美好的制度构想不去勾画合适的实现路径，所做的一切探讨、一切准备都是徒劳无用的。只有将多元主体的公益诉权从观念性权利上升为法定性权利，成为刻印于法典之中的制度实在，才能真正打通他们走向公益诉讼的现实通道。基于此，在现有法律制度框架内寻找合理的突破点，探求公益诉讼原告主体范围扩张的现实路径成为当下亟须展开的重要课题。立法者所采取的主要依赖于单行法明确授权的公益诉讼立法范式决定了无法寻找到一劳永逸的扩张方式，唯有依据诉讼主体的不同程序运作机理和法律依托规范，斟酌确定不同的实现路径。

法律明确授权是行政机关取得公益诉权的必经途径。此处所言之"法律"乃狭义上由全国人大或者全国人大常委会正式通过的法律。依此，行政机关取得公益诉权主要有两种方案：一种方案是修改《消费者权益保护法》和《环境保护法》赋权相关行政机关提起公益诉讼。此种方案一步到位，却因两部法律刚刚进行修改，短期内可能不会再次修改而不能取得立竿见影的效果。另一种方案是修改特别法或者关联法。直接修改《环境保护法》暂时行不通，不妨通过修改《水污染防治法》、《大气污染防治法》、《放射性污染防治法》、《环境噪声污染防治法》、《固体废物环境污染防治法》、《防沙治沙法》、《森林法》、《草原法》、《矿产资源法》、《土地管理法》等特别法以及正在酝酿制定的《土壤污染防治法》等新法明确相关行政机关的公益诉讼主体资格。为矫正《消费者权益保护法》中行政机关的公益诉权缺位之弊端，建议修改《食品安全法》等法律时明确食品药品监督管理部门和工商行政管理部门等的公益诉讼资格。至于大规模的环境污染和消费侵权之外的现代型纠纷，亦可在相关法律（如修改之中的《文物保护法》、《著作权法》等）确立相关行政机关的主体资格。此种方案具有制度可能性，原因有二：一者，《民事诉讼法》第55条对扩大公益诉讼的客观范围持开放态度，同时也实际上赋权行政机关提起公益诉讼。二者，《消费者权益保护法》和《环境保护法》均漠视行政机关的公益诉讼主体资格，依据特别法优于一般法的规范逻辑，上述方案完全行得通。

确立检察院的公益诉权主要有五种方案可供选择：一为修改《民事诉讼法》与《行政诉讼法》，明确授权检察院提起公益诉讼。二为修改《人民检察院组织法》赋予检察院公益诉权。《民事诉讼法》第55条既未肯定检察院之公益诉讼主体资格，亦未予明确否认，此种模糊态度反倒为单行法明确授权提供了法律空间和制度可能。《人民检察院组织法》作为规范检察院法律权能和运行程序的专门法律，完全可以承载起规范检察院提起公益诉讼的任务。详言之，建议在《人民检察院组织法》第5条检察院法定职权中增加一项"对于侵害不特定多数人公共利益的案件，进行诉讼"。笔者认为，这是实现检察院公益诉权法律化的最佳方式和务实选择。三为全国人大常委会通过立法解释，明确《民事诉讼法》第 55 条所称的"机关"包括检察机关。不过，全国人大常委会进行的立法解释极小。四为全国人大常委会以授权决定形式明确检察院提起公益诉讼制度。但是，学界对授权决定是否为法律有所争议，即使采用此种方案可能也未完成检察院提起公益诉讼的法律化工作。五为全国人大常委会制定《检察院提起公益诉讼法》或者《公益诉讼法》。这只能是一种长期方案，在检察院提起公益诉讼的实施规则尚未明确的情况，不能寄予此种方案。在两年的试点过程中，检察院提起公益诉讼取得了显著的成效，法律化检察院提起公益诉讼的时机已经成熟。2017 年 6 月 27 日全国人大常委会通过修改《民事诉讼法》与《行政诉讼法》正式确定了检察院提起公益诉讼制度。这是我国司法制度的一项重要变革。但是，我们只能说在法律上确定了检察院提起公益诉讼制度，但是检察院提起公益诉讼的实施细则还有待司法解释或者其他法律进一步细化。

现行法已在一定程度上肯定了社会组织的公益诉讼主体地位。欲将更多社会组织拉入公益诉讼之中，只能在现行法制度缝隙之中寻找适当的空间。社会组织的公益诉权主要有三种方案：第一，以司法解释方式赋予更多社会组织公益诉权。一方面，落实已有司法解释中社会组织提起公益诉讼之规定。《最高人民法院民事审判庭关于中国音乐著作权协会与音乐著作权人之间几个法律问题的复函》很早就以司法解释形式认可了中国音乐著作权协会的公益诉讼主体资格。另一方面，制定新的司法解释扩大提起公益诉讼的社会组织范围。《环境保护法》第 58 条要求提起环境公益诉讼的社会组织须在设区的市级民政部门依法登记，没有考虑到直辖市下设的区级建制与设区的地市建制同级，使得在直辖市的区级民政部门依法登记的环保组织可能丧失公益诉权。应当在制定环境保护法实施细则时明确，在直辖市的区级民政部门依法登记的环保组织合法享有公益诉权，这也符合《环境保护法》的立法本意。这一点已经在《环境公益诉讼司法解释》第 3 条得到明确承认。第二，修改《消费者权益保护法》和《环境保护法》扩大提起公益诉讼的社会组织范围。修改《消费者权益保护法》，允许地市一级消费者协会提起消费者公益诉讼，肯定民间消费者维权组织的诉讼主体资格。修改《环境保护法》，放宽依法登记要件，变为依法设立或者依法登记，辅以其他限制性条件，允许民间环保组织和环保基金会提起环境公益诉讼。此种方案适宜作为长期选项。第三，修改特别法或者关联法。建议修改《水污染防治法》、《大气污染防治法》和《矿产资源法》等特别法以及酝酿制定《土壤污染防治法》等新法时授权特定社会组织提起环境公益诉讼。也可于修法或者创设新法时创设新型的公益诉讼形态，如通过修改《文物保护法》赋予符合特定条件的文物保护组织提起文物保护公益诉讼，修改《著作权法》授权符合特定条件的著作权组织（如中国音乐著作权协会、中国文字著作权协会、中国电影著作权协会等）提起知识产权公益诉讼。

公益诉讼应当拥抱公民个人，法律应当放开渠道欢迎公民个人。那么，应以何种方式实现公民个人的公益诉权呢？笔者归纳总结了以下五种主要方案：方案一是修改《民事诉讼法》确立公民个人的公益诉权。公益诉讼制度本乃一种深刻改造社会的大规模实验工程，在持续不断的摸索和发展之中。现行公益诉讼立法只是公益诉讼制度变革的第一步，一段时间的摸索运行与制度反思后可能将公民个人吸收进去。这种方案为最佳选择，即使各单行法未确立公民个人的公益诉权，按照上位法优于下位法的法律逻辑，亦可达至目的，却只能期待下次修法时才能真正实现。方案二是修改各单行法承认公民个人的公益诉权。例如，修改《消费者权益保护法》和《环境保护法》赋予公民个人以公益诉权。与前一方案面临情况相同，这两部法律短期内不会再次修改，公民个人也难以凭借这种途径取得公益诉讼主体资格。与此不同，修改《大气污染防治法》和《文物保护法》等法律实现公民个人的公益诉权法律化倒是具有实现可能性，值得一试。方案三是合目的性扩张解释《民事诉讼法》第 119 条，通过私人诉讼实现公共利益，这是当前最为务实的实现方案。很多法治发达国家均将公民私人诉讼作为维护公共利益的法律手段。"在美国的制度中，即使是在民事诉讼的'公共'领域，它仍然是私人性的，个人当事人塑造并控制着公共诉讼。"在我国，这种方式为法律所禁止，在司法实践中也不受鼓励和支持，兰州市民起诉自来水公司遭受的对待即为最好例证。其实，个人利益常常裹挟于公共利益之中，个人利益诉求的实现可能伴随公共政策或者行为策略的改变。公民个人只要在诉讼请求中增加停止侵害、排除妨碍或者改变既定政策等请求即可有效链接起公共利益。方案四是以司法解释形式实现公民个人的公益诉权。最高人民法院于 2012 年出台的《关于审理因垄断行为引发的民事纠纷案件应用法律若干问题的规定》，鼓励公民个人就垄断行为提起反垄断公益诉讼，可作为允许公民个人行使公益诉权的例证。司法解释的规定与民事诉讼法有所出入，并且法律位阶较低，在法理上不宜适用。然而，这些造法性司法解释在司法实践中却有别有洞天的法律空间。所以，也不失为一种解决方案。方案五是法官个案赋权。法官在具体个案中挣脱实在法的羁绊，依靠自由裁量权创造性地确认公民个人享有公益诉权。此种方案仅具有个案意义，因不具广射效力而无法推广适用。

## 四、构筑合适的公益诉讼程序

（一）公益诉讼的提起方式

从目前世界各国有关立法规定来看，公益诉讼的提起方式基本有三种：

第一，单独提起。检察机关、社会组织及公民个人以原告身份提起民事诉讼。例如，新《法国民事诉讼法典》第 422 条规定："在法律有特别规定之情形，检察院依职权进行诉讼。"第 423 条规定："除法律有特别规定之情形外，在涉案事实妨害公共秩序时，检察院得为维护公共秩序提起诉讼。"《日本人事诉讼程序法》

第 20 条规定:"当检察官提起诉讼时,将夫妻双方作为对方当事人。"第 21 条第 1 款规定:"只限于检察官能提起的诉讼,可以提起诉的变更或合并或者反诉。"第 2 款规定:"变更或合并诉的理由,只限于检察官能提出的事实。"美国《谢尔曼法》第 4 条、《克莱顿法》第 14 条规定:"各区的检察官,依据司法部长的指示,在其各自的区内提起衡平诉讼,以防止和限制违反法律的行为。"

第二,参与提起。所谓参与提起,是指检察机关、社会组织及公民个人作为从当事人支持原告人提起诉讼。例如,新《法国民事诉讼法典》第 424 条规定:"检察院在向其报送的案件中就法律适用问题提出意见、参加诉讼时,为从当事人。"第 425 条规定:"下列案件应当报送检察院:(1)有关亲子关系、未成年人监护的安排、成年人监护的设置与变更的案件;(2)有关挽救企业、裁判重整与裁判清算程序,涉及公司领导人的金钱责任以及《商法典》第 653—8 条规定的个人破产或者禁止权利的案件。"《日本人事诉讼程序法》第 5 条规定:"检察官应列席婚姻案件的辩论并发表意见。检察官可列席受命法官或者受托法官的审问并发表意见。"

第三,共同提起。所谓共同提起,是指检察机关、社会组织及公民个人与其他当事人以共同原告的身份一同提起诉讼。例如,《法国民法典》第 191 条规定:"结婚未在主管官员前公开举行的,夫妻本人、父母、直系尊血亲和一切对此有现实与受利益的人以及检察院均得提起上诉。"《澳门民事诉讼法》第 52 条第 2 款规定:"如案件之标的为本地区之财产或权利,而其正由自治实体管理或就其取得收益,则该等自治实体得委托律师与检察院共同参与诉讼;如本地区为被告,须传唤该等自治实体参与诉讼。"第 3 款规定:"检察院与自治实体之律师间意见分歧时,以检察院之指引为准。"

笔者认为,上述三种方式都可以成为我国民事公益诉讼的法定方式。首先，诉讼主体针对对象的广泛性决定了起诉方式的多样性。多样化的保护利益和对象需要借助多元化的司法救济方式来实现。其次，公共利益的重大性需要多种诉讼方式予以保障。公益诉讼的旨趣在于保障国家和社会的公共利益，而仅非私人利益。单一的起诉形式难以适应重大利益保护的需求，立体化和多元性的救济方式是保障已受侵害或正在发生的公共利益恢复到原有状态的有力依托。最后，检察机关、行政机关、公益团体或公民个人提起的公益诉讼形态制约着诉讼方式。实体权利主体与诉讼主体的分离必然导致诉讼样态的变化。作为非直接利益关系者，检察机关和行政机关只能提起确认之诉或不作为之诉，不能提起给付之诉；公益团体一般也是如此，当然也不能提起给付之诉，即使提起给付之诉也有严格的条件限制。这就产生一个悖论：诉讼主体不负担诉讼风险，非诉讼主体却直接受到诉讼导向的影响。

为缓解这个悖论，立法上可以赋予检察机关、行政机关、公益团体和公民个人同时提起公益诉讼，实现公益诉讼程序的有序衔接。例如，在婚姻、家庭、监护和弱势群体权利保护的案件中，囿于多种原因，特定的当事人和权利享有者不敢起诉或不知起诉，以及无能力提起诉讼。同时，这些具体而特定的受害者本身又享有自由处分自身权益的权利。检察机关、公益团体或公民个人即便是出于对其权益的维护，也不宜干涉其对自身权利的处理。在这种情况下，检察机关、公益团体可以先行提起确认之诉或不作为之诉，胜诉后，直接利益关系人可以先行判决为依据提起损害赔偿的给付之诉。这种程序亦可消解公益诉讼中诉讼两造实力不对等的局面，保障当事人获取司法救济的权利，增强当事人对司法的可接受性。

纵览公益诉讼的司法解释的相关规定，可以发现最高人民法院在公益诉讼的主体顺位问题上有着很大的认知变化。2015年1月7日施行的《环境民事公益诉讼司法解释》第28条明确采用共同提起的立法例："环境民事公益诉讼案件的裁判生效后，有权提起诉讼的其他机关和社会组织就同一污染环境、破坏生态行为另行起诉，有下列情形之一的，人民法院应予受理：（一）前案原告的起诉被裁定驳回的；（二）前案原告申请撤诉被裁定准许的，但本解释第二十六条规定的情形除外。环境民事公益诉讼案件的裁判生效后，有证据证明存在前案审理时未发现的损害，有权提起诉讼的机关和社会组织另行起诉的，人民法院应予受理。"2015 年 2 月 4 日施行的《民事诉讼法解释》第 291 条采用单独提起的立法例，2016 年 5 月 1 日施行的《消费民事公益诉讼司法解释》却又采取了参与提起的立法例，特定主体提起消费者公益诉讼后，其他适格主体可于一审开庭前向法院申请参加诉讼。

（二）公益诉讼的诉前程序

考虑到公民诉讼中公民法律意识的缺乏，以及可能产生的滥诉情形，有必要设立一套诉前程序对公益诉讼进行过滤，如果能用诉讼外方式解决的纠纷就没有必要动用公益诉讼这一相对复杂的程序来处理。诉前程序要求在提起民事公益诉讼之前必须通知主管该项公益事业的国家管理机关，主管机关收到通知后必须在法定期限内对所诉事项作出决定。该诉前程序通常应当包括以下内容：

第一，对于损害国家利益或社会公共利益的法律行为，属于行政机关管理范围之内的，应当首先由行政机关负责处置。

第二，检察机关、公益团体或公民个人对行政机关处置民事违法行为的活动可以进行监督，对行政机关没有执行或者没有正确执行国家法律的行为提出改正意见。

第三，当行政机关是民事纠纷的当事人，并且没有认真维护相应的国家利益时，检察机关、公益团体或公民个人可以督促行政机关提起民事诉讼。

第四，当行政机关拒绝接受检察机关、公益团体或公民个人的改正意见或者督促起诉，检察机关、公益团体或公民个人可以就该违法民事行为提起民事公益诉讼。

第五，对不属于行政机关主管的损害社会公共利益的违法民事行为，或者主管不明的损害公共利益的违法民事行为，检察机关、公益团体或公民个人可以直接提起民事公益诉讼。

依据《人民检察院提起公益诉讼试点工作实施办法》的规定，检察院提起公益诉讼之前应当履行两道诉前程序：一为督促法律规定的行政机关提起民事诉讼；二为建议适格的有关组织提起民事公益诉讼。当然，检察院亦可支持有关组织提起民事公益诉讼。适格机关和有关组织应于收到督促起诉意见书或者检察建议书后一个月内依法办理，并将办理情况及时书面回复人民检察院。检察院唯有经过诉前程序，并且适格机关和有关组织未予提起民事公益诉讼，或者没有适格主体提起诉讼，社会公共利益仍处于受侵害状态的，才可向法院提起民事公益诉讼。

（三）公益诉讼的诉讼主体资格审查

公益诉讼涉及的利益主体不确定，每个人又都具有获得正当司法审判的权利，因此我国法律设计出"权利登记"程序来保障其权利的实现，顺利执行判决。但是这一程序过于刚性，其负面作用也相当突出，"在'小额多数'情况下，给予受害者群体以救济，如果有关权利人不来登记，并且以后也不主张权利，违法者受到判决确定的赔偿额大大低于其违法所得利益，不但不能起到最大限度地救济受害者的作用，这反而放纵了违法行为人。在不作为之诉的情况下，更不宜采用登记程序"。我国实行的"权利登记"程序类似于美国1938年联邦民事诉讼规则集团诉讼的"申报加入"程序，实质上都采取"权利主张"的方式。为克服当事人不能在公告期及时申报权利的弊端，1966年，美国联邦民事诉讼规则转而采取"申报退出"程序，即凡是未在公告期内提出退出申请的都是集团诉讼的当事人，判决的效力拘束所有未提出退出申请的当事人。这种方法与"申报加入"完全相反，其采取的是"风险排除"方式。尽管这也可能造成当事人不知权利的不公平情况，但是与"权利登记"制度相比，其利远大于弊。因此，我国公益诉讼可适当借鉴美国集团诉讼的"申报退出"程序，为保障代表人资格的充分性，可以赋予所有当事人"代表人资格异议权"，这样可充分尊重当事人的程序性主体地位，同时代表人资格的充分性也为代表人诉讼判决扩及所有的当事人创造了前提条件。

(四) 公益诉讼的证明责任

在公益诉讼中，往往涉及特殊的侵权领域，一般对被告实行以无过错责任和过错推定等归责原则。故此，原告须能证明公共利益遭受或可能遭受损害以及损害结果的要件事实，证明需要采用司法途径的合理性、迫切性即可，而由被告对法律规定的免责事由以及行为与结果之间不存在因果关系承担证明责任。我们可从现行民商事实体法规范中找寻到公益诉讼的证明责任分配依据。《侵权责任法》第 66 条规定："因污染环境发生纠纷，污染者应当就法律规定的不承担责任或者减轻责任的情形及其行为与结果之间不存在因果关系承担举证责任。"可见，在环境民事公益诉讼案件中，已经在推行减轻原告责任的证明责任倒置规则。无独有偶，消费者民事公益诉讼亦在实行证明责任倒置规则，只不过其适用范围相对有限。《消费者权益保护法》第 23 条规定："经营者提供的机动车、计算机、电视机、电冰箱、空调器、洗衣机等耐用商品或者装饰装修等服务，消费者自接受商品或者服务之日起六个月内发现瑕疵，发生争议的，由经营者承担有关瑕疵的举证责任。"

但是，在笔者看来，在制定检察院提起公益诉讼的实施细则中，没有必要专门规定检察院在公益诉讼中的证明责任分配规则。事实证明，证明责任分配规则属于实体法的权利义务分配体系。故此，大陆法系在制定民商事实体法律的过程中，有意识地有体系地规范证明责任分配规则，并且按照其规则来详细地规划具体的权利义务规则。在我国，不仅在民商事实体法中规定有证明责任分配规则，而且在诉讼法体系中亦有证明责任分配规则。有时，不同的实体法规则中的证明责任分配规则前后不一致；有时实体法规范和诉讼法规范中的证明责任分配规则亦会出现矛盾。碎片化的证明责任分配规则已经造成法院适用过程中相当的麻烦。因此，在《环境保护法》和《消费者权益保护法》等实体法体系中已经对公益诉讼的证明责任分配规则有所规定的前提下，确实没有必要再次制定公益诉讼的证明责任分配规则。

### 五、公益诉讼判决的效力

公益诉讼判决是由掌握国家司法权力的法官作出的，应具有极强的稳定性和权威性。但公益诉讼涉及的利益主体不确定，很多的利害关系人未出庭参加诉讼，更由于原告诉讼主体资格权源获得的不同，公益诉讼的判决效力具有多层次性。判决的效力既包括对当事人的约束力，也包括对法院的拘束力；既包括执行力和形成力，也包括确定力；确定力包括形式上的确定力，也包括实质上的确定力。公益诉讼主要涉及执行力和既判力的问题。

执行力是以强制执行实现给付判决所宣告的给付义务的效力。判决的执行力是强制执行制度的确立基础。只有给付判决产生执行力，确认判决和形成判决不产生执行力。但并不是所有的给付判决都能产生执行效力，"如命夫妻一方履行同居义务之判决或不待强制执行即可实现者，如命为意思表示之给付判决"，就没有执行力。

既判力是指确定判决对当事人和法院的通常约束力。既判力的效力对象是后诉，后诉必须尊重和受制于前诉。既判力是禁止当事人就同一纠纷再度争议的法律上赋予的强制性效力。一旦既判事项被确定后，当事人和法院都不得随意变动判决的效力。"既判力最重要的功能就在于通过判决终局性的达成，来帮助在观念上确立一种规范的秩序并使其相对固定下来，进而诱导社会生活空间内秩序的形成。"既判事项一旦获得确定，这种判断就成为当事人和法院后续行为的起点和基准。判决的既判力的构成要件包括：（1）标的相同。既判力适用于既已作出判决的事项，而且前后两个诉的诉讼请求相同。（2）原因相同。"请求的原因是指构成当事人所主张的、权利的、直接的、立刻的、基础的事实和法律行为。"（3）当事人相同。判决的既判力一般只及于双方当事人，这种相对性保证无利益的第三者免受不正当的约束，但是既判力有时也会及于第三人。判决效力扩张的基础有二：社会经济基础是市场主体利益多元对司法救济的需求；技术前提是当事人适格要件的缓和。《日本民事诉讼法》第 115 条第 1 款规定："确定判决对以下所列的人有其效力：（一）当事人；（二）当事人为他人而成为原告或被告时的该他人；（三）在口头辩论终结后本款前两项所列的人的承继人；（四）为本款前三项所列的人而持有诉讼标的物的人"。公益诉讼最集中体现了既判力的扩张。

公民个人可就涉及不特定多数人的公共利益的纠纷提起损害赔偿诉讼，也可以提起确认之诉或不作为之诉。其提起公益诉讼受制于严格的诉讼代表资格异议权。如若当事人未在法定的公告期内向法院主张退出公益诉讼，公益诉讼拘束所有的利害关系人。诉讼代表人的充分性和程序的严谨性使得判决不但更加容易得到接受，而且对所有的成员产生既判力。公益诉讼判决效力的扩张性保证了群体成员利益的一致性和稳定性。同时，不作为之诉的禁令对诸多潜在的主体产生拘束力，判决的效力持续性很强。必须注意的是，不应将既判力作为后续当事人行使诉权的羁绊。例如，前诉当事人就某严重的环境污染案件提起确认之诉或者停止侵害的不作为之诉，后续当事人还可就该案件提起损害赔偿诉讼。就该案件，前诉判决对后诉具有非常高的证明力，法官可依职权予以援用。

公益团体如消费者保护协会等可基于法律授权提起公益诉讼，因此该公益诉讼判决效力及于公益团体及授权的团体成员，未授权的团体成员不受判决的约束。公益诉讼判决也不及于未参加诉讼程序的公益团体及其成员，即使判决对其有利，当然该其他团体可就同一被告另行起诉主张其有利判决对其生效。在公益团体基于任意的诉讼担当理论提起的损害赔偿的公益诉讼中，判决的效力及于所有的团体成员。在此情形下，公益团体不是利害关系人，无法承担法律责任，因而判决的拘束力与执行力也发生效力上的分离。

检察机关是国家的法律监督机关，除对损害国家利益如国有资产流失案件可以提出赔偿请求外，对其他涉及个人或者多数人受害的案件，因其对被告不存在赔偿请求权，即使赋予其赔偿请求权，因其利益归属无法判断，法院也无法将判决中的利益加以分配。所以检察机关不应当对涉及公共利益的案件提起给付之诉，而只能提起不作为之诉（停止侵害的诉讼禁令）。

可以预见，即使赋予检察机关提起公益诉讼的权力，但是由于检察机关人力和目前民事诉讼、行政诉讼专业化不强等原因，也不可能对其提起公益诉讼的数量予以很高的期待，西方国家也是如此，"人们广泛承认的事实是：检察官太少用于其广泛的权力，以致不能有效保护新兴的超个人利益，诸如少数族彝、政治和宗教少数派的基本自由，自然资源的保护，以及消费者权利"，因此，法律应当赋予在检察机关未提起公益诉讼或者意欲索取赔偿时，不影响公益团体或者公民个人提起公益诉讼。

相较而言，检察机关提起公益诉讼的判决效力更加复杂。正如前述，公益诉讼有单独提起、参与提起和共同提起三种方式。笔者认为，检察机关单独提起公益诉讼，判决的既判力不及于未参加诉讼的人。理由如下：第一，严格的既判力条件的限制。一般而言，检察机关只能提起不作为之诉，而当事人既可提起不作为之诉，也可以提起确认之诉和损害赔偿之诉，不但当事人不同，诉讼请求也存在差异。第二，赋予检察机关提起公益诉讼的诉权，并不剥夺或者限制作为利害关系人的当事人的诉权，二者之间不发生冲突。检察机关作为原告提起诉讼时，如果有直接利害关系人参加，就不产生既判力的扩张问题。当部分实体当事人参加诉讼，而部分实体当事人未参加诉讼时，检察机关应当依据诉讼信托理论代表未参加诉讼的部分实体当事人起诉，与参加诉讼的利害关系人一起作为共同原告进行诉讼，检察机关的诉讼行为视为被担当人的诉讼行为，无论胜诉或者败诉，诉讼判决的既判力及于未参加诉讼的利害关系人。

# 第四章　小额诉讼程序

保障国民的诉权是现代法治国家奉行的基本理念。这就要求，国民不因案件标的额过小而被阻挡于法院的大门之外，但是应然的制度趣旨与实然的功能外现之间却存在很大的断裂。我国正处在各种利益紧密交织与碰撞的转型期，国民对法院的需求剧增，传统的正式司法制度因其繁杂的程序、艰深的技术、高昂的费用和晦涩的语言而无法真正保障受损的小额债权人的诉权。在正式司法制度中开辟一条新的保障小额债权人利益诉求的小额诉讼程序就成为当务之急。2012 年民事诉讼法的修改为这种程序的建构提供了良好的契机。然而，立法过程中由于对小额诉讼解决纠纷的功能过于乐观的期待，导致对于小额诉讼的制度功能被误解甚至扭曲。现在，根据司法实践中的问题，必须讨论如何矫正这一制度的偏颇，反思小额诉讼在现代纠纷解决机制中的地位，加强小额诉讼的程序保障。

## 一、小额诉讼的理念错位与程序缺位

全面剖析小额诉讼在现代纠纷解决中的地位，必须首先解读小额诉讼程序的含义。日本法学家小岛武司教授对小额法院的阐释可助益于对小额诉讼程序的定义。他认为，小额法院具有双重意义：一是事实意义上的小额法院，即作为第一审法院多元程序构造之一的仅受理小额案件意义上的小额法院；二是价值意义上的理想型小额法院，这是以小额请求为审理对象的法院中一种具备特别符合小额案件特征的构造和程序的法院。但是，当前各国往往重视第一种事实意义上的小额法院，而第二种价值意义上的理想型小额法院却未得到重点关注。① 可见，小额诉讼程序既是多元审判程序的重要一环，也是保护小额请求的具有特殊构造的制度装置。因此，必须要深入到小额诉讼程序构造内部才能真正探究小额诉讼的制度趣旨和精髓。

小额诉讼在两大法系的地位有很大的差异。英美法系国家将小额诉讼程序视为与普通诉讼程序相断绝的另一种特殊程序，而大陆法系大多数国家和地区一般将其视为位于普通诉讼程序延长线上并与之具有连续性的制度设计。② 作为具有浓厚大陆法系传统和底蕴的我国，对于小额诉讼程序的定义也不能脱离与普通诉讼程序的关联。因此，小额诉讼程序，是指基层人民法院受理诉讼标的在一定金额以下或者特定类型的民事纠纷所适用的审理程序简易化的具有特殊构造的诉讼程序。小额诉讼程序是"与简易程序的某些规定似有相似，但性质上它绝不是简易程序的附属程序，也不是简易程序的分支程序"。③ 小额诉讼程序是多元化一审程序中比简易程序更加简易的一种独立程序。然而，这些美好理想并未真正转化为制度现实，《民事诉讼法》第 162 条所建构的小额诉讼被融入到简易程序之中。这样所造成的问题是：民事诉讼法一方面确立了小额诉讼制度，另一方面却未建立起独立的小额诉讼程序。

小额诉讼建立了这样一种机制：赋予当事人更加便捷的方式进入诉讼，国民可以更加容易地利用诉讼制度保护受到侵害的小额债权，避免因程序烦琐与费用巨大而被剥夺诉权，法院也不因诉讼标的额过小而放弃保护当事人实体利益的程序努力。可见，小额诉讼制度建构的出发点在于保障当事人平等地利用诉讼，拉近国民与司法的距离，实现司法的大众化和亲民化。两大法系国家和我国台湾地区的学者关于小额诉讼程序的法理基础的阐释的关注点都在于当

① 参见［日］小岛武司：《自律型社会与正义的综合体系》，陈刚等译，中国法制出版社 2006 年版，第 172-173 页。

② 参见王亚新：《对抗与判定》，清华大学出版社 2002 年版，第 400 页。

③ 常怡主编：《比较民事诉讼法》，中国政法大学出版社 2002 年版，第 609 页。

事人利益的保障。① 然而，在我国如火如荼的关于建构小额诉讼程序的洪流中，问题的关注点却集中于实现程序分流，减轻法院的负担，克服"案多人少"的痼疾。② 这是一种法院本位主义的问题解决路径，却是一种背离小额诉讼制度出发点的思考方式。

实质上，小额诉讼是立法者在面对传统的普通诉讼程序严格的程序性、技术性和形式性导致的诉讼拖延、费用高昂等痼疾时而在正式的司法制度内探索出来的问题解决路径。这种制度的主旨在于大量吸收和容纳日常性的民事纠纷，保障当事人平等享有诉权，消减正统的司法与多元化的市民社会之间的隔膜，鼓励人民继续信赖司法、运用司法，进而维持司法在社会权力结构中的正当性。减轻法院的负担，实现程序分流只能说是小额诉讼程序的副产品。意欲建立运行顺畅的小额诉讼，必须从作为制度使用者的当事人角度出发予以设计，不能仅仅从制度操作者的法院的便利寻求问题的解决路径。否则，小额诉讼程序就会沦为正统的司法的附庸而丧失独立性。日本的简易法院制度之设计就是基于减轻最高法院负担等不对路的想法从而失去了其应有的特色，并且使简易法院日益沦为第一

---

① 邱联恭教授认为，小额诉讼程序的法理基础有二，一是拓深程序保障权，保障平等使用诉讼制度机会，平衡慎重裁判之程序保障与简速裁判之程序保障的关系；二是遵循费用相当性原理，即在使当事人利用诉讼程序或由法官运作审判制度之过程中，不应使法院（国家）或当事人（人民个人）遭受期待不可能之浪费或利益牺牲，否则，显受如此浪费或牺牲之人即得拒绝使用此种程序制度。参见邱联恭：《司法之现代化与程序法》，三民书局股份有限公司 1992 年版，第 266—274 页。小岛武司教授认为，小额诉讼要满足市民的需求，必须着眼于作为小额案件主体的广大利用者。只有当着眼于小额请求的主体时才能获得小额诉讼制度多元化的确切基石。参见［日］小岛武司：《自律型社会与正义的综合体系》，陈刚等译，中国法制出版社 2006 年版，第 102 页。

② 参见杨严炎：《当代小额诉讼程序探析》，载《政治与法律》2003 年第 2 期；夏璇：《我国小额诉讼程序之构建》，载《广西社会科学》2010 年第 5 期；李立峰：《"小额法庭"助消基层法院案多人少难题》，载 http://www.chinacourt.org/html/article/201004/30/406885.shtml，最后访问日期：2016 年 12 月 19 日。佚名：《试论小额诉讼程序的审理规则》，载 http://www.law628.com/ShowArticle.shtml？ID = 20094231461560644.htm，最后访问日期：2016 年 12 月 19 日。

审法院的翻版。<sup>①</sup> 这种前车之鉴必须高度重视。

然而，在民事诉讼法的修改和小额诉讼的运作过程中，对于小额诉讼制度正当性的论述更多的是从法院解决更多纠纷实现诉讼效益的角度出发的，司法实务部门更是对该制度翘首以盼，导致立法中对小额诉讼被过分期待。法院系统本来期望小额诉讼案件将占到全部民事案件的30%左右，深刻改变法院的民事审判工作格局。<sup>②</sup>由于制度设计本身的问题，司法实践中法院却不愿适用或者很少适用小额诉讼制度。有法官对2013年至2015年5月31日期间北京市法院的小额诉讼适用情况进行调查，数据表明，该段期间内，各法院小额诉讼程序的年平均适用率仅为12.5%。<sup>③</sup> 这还是比较高的适用率，有些法院的小额诉讼适用率几乎为零。<sup>④</sup>

与此同时，过分张扬小额诉讼程序目的是实现诉讼效率的提高，认为实质正义的实现是次要的，导致小额诉讼所实现的正义被视为"二流的正义"。这是对小额诉讼程序的严重误读。小额诉讼固然以减少诉讼成本、提高诉讼效率为旨归，但是从未宣扬要放弃对正义的追求。发现案件真实，实现实质正义是任何一个法治国家诉讼制度孜孜以求的目标，小额诉讼亦不例外。特别是小额诉讼加强法官的能动性和程序控制权，最终的目的都是保证实质正义的实现。同时，作为一种制度设计，小额诉讼给予了当事人很大的程序选择权，而这种应然的制度设计并未在实然的制度操作层面获得相应的回应。事实上，真正利用小额诉讼解决纠纷的案件比率并不

---

① ［日］小岛武司：《自律型社会与正义的综合体系》，陈刚等译，中国法制出版社2006年版，第328页。

② 参见杜万华：《要认真做好小额诉讼实施准备工作》，载《人民法院报》2012年10月9日第1版。

③ 参见陆俊芳、牛佳雯、熊要先：《我国小额诉讼制度运行的困境与出路——以北京市基层法院的审判实践为蓝本》，载《法律适用》2016年第3期，第115页。

④ 参见占善刚、施瑶：《关于小额诉讼制度的实证研究——以岳阳市部分基层法院为调研对象》，载《河南财经政法大学学报》2016年第3期，第115页。

高，小额诉讼在法治发达国家和地区并没有发挥人们想象的那种巨大的功能。德国联邦政府于 2007 年 9 月提供的统计资料显示，2005 年德国 20.36%的民事一审案件由简易程序（相当于小额诉讼程序）审结。① 发挥程序分流的主体是现代 ADR 制度和非诉程序。我们在看待小额诉讼制度时，必须用理性、全面的眼光审视、检验这种制度正与负的价值平衡。

细碎化的小额日常纠纷在司法实践中多数通过调解程序或速裁程序加以化解。那么，"调解+速裁"程序真的可以代替小额诉讼发挥其大量吸收日常性民事纠纷、保障当事人平等接近司法的制度功能吗？"调解+速裁"程序实质上就是提高调解程序在纠纷解决机制中的作用，充分利用诉前调解、审前调解和审中调解化解纠纷的能力，建立"速裁通道"简化审理程序，尽快实现"案结事了"的目标。在法院调解社会化的政策驱使下，"调解+速裁"程序得到了大量的适用，但是各地各级法院所采用的机制却参差不齐。这些带有地方性知识的案件大多数可以通过小额诉讼程序来化解。换言之，小额诉讼程序能够解决的案件基本可以通过调解程序来解决。基于此，我国是否还有建立独立的小额诉讼程序的必要性？答案是肯定的。

小额诉讼程序的制度趣旨在于让司法更加贴近普通民众，弥补传统审判程序的严格规则和技术性的弊端，保障当事人平等地利用诉讼的机会。调解程序特别是诉前强制调解制度尽管也是一种尊重当事人的纠纷解决机制，但是更多地被放入到多元化纠纷解决机制的时代背景下，因而更多地具有程序分流和减轻法院负担的意味。进言之，小额诉讼程序是从正式的司法制度内探求克服传统审判制度的弊端而逐渐发展起来的，而调解程序则是从诉讼程序外部的多元化纠纷解决机制的视角来构建的。正是这种根本性的差异决定了

---

① 参见周翠：《民事简易程式与小额诉讼程式的比较研究》，载《月旦民商法杂志》2011 年第 3 期，第 140-141 页。

两种程序在我国的相融相生、和平共存。

我国的法院正处在严峻的信任危机中。为了化解这种信任危机，很多法院通过委托调解和协助调解等机制将案件推向社会，借助社会力量的帮助化解纠纷。但是我国的调解制度并不像法治发达国家那样具有严谨的程序，因此各级各地法院推行的调解社会化机制就各不相同。最终的结果就是当事人无法形成严谨的规则意识，也无法树立起对于法治的基本理念和对于司法的信任，也就会阻碍建立现代法治国家的进程。小额诉讼则是对正式的司法制度进行系统内部的微调，通过简易化的制度设计可以保障大量的国民利用诉讼保护作为社会纠纷常态中受到侵害的小额债权，其没有僭越正式的司法制度的边界。"法律问题在实质上是与国民的生活问题密切联系的，司法制度不是为了法律专家们而存在，而是为了所有的国民的司法福祉而存在。"① 满足多元社会的国民对于司法的不同需求，是现代法治的应有之义。小额诉讼程序的建构可以消减国民与司法制度的距离感，增强法律制度对于普通国民的保护力度。更为重要的是，小额诉讼程序可以培育国民的规则意识和程序意识，提升其对于法治和司法的信任。所以，小额诉讼程序对于我国的法院系统具有特别的意义，这是调解程序所无法实现的功能。

同时，小额诉讼程序有助于保障普通国民的诉权，而某些案件的调解程序则成为抑制当事人诉权的工具。在法院具体运作的过程中，其往往只重视调解程序对诉讼效率的提高，而忽视其可能造成的损害当事人诉权的问题。这种情况的典型表现是，根据立案登记制度，对符合起诉要件的当事人到人民法院立案，法院经初步审查认为案件有调解可能，经当事人同意后法院只立案预登记，然后引导当事人到相关机构进行调解。民事诉讼法规定，当事人起诉后法院就应该在 7 日内审查当事人的起诉是否符合第 119 条的起诉要

---

① ［韩］郑二根：《韩国司法独立与司法改革》，载陈刚主编：《比较民事诉讼法》（2000 年卷），中国人民大学出版社 2001 年版，第 305 页。

件。法院放弃审查起诉的职责，积极鼓励、引导和劝说当事人调解，是法院的一种消极不作为，结果就是当事人被阻挡在大门之外，法院有正当理由规避当事人上访和错案责任追究，却使得调解程序的启动带有很强的强制意味。转型期中国的民事法律关系相对比较简单，民事诉讼制度也以这种比较简单的民事法律关系为调整对象，使得民事诉讼程序本身就具有调解程序的非正式性。毋庸置疑，即使同样的民事纠纷，通过调解程序和小额诉讼程序却会造成两种截然不同的结果。尽管小额诉讼程序也具有非常显然的调解倾向，但是作为正统司法制度的简易化的特质决定了其具有调解程序无法实现的功能，如小额诉讼形成的判决所具有的既判力，有助于民事诉讼程序体系的建构和司法权威的提升。所以，调解程序无法完全代替小额诉讼程序的制度功能。

但是，我们不能简单地认为，只要单纯地追求裁判程序的简易化就能解决隐藏于裁判制度中的问题，而必须客观地认识到蕴藏于简易化要求背后之现实，并在此基础上慎重地做出政策上的抉择。① 因此，我们必须认识到小额诉讼程序建构过程中的障碍和可能产生的负面影响。

有学者尖锐地指出，法官在小额诉讼程序中获得空前广泛的自由许可权，这使得这种程序的成败一定意义上维系于司法实务者对自身职责的忠诚以及对法治国家的诉讼理念的执着。立法者对法官的信赖就构成了设置小额诉讼程序的前提和基石。② 这是我国建构小额诉讼程序需要重点考量的问题。法律职业共同体的形成和法治观念的培育，塑造出法官对自身职责的高度忠诚和法治的不懈追求。尽管司法腐败现象不时滋生，但是不能否认，大多数法官已经对法治国家的理念达成共识，立法者对于法官的信任也在逐步增

---

① [日] 小岛武司：《自律型社会与正义的综合体系》，陈刚等译，中国法制出版社 2006 年版，第 327 页。

② 参见周翠：《民事简易程式与小额诉讼程式的比较研究》，载《月旦民商法杂志》2011 年第 3 期，第 149 页。

强。当然，必须继续提升小额诉讼法官的素质。因为小额诉讼程序法官过大的自由裁量权和程序控制权使得其极易演变成压制当事人权利的工具，甚至法官自身也无法跳脱出案件的是非曲直而丧失中立性。因此，应该选择经验丰富、业务素质强的法官充任小额诉讼程序的法官。

我们也不能忽视小额诉讼程序可能滋生的滥诉现象。当诉讼的大门向普通国民敞开后，案件就会蜂拥而至，造成法院积重难返。这就涉及两种利益的博弈：到底为国民提供平等利用诉讼的机会还是限制当事人提起诉权。当选择前者而建构小额诉讼程序时，就可能导致滥诉现象，这是无法完全避免的。为此，很多国家建立了法院援助制度、加强法官的职权、增加非常规的临时法官等机制，甚至还建立了对滥诉当事人的程序制裁机制。建构小额诉讼程序必须在保障当事人的诉讼权利和抑制权利的恣意行使之间进行慎重的权衡。

### 二、小额诉讼的适用范围

小额诉讼是针对一定标的额以下或者特定类型纠纷所设定的满足市民社会国民对司法的多元化需求而设立的，合理界定其适用边界和案件类型成为建构小额诉讼的首要问题。考察法治发达国家和地区的小额诉讼的适用范围有助于为我国小额诉讼适用范围的界定提供经验和借鉴。

这些国家和地区都将小额诉讼程序适用的案件限定于诉讼标的额比较低的金钱纠纷，而经济发展水平和经济收入又决定了其所界定的标的额的差异很大。美国各州的小额诉讼管辖权大都在 5000 美元或 7500 美元以下，极少数州低至 1500 美元或高达 15000 美元,<sup>①</sup> 而 2009 年美国人平均月收入为 3500 美元。<sup>②</sup> 这就意味着小额诉讼标的基本上是月平均收入的 2 倍左右,最高可达 4 倍。德国初级法院的简易程序受理 600 欧元以下的财产案件,而德国电视一台发布的数据,2010 年德国东部的人均月收入为 1976 欧元,西部为 2377 欧元。<sup>③</sup> 换言之,德国的小额诉讼标的额仅为平均月收入的 1/3。日本的小额诉讼的标的额限于 30 万日元以下的金钱给付请求,而日本人 2004 年平均月收入为 30.16 万日元,<sup>④</sup> 2010 年平均月收入为 29.6 万日元。<sup>⑤</sup> 小额诉讼标的额与国民一个月的收入基本持平。韩国的小额诉讼程序适用于 2000 万韩元以下的请求给付金钱或其他替代物或有价证券的诉讼,并且发挥了很大的功能,有 75% 以上的民事案件通过小额诉讼程序审结。<sup>⑥</sup> 据韩国统计厅的资料,2006 年韩国人的平均月收入为 233 万韩元左右。<sup>⑦</sup> 可见,韩国的小额诉讼标的额非常高,达到月平均收入的近 10 倍。需要注意的是,韩国的小额诉讼程序是简易程序的一部分,它兼具其他国家的简易程序和小额程序的综合功能,标的额必然比较高。我国台湾地区的小额诉讼程序适用于诉讼标的额或价额在新台币 10 万元以下的给付金钱或其他代替物或有价证券案件,而其居民的平均月

---

① 参见傅郁林:《小额诉讼与程序分类》,载《清华法学》2011 年第 3 期,第 47-48 页。

② 参见 http://php.huike.hk/thread-582-1-1.html,最后访问日期:2016 年 12 月 19 日。

③ 参见 http://www.51-de.com/bbs/viewthread.php? tid = 230,最后访问日期:2016 年 12 月 19 日。

④ 参见 http://economy.enorth.com.cn/system/2005/03/16/000984810.shtml,最后访问日期:2016 年 12 月 19 日。

⑤ 参见 http://japan.people.com.cn/35463/7298748.html,最后访问日期:2016 年 12 月 19 日。

⑥ 参见孙汉琦:《韩国民事诉讼法导论》,陈刚审译,中国法制出版社 2008 年版,第 527 页。

⑦ 参见杲文川:《感受韩国·韩国的物价与收入》,http://gaowenchuan.blshe.com/post/6194/685619,最后访问日期:2016 年 12 月 19 日。

收入 4 万台币。[①] 小额诉讼标的额相当于 2.5 倍的月收入。

综上所述，具有深厚法治理念而又非常理性、严谨的德国人严格限定小额诉讼标的额的标准，韩国的小额诉讼程序（相当于简易程序）的标的额最高，而日本、我国台湾地区和美国的诉讼标的额基本维持在居民月收入的 1—4 倍。而当前我国民事诉讼法规定只要是符合简易程序适用条件并诉争标的额在各省、自治区、直辖市上年度就业人员年平均工资 30% 以下的，应当适用小额诉讼程序审理，这就排除了对符合小额诉讼条件的案件法院或者当事人的其他程序选择适用权。《民事诉讼法解释》第 271 条对小额诉讼程序的强制适用进一步明确界定，根据第 272 条、第 273 条和第 274 条的规定，对于符合该程序条件的案件，无论是法官还是当事人都不具有其他审理程序的选择权。就常理而言，设定小额诉讼标的最高限额时，应当权衡国民的月收入情况与法院受理民商事案件标的金额的分布情况。众所周知，我国东西部的经济发展程度有很大的差异，2009 年上海市居民月平均收入为 3566 元，[②] 而甘肃省 2009 年月平均收入为 1974 元。[③] 世界银行公布的数据显示，2009 年中国人均月收入 1825 元。[④] 中国的现实情况决定了小额诉讼标的额的上限不能设定得太高，否则这些案件就不成其为小额案件。

制度设计者在确定小额诉讼标的额的过程中听取多方意见，摒弃了 5000 元和 10000 元的定量性处理方案，改采弹性化的标的额确定方案。诉讼标的额在各省、自治区、直辖市上年度就业人员年

---

[①] 参见 http://yinshanxiaozhan.blog.163.com/blog/static/11854887620114993138112/，最后访问日期：2016 年 12 月 19 日。

[②] 参见 http：//sh. xinmin. cn/minsheng/2010/03/31/4229567. html，最后访问日期：2016 年 12 月 19 日。

[③] 参见 http：//old. telehr. com/Chanels/ChanelsInfo11241 $ 101112. html，最后访问日期：2016 年 12 月 19 日。

[④] 参见 http：//www. tianyayidu. com/article - a - 257930. html，最后访问日期：2016 年 12 月 19 日。

平均工资30%以下的简单民事案件，适用小额诉讼程序。这样的立法模式巧妙地化解了区域性经济发展不均衡与扩大适用小额诉讼程序等因素之间的矛盾关系。窥探《民事诉讼法》第162条之规定，可以看出适用于小额、简单的民事案件，主要针对于小额债权债务的给付之诉。金钱纠纷之外的人身关系案件或者知识产权纠纷等复杂的案件不能适用于小额诉讼程序。因为只有给付之诉才有诉讼标的额，确认之诉和形成之诉没有诉讼标的额当然无法适用小额诉讼程序。

依照法律规定，超出诉讼标的额30%的给付之诉当事人无权合意选择适用，法院无法强制适用小额诉讼。但是，有些高级法院在制定小额诉讼实施细则时准许当事人在超越诉讼标的额之外合意选择小额诉讼程序的权利。例如，《上海法院开展小额诉讼审判工作实施细则（试行）》第5条就明确规定："对于符合本细则其他条件，仅是诉讼标的额超过当年度小额诉讼金额标准的案件，当事人双方协商一致要求适用小额诉讼的，如诉讼标的额低于当年小额诉讼金额标准两倍的（含两倍），人民法院可予准许，并制作笔录备案。"笔者认为，当事人合意选择适用小额诉讼程序是程序选择权在小额诉讼程序的具体运用，进而为经济发达地区的法院挣脱第162条的僵化规定扩大适用小额诉讼程序提供了正当化的路径。

其实，我们亦可从台湾地区的小额诉讼制度找到类似的制度范式。他们采用分区间的多元性立法模式，分别为强制适用小额诉讼程序、合意适用小额诉讼程序和强制不适用小额诉讼程序三种情形。对于请求给付金钱或其他代替物或有价证券的诉讼，其标的金额或价额在新台币10万元的案件，强制适用小额诉讼程序。如其标的额或价额逾10万元而在50万元以下的案件，当事人有权合意适用小额诉讼程序。诉讼标的或价额逾50万元的案件，当事人均不得合意选择适用小额诉讼程序。① 强制与合意通过精妙的制度设计在小额诉讼程序中得以达致妥善的平衡。

无论是制度设计者还是制度运营者，均对小额诉讼抱持非常高的制度期望。然而，司法实践中小额诉讼程序适用率偏低却是一个不争的客观事实。有学者经过调研指出，2013 年宁波市六个基层法院受理的小额诉讼案件只占民商事案件数的 6.85%，最高的适用率只有 11.65%，最低的仅为 0.22%，其中有两个法院小额诉讼程序的适用率不到 1%。2014 年六个基层法院适用小额诉讼程序比率降为 4.33%，适用比率最高的为 13.81%，适用比率最低的仅为 0.23%。② 由此可见，小额诉讼未能很好地实现制度设计者和制度运营者所期待的分流案件的制度功能。

造成这种情况的主要原因在于错误地将小额诉讼与一审终审制嫁接起来。于当事人而言，一旦简单的民事案件透过小额诉讼程序予以解决，就意味着当事人放弃通过上诉程序纠正一审错误裁判的机会。当事人担忧这样简单化的程序设计无法充分保障其程序利益，而不愿意采用小额诉讼程序。于法院而言，担心当事人对一审终审的裁判结果不满意，会承担较大的判后答疑和申诉信访的多重压力。加之程序启动难和送达难等现实难题，法官亦缺乏对开展小额诉讼的现实动力。③ 另外，小额诉讼标的额过高亦是非常重要的因素。现在很多高级法院将小额诉讼的标的额规定在 17000 元左右，④ 大概为很多当事人三个月左右的收入。当事人更加期望获得

① 参见吴明轩：《民事调解、简易及小额诉讼程序》，五南图书出版股份有限公司 2004 年版，第 148-149 页。

② 参见蒲一苇、朱秋燕：《理想与现实：小额诉讼程序运行的困境与完善路径》，载《民事程序法研究》（第十四辑），厦门大学出版社 2015 年版，第 117 页。

③ 参见李后龙、潘军锋：《小额诉讼存在的问题及对策研究》，载《民事程序法研究》（第十六辑），厦门大学出版社 2016 年版，第 203-204 页。

④ 例如，自 2017 年 7 月 1 日起，湖南省高级人民法院将适用小额诉讼程序审理的案件标的额提高为 17000 元人民币以下。参见于振宇：《7 月 1 日起湖南小额诉讼案件标的额上调至 17000 元》，载《湖南日报》2017 年 6 月 14 日第 4 版。

妥善的审级利益保障，而不是简单的一审终审制。基于此，在推动小额诉讼制度发展过程中，应当充分调动当事人与法官的积极性，并且强化小额诉讼程序的强制适用规则，适当引入合意适用机制。

小额诉讼是保护小额债权人利益的制度装置，利用的主体多是普通的国民。但是很多公司却将小额诉讼程序作为追债的工具，使得小额法院有专门为讨债公司、分期付款销售公司之类企业服务的"原告法院"之嫌。[①] 为避免这种情况发生，很多国家限定这类公司或者企业的起诉次数。这是我国建构小额诉讼程序应借鉴的一种机制。在现实生活中，物业公司、银行等为追讨物业费或欠款等大量起诉，使得法院不堪重负，小额诉讼程序保护普通国民的利益的制度初衷无法彰显。因此，可以规定，禁止同一公司或者企业等在一个月起诉超过 5 次。

### 三、小额诉讼的救济机制

民事诉讼法在"一审普通程序"一章中对管辖异议裁定上诉制进行了规定，小额诉讼程序方便快捷的价值定位与该上诉制存在一定冲突。为实现该制度的立法目的，推动小额诉讼程序的实施，《民事诉讼法解释》在第 271 条和第 278 条分别对小额诉讼程序及其管辖异议规定一审终审，不得上诉。这种立法方式以法院本位主义为基点，以提高诉讼效率、降低诉讼成本和实现程序分流为旨归，小额诉讼奉行一审终审制度似乎成为当前主流的理论，并获得了司法实务部门积极的正面回应。[②] 这不仅忽视了小额诉讼的当事人视角，而且严重误读了法治先进国家和地区的小额诉讼的救济制度。

---

① 参见［日］小岛武司：《自律型社会与正义的综合体系》，陈刚等译，中国法制出版社 2006 年版，第 319 页。

② 参见毕玉谦：《关于在民事诉讼中设立小额诉讼程序的思考》，载《法律适用》2006 年第 8 期，第 40 页；周翠：《民事简易程式与小额诉讼程式的比较研究》，载《月旦民商法杂志》2011 年第 3 期，第 152 页。

　　应该承认，有些国家的小额诉讼制度的确实行一审终审制。德国的小额诉讼标的额限定于 600 欧元以下，这并没有达到控诉额的标准，只有在特殊情况下才允许裁量上诉。日本的小额诉讼程序也实行一审终审制，不允许当事人对小额诉讼判决提起控诉，但是却建立了另外一种救济机制：当事人可以在收到判决书或者替代判决书笔录送达之日起 2 周内的不变期间内，对小额诉讼判决提出异议申请。在当事人提出适法的异议时，诉讼恢复到口头辩论终结前的状态，法院应当以普通程序予以审理裁判。[①]

　　然而，就小额诉讼程序奉行一审终审制的国家较少，允许对小额诉讼判决进行上诉才是制度的常态。我国台湾地区"民事诉讼法"第 436 条规定，在小额程序中，对于第一审判决之上诉，非以违背法令为理由，不得为之。所谓的"违背法令"包括以下几种情况：（1）判决不适用法规或适用不当者；（2）为判决之法院组织不合法者；（3）依法律或裁判应回避之法官参与裁判者；（4）法院于权限内之有无辨别不当或违背专属管辖之规定者；（5）当事人于诉讼未经合法代理者；（6）违背言词辩论公开之规定者；（7）判决不备理由或理由矛盾者。[②] 不过，对于小额诉讼程序之第二审判决，不能上诉。换言之，小额诉讼程序实行二级二审制，第二审程序兼具本应由第三审程序的法律审功能。韩国民事诉讼法规定，当事人认为判决适用的法律、命令或者规则违反宪法规定或者法院的判决违反大法院的先例时，当事人有权对小额案件提起上告或再抗告。[③] 无独有偶，英美法系国家也基本上允许对小额诉讼判决提起上诉。按照《英国民事诉讼规则》第 27.12 条的规定，适用小额

---

　　① 参见新堂幸司：《新民事诉讼法》，林剑锋译，法律出版社 2008 年版，第 688 页。

　　② 参见吴明轩：《民事调解、简易及小额诉讼程序》，五南图书出版股份有限公司 2004 年版，第 182 页。

　　③ 参见孙汉琦：《韩国民事诉讼法导论》，陈刚审译，中国法制出版社 2008 年版，第 531 页。

诉讼审理程序的案件，法院做出的命令存在影响诉讼程序的严重违法或法院适用法律错误情形的，一方当事人可以提起上诉。① 美国只有少数州不允许上诉或者复审，允许上诉或复审的多数州则大致分为重新审判和仅就法律问题上诉两种模式。② 可见，那种认为这些国家和地区的小额诉讼实行一审终审制的观点带有强烈的推测意味而有失偏袒。事实上，大部分法治先进国家和地区并没有封死小额诉讼上诉的制度渠道，小额诉讼判决违反法律或者严重程序违法的，当事人仍然享有国家提供的正规的救济机制。

那么，我国应该采用哪种小额诉讼的救济机制呢？小额诉讼程序的制度设计总是为了尽量维持程序保障的水准与最大限度地追求简易、迅速和低廉的纠纷处理之间保持平衡而付出努力并进行微妙的调整，③ 才能真正实现小额诉讼大量吸收和处理国民的日常性小额纠纷的目标。一审终审制的确能够降低当事人和法院的诉讼成本，却很容易导致小额诉讼中本就过大的法官权力失去制约而恣意妄为。德国和日本对小额诉讼实行一审终审制与其严格的法官遴选、培训机制和法官对法治国家的诉讼理念的高度忠诚密切相关。而我国基层法院的法官素质仍然有待提升，法治国家的基本理念还未真正培育起来，若贸然对小额诉讼实行一审终审制，势必增加法官恣意裁判的危险，法官滥用权力的现象将会频发，甚至于法官为追求业绩考评所需要的结案率而将本不属于小额诉讼程序的案件也纳入其中，这样将极大背离制度本意。

不能忽视的是，小额诉讼案件中也有发生错案的可能性。小额案件仅是说其诉讼标的额比较低而已，并不意味着这些案件一定就是简单案件，当然就有发生案件事实认定错误或者法律适用发生错误的可能。若用一审终审制堵死当事人推翻错误判决的大门，当事

---

① 参见《英国民事诉讼规则》，徐昕译，中国法制出版社 2001 年版，第 139 页。
② 傅郁林：《小额诉讼与程序分类》，载《清华法学》2011 年第 3 期，第 49 页。
③ 王亚新：《对抗与判定》，清华大学出版社 2002 年版，第 400 页。

人的实体利益和程序利益都将被制度生生吞没。如此，只能说这样的制度是非常糟糕的。

更为重要的是，程序选择权还未真正确立起来，当事人在普通程序与小额诉讼程序之间进行选择的机会还无法保障。这种机会的提供意味着当事人可以在自己希望实现的权利与打算付出的成本之间，以及可能获得的程序保障与简易、迅速、低廉的纠纷处理之间进行衡量，并对自己做出的选择负责。[1] 这种事先合意增加了当事人对程序过程和程序结果的可接受性。不过，即使确立这种程序选择权，当事人权利意识的淡薄和法官权力意识的浓厚也可能促使当事人合意选择变成法官的柔性强制。既然无法提供事先的程序保障，那么就必须设计缜密的事后救济机制，才不至于形成当事人的利益保障的制度缺失状态。

因此，笔者主张采撷一审终审制与两审终审制的精华，对小额诉讼程序实行有限的二审终审制。对于小额诉讼的一审判决事实认定错误明显、程序严重违反法律或者适用法律存在重大错误的，当事人有权向上一级法院提起上诉。这种法律既包括实体性法律也包括程序性法律。无法否认的是，上诉程序的设计必然对小额诉讼的一审程序产生影响，甚或抑制简易、快速和低廉功能的充分张扬。比如，小额案件一般无须制作庭审笔录，而为应对上诉，法官可能制作庭审笔录，这就必然降低案件的效率。其实，价值权衡的结果必然是偏斜某个价值、抑制另外价值。既然小额诉讼程序的一审程序以追求诉讼效率为重要旨归，那么上诉程序就必然侧重于一审程序中受到压制的程序保障。为了抑制上诉程序出现的上诉高潮，可以规定上诉人若在上诉程序中未获得比一审更有利的判决，要承担对方当事人支付的诉讼费用，作为其滥用上诉程序的制裁。

我国台湾地区"民事诉讼法"规定，对于小额诉讼程序可以提起再审之诉，而小额程序之第一审裁判提起上诉或抗告，经过上

---

① 王亚新：《对抗与判定》，清华大学出版社 2002 年版，第 401 页。

诉或抗告程序无理由驳回的，不得再以同一理由提起再审之诉。那么我们是否也应该设立再审程序呢？笔者认为没有必要。再审程序本就是非常规的例外的救济程序，具有严格的启动要件和启动程序，适用的比率极低。而我国的再审程序利用率很高，实际上成为事实上的第三审程序，从而导致再审程序的泛化。在当前法院的具体运作中，因为民事诉讼法及相关法律并没有对小额诉讼程序是否适用再审程序进行明确规定，在小额诉讼程序一审终审的格局下，再审程序很容易沦为小额诉讼程序纠错机制的唯一途径，从而使其变成事实上的二审程序。因此，一旦允许对小额诉讼程序启动再审程序，势必冲淡小额诉讼的简易化色彩，造成小额诉讼程序三审的事实。我国建立小额诉讼的上诉程序可以实现对当事人的利益救济，无须设立再审程序。

# 第五章　调解保密性原则的制度建构

以"对抗—判定"的基本理念而建构现代民事诉讼并非封闭的"剧场化司法"①。这种制度性装置提供了当事人表达自身利益、观点、立场以及郁愤、不满和对抗等情绪话语的场域，也是国民实质地参与司法、分治权力的正当表现形式，甚至建构了与案件无涉的法庭之友②制度参与诉讼，探求正义的生成路径。民事诉讼制度力图将正义和民主的阳光普照到每个司法角落，惠及作为社会建构主体的国民。

公开审判一直是诉讼制度的基本要求，也是诉讼制度取得正统性地位的关键。然而，这种假定的正统性地位受到现代 ADR 特别是调解制度的巨大冲击和挑战。维续调解制度的根基在于调解保密性。调解保密性将调解程序与诉讼程序营造成两个完全不同的纠纷解决方式，要求调解程序的交流信息不得外溢到诉讼程序，中立第三方的调解人不得以证人身份在后续程序中出庭作证。调解保密性塑造出当事人自由、坦诚地交流信息的浓厚氛围，积极维续当事人之间良好的既定关系，奠定将来继续合作的双赢结局。毫不讳言，调解保密性才是调解制度持续勃兴的关键所在。

---

① 舒国滢教授通过美学的视角形象化地将司法分为广场化的司法和剧场化的司法两种类型。参见舒国滢：《从司法的广场化到司法的剧场化》，载《政法论坛》1999 年第 3 期，第 12-18 页。

② 法庭之友，是指在案件审理过程中，运用自己的知识向法庭提供书状，提供法庭尚未知悉的事实问题或者法律问题，协助法庭解决问题，作出公正裁断的人。法庭之友制度起初旨在矫正对抗制无法达到实质正义的弊端而发展起来，现在已经成为对抗制的重要组成部分。

在中国，调解不仅是一种纠纷解决机制，更是一种建构社会事实的文化实践。① 为实现这种社会事实的重新建构，个人本位的调解保密性从未受到制度上和实践上的重视，相反在很多情形下法律要求调解公开。制度设计者和制度变革者更关注的是，有序衔接调解程序与诉讼程序和高效快速地解决民事纠纷，至于推动调解程序与诉讼程序的适当断裂的调解保密性基本未被考虑到。最为关键的是，法院调解制度实行的调审合一违反了作为调解保密性存续根基的调解人与裁断人的身份分立要求。

在构建和完善多元化纠纷解决机制中，我国调解制度特别是法院调解制度必须转换现有的制度理念，建构程序主体充分参与的话语空间，保证调解程序的独立性，避免调解信息的不正当外溢。因此，调解保密性规则是调解程序与诉讼程序的分立和连接的桥梁。

## 一、保密性原则：调解合理性基础

### （一）ADR 运动的兴起与调解

选择性纠纷解决方式即英文"Alternative Dispute Resolution"，缩写为 ADR。ADR 根源于美国，原来是指 20 世纪逐步发展起来的各种诉讼外纠纷解决方式的总称，现在已引申为对世界各国普遍存在的、民事诉讼制度以外的非诉讼解决方式或机制的总称。② 但到底何为 ADR，人们的理解并不相同。通常把法院以外的各种非诉讼纠纷解决方式统称为 ADR，既可以包括诸如消费者协会的调解和劳动仲裁等现代 ADR 的方式，也可以涵盖东方国家历史悠久的调解以及欧洲的商事仲裁等传统形式。

囿于 ADR 的新颖性和开放性，中外学者对 ADR 的界定差异很大。有英国学者认为，ADR 是指可以被法律程序接受的，通过协

---

① 参见强世功：《调解、法制与现代性》，中国法制出版社 2005 年版，导言第 1-2 页。

② 范愉：《浅谈当代"非诉讼纠纷解决"的发展及其趋势》，载《比较法研究》2003 年第 4 期。

议而非程序性的有约束力的裁定解决争议的任何方法。① 显然，上述定义并没有包含仲裁这种解决争议的方式，也没有包含法律框架中的 ADR。我国大多数学者认为，ADR 应该是一种可以广泛适用于解决争议的以当事人意思自治为基础的程序，依赖当事人本位主义，故而 ADR 在我国通常被翻译为"替代性纠纷解决方式"或"非诉讼纠纷解决方式"。

笔者通过比较法考察发现，此种翻译不能正确反映 ADR 的真正意蕴，更为妥当的译法是"选择性纠纷解决方式"。选择性纠纷解决方式包含着两种含义：一是替代性——采用诉讼以外的其他方式替代作为占据正统性地位的诉讼制度；二是选择性——当事人有权决定采用何种方式解决纠纷。ADR 所强调的当事人本位主义在本质上是当事人对选择何种程序具有决定权，法律程序启动与程序结果形成均取决于当事人的意思自治，当事人是程序的真正主宰者。不仅如此，有些案件即便已经走入诉讼程序，法院亦享有一定的选择权——法官可根据具体情况进行一定的程序分流，但是法官享有的仅是程序的建议权。法官应告知当事人特定类型的纠纷更适宜用某种纠纷方式解决，最终由当事人行使程序启动权和结果确定权。"替代性纠纷解决方式"或"非诉讼纠纷解决方式"的译法主要是从裁判者视角来关注纠纷解决。这种视角的转换反射出当事人在不同诉讼制度中的角色定位的巨大差异。ADR 的根基在于当事人自治，我国现有的文献基本未从当事人视角来理解 ADR，片面理解制度本意亦不足为奇。

更重要的是，"替代性纠纷解决方式"或"非诉讼纠纷解决方式"的译法隐含着相同的逻辑预设：诉讼是解决纠纷的最优化方式——诉讼能使当事人的权利义务的重新分配达致最优化整合。建构 ADR 意在弥补诉讼制度的某些瑕疵，但不能从根本上动摇诉讼

---

① 袁泉、郭玉军：《ADR——西方盛行的解决民商事争议的热门制度》，载《法学评论》1999 年第 1 期，第 189 页。

的主导地位。棚濑孝雄富有远见地指出，审判不是实现权利的唯一场所，亦非实现权利的最有效方法。在权利认识与选择诉讼作为实现手段的两者之间，可能会出现断裂。① 当事人选择诉讼并不意味着当事人的权利自觉达到了一定的程度，权利自觉和选择诉讼以及审判正当性之间都存在断裂可能性和衔接非连续性。这就使审判最终能否为当事人所接受以及社会成员的认同和信任成为问题。在一定范围内，当事人和社会成员可能会对审判作出否定性的评价。司法实践表明，ADR 更能满足当事人的权利期待和成本权衡。在1980—1993 年，在美国联邦法院提起的民事案件中，平均仅有 4%的案件进入正式审判，34%的案件不经审判即告终结，55%的案件或者被撤销或者被和解，7%的案件被移送或发回。② 综上所述，笔者更倾向于采用"选择性纠纷解决方式"的术语表达。

无论什么样的纠纷解决制度，在现实中其解决纠纷的形态和功能总是为社会的各种条件所规定的，在分析准审判制度时亦须将其放在社会总的背景中把握，并对社会的各种条件如何规定纠纷解决制度的实际作用加以具体的考察。③ ADR 制度的建构、兴起与蓬勃发展与特定社会的历史条件、法治语境和诉讼文化密切相关。

美国是现代 ADR 的始作俑者，更是现代 ADR 风暴的中心。ADR 制度源远流长，最早可以追溯到殖民地时代。新阿姆斯特丹的荷兰殖民者以及马萨诸塞湾和康涅狄格、宾夕法尼亚、南卡罗莱纳等殖民地的清教徒，习惯通过调解或仲裁来解决纠纷。④ 建国后

---

① 参见 [日] 棚濑孝雄：《纠纷的解决与审判制度》，王亚新译，中国政法大学出版社 2004 年版，第 206 页。

② 参见 [美] 史蒂文·苏本、玛格丽特（绮剑）·伍：《美国民事诉讼的真谛》，蔡彦敏、徐卉译，法律出版社 2002 年版，第 214 页。

③ 参见 [日] 棚濑孝雄：《纠纷的解决与审判制度》，王亚新译，中国政法大学出版社 2004 年版，第 22 页。

④ Michael T. Colatrella, Court-Performed Mediation in the People's Republic of China: A Proposed Model to Improve the United States Federal District Courts' Mediation Programs, *Ohio State Journal on Dispute Resolution*, 409 (2000).

美国效仿宗主国英国建立了对抗制审判方式，对抗理念已经浸透于整个社会，美国人天然地认为，权利受到侵害或者纠纷发生后利用诉讼是最理想和最优化的救济制度，亦是当事人寻求权利保护的最佳庇护所。这种理念极大地压制了追求合作和妥协的 ADR 制度的发展。

现代 ADR 可以追溯到 19 世纪中叶。1850 年商事纠纷的激增给法院的审判工作带来极大压力，选择性纠纷解决方式遂成为当事人的一种可行性选择。[①] 19 世纪末 20 世纪初，垄断资本主义的高速发展导致了案件数量的剧增，既有的诉讼制度无法容纳数量众多的纠纷。诉讼制度的缺陷清晰呈现出来。著名法学家罗斯科·庞德敏锐地意识到对抗制的缺陷，"当人们需要法律来做些什么时……法律的实施却是困难重重"。[②] 庞德呼吁法律体制进行改革，并重申了仲裁和调解等选择性纠纷解决方式的重要性。直到 20 世纪 20 年代，现代 ADR 才逐渐得到法院和立法的认同。"替代性纠纷解决办法在每一种文化中都有其历史渊源，但美国联邦法院系统接受替代性纠纷解决办法还是在 1925 年通过《联邦仲裁法案》之后。1925 年之前，美国法院一直对替代性纠纷解决方法持排斥态度，要么拒绝执行其决定，要么把合同中的仲裁条款看成是可任意取消的。自从《联邦仲裁法案》通过后，最高法院作出一系列决定，鼓励使用和执行替代性纠纷解决办法达成的协议。"[③]

20 世纪六七十年代美国爆发了声势浩大的民权运动，国民权利意识的觉醒和提升引发了 ADR 制度的根本性转折。民权运动极

---

①　范愉：《非诉讼纠纷解决机制研究》，中国人民大学出版社 2000 年版，第 95 页。

②　Michael T. Colatrella, Court-Performed Mediation in the People's Republic of China: A Proposed Model to Improve the United States Federal District Courts' Mediation Program, *Ohio State Journal on Dispute Resolution*, 409(2000).

③　宋冰编：《程序、正义与现代化——外国法学家在华演讲录》，中国政法大学出版社 1998 年版，第 420-421 页。

力倡导在各种社会机构中增进民主参与，保障当事人的程序参与和接近正义，进而促进了新型纠纷解决机构的建立，"邻里正义中心"以及各种更加本地化的社区纠纷解决中心得到资金投入与政府支持。同时，法院的受案量剧增，诉讼爆炸成为不得不加以重视的诉讼现象。为减少积案和提高诉讼效率，1976年，联邦最高法院首席大法官沃伦·伯格组织召开了探讨对司法普遍不满的原因的罗斯科·庞德会议（简称"庞德会议"）。这次会议集中关注民事诉讼的成本和低效率问题，并呼吁发展选择性纠纷解决机制。"庞德会议"被公认为现代ADR运动开始的标志。① 风起云涌的ADR运动逐渐获得了法律上的保障，美国国会1990年通过《民事司法改革法》，1998年通过《ADR法》。毫不讳言，现代ADR已经成为多元化纠纷解决机制的重要组成部分，被当事人利用的幅度远远大于诉讼制度。

ADR运动的兴起与特定社会的法治语境休戚相关。

第一，有限的诉讼空间与不断激增的案件数量的矛盾需要寻求新的排解纠纷机制。众所周知，美国的法官是法律界的精英，数量极少，但是美国人的好讼意识又使得大量案件涌入法院。美国州法院系统于1993年受理了1460万起案件，最高比率为每10万人口中有20321起案件。② 诉讼爆炸严重阻滞法院处理案件的进度，抑制了当事人利用诉讼解决纠纷的机会。同时，过多的诉讼导致很多案件重复，既浪费宝贵的司法资源，也引致当事人的讼累。为疏解这种异化现象，美国建构出ADR制度，以供法院和当事人进行程序选择。1990年RAND开展的研究表明：洛杉矶上等法院有60%

---

① Michael T. Colatrella, Court-Performed Mediation in the People's Republic of China: A Proposed Model to Improve the United States Federal District Courts' Mediation Program, *Ohio State Journal on Dispute Resolution*, 410(2000).

② 参见［英］阿德里安·朱克曼主编：《危机中的民事司法》，傅郁林等译，中国政法大学出版社2005年版，第72—73页。

的民事案件以和解方式解决，① 若加上调解、仲裁或者其他新兴的机制，利用诉讼解决纠纷的比例会急剧下降。现代 ADR 已经成为民事纠纷解决机制的主流。

第二，诉讼拖延是当事人选择 ADR 的重要因素。诉讼迟延是影响民事司法制度的最重要的问题。② 民事诉讼具有严谨的逻辑结构和层次分明的操作流程，各程序环环相扣，启承流转。美国非常重视发现程序，但是发现程序消耗了双方当事人和律师相当多的时间，在有些案件中还可能被当事人所滥用，诉讼被拖延亦司空见惯，普通民事案件一般耗时 14 个月，在积案情况下耗时从两年到10 年。日本在 20 世纪 80 年代民事诉讼普通程序平均审理时间，分别为 12.4 个月（一审，最长时间达 7 年）、13.6 个月（二审）和 9.9 个月（最高裁判所的上告审，最长达 10 年以上）。③ 严重的诉讼拖延极大削弱了诉讼高效解决民事纠纷的能力，消减了当事人对民事司法审判制度的信任。与此相对，大部分 ADR 严格限制发现程序，降低了当事人的开支，减少了解决纠纷所需的时间，这就使纠纷解决速度大大提高。通常在诉讼中需要花上一年多时间才能解决的案件，通过调解几周就可以解决。市民社会弘扬个人权利，重视国民多元价值观，尊重当事人自治性，关注当事人程序主体性，在面对纠纷时赋予当事人充分的程序选择权就非常关键。现代ADR 极大地分流了法院的审案压力，具有补偏救弊的制度功能。

第三，高昂的诉讼成本直接影响当事人对诉讼制度的利用率。法院的主要任务是保护权利和解决纠纷，维系社会制度的稳定。缴

---

① 参见［英］阿德里安·朱克曼主编：《危机中的民事司法》，傅郁林等译，中国政法大学出版社 2005 年版，第 77 页。

② 参见美国律师协会：《战胜诉讼迟延：开展和实施减少法庭诉讼迟延的项目》，转引自［英］阿德里安·朱克曼主编：《危机中的民事司法》，傅郁林等译，中国政法大学出版社 2005 年版，第 83 页。

③ 参见范愉：《非诉讼纠纷解决机制研究》，中国人民大学出版社 2000 年版，第117 页。

纳诉讼费用是维系法院机构正常运转必不可少的内容，亦有助于避免当事人滥用诉讼制度，防止诉讼的无序。除了有形的诉讼费用，当事人进行诉讼还要付出一定的人力、物力和时间。作为理性的社会人，当事人利用诉讼解决纠纷，不得不考虑诉讼成本的支出。诉讼拖延必然带来诉讼成本的增加。"在某些方面，处于法律共同体中的我们如同处在一个医学共同体中。对于完美和完全正义的追求，就如同对于完美的健康的追求，不受拘束，但是会导致耗费社会所不能或者将不能承担的时间和开支。在医学的实践和法律的实践中，竭尽所能以获得最完美的结果的目标是同职业者的利益动机联系在一起的，成本有可能不受控制地持续增加。"[1] 诉讼成本的倍增严重困扰着当事人。美国实行胜诉酬金制和计时制的律师收费制度，胜诉酬金制使得律师鼓励当事人提起诉讼，诉讼时限越长，律师费用越高，这成为律师拖延诉讼的重要原因。故此，经济实力的差距决定了当事人利用诉讼解决纠纷的能力以及获得胜诉判决的可能。但是，接受裁判权又是现代法治国家的最重要原则，每个人都可以利用诉讼保护自身的民事权益。这必然会导致二律背反的实然和应然的落差。跳出诉讼的框架，寻求诉讼以外的现代 ADR 制度成为当事人的必然选择。

现代调解源于国会、法院、学者及民众对诉讼异化的诉讼拖延和高耗费现象的反思和改进。调解集中彰显了 ADR 的底蕴和功能，成为当事人利用最多，也是运行最成功的 ADR。美国的调解制度包括社区调解（Community Mediation）、家事调解（Family Mediation）、行政机构批准的机构调解（如消费者协会调解）、调解—仲裁（Mediation—Arbitration）及法院附设的调解（Court-connected Mediation）等多种类型。当事人可根据纠纷的特定类型选择最适宜的调解方式。多种调解方式也促使当事人更大范围地利用调解，而

---

① Subrin, "Uniformity in Procedural Rules and the Attributes of a Sound Procedural System : The Cases for Presumptive Limits", Ala. L. Rev., 9 89（1997）.

且作为立法机构的国会和司法机构的法院基本都有成文的规则鼓励当事人参加调解程序。2002年美国律师协会和统一各州法律全国委员会通过的《统一调解法》，对调解信息、调解特权、调解程序和利益冲突披露等多方面的内容作了规定。调解制度以非正式的程序逐渐向规范化、制度化的方向发展。

（二）调解：诉讼主体合作与开放的空间

社会装置的运转就是冲突滋生与冲突解决的循环演进的动态变转过程。冲突是社会进步的原动力。冲突经常被视为一种创造性的问题解决方式，按照提升所涉问题的剧烈敏感性裁断终极权利和改善人类条件。冲突是衔接法律与社会的中枢。法律是以限制和控制的方式以及用作提供调停和引导冲突方式的工具。纠纷解决方式是法律制度提供给社会的冲突解构和重构的途径。然而，诉讼与调解是两种建构路径完全悖逆的纠纷解决方式。

诉讼以"对抗—判定"为基本模式，通过当事人之间的相互对抗，根据既有的证据碎片剥茧抽丝般地恢复案件事实，重新架构法律构成要件事实，按照后果性法律评价机制裁断当事人之间的剧烈争议。对抗性是诉讼的精髓所在。调解是中立第三方（一人或者多人）担任调解人帮助解决两方或者多方之间的纠纷的程序。它是非对抗式的纠纷解决方式，当事人可直接进行交流。调解人的角色是促进当事人之间的沟通，帮助当事人聚焦纠纷的争点，达成纠纷解决协议。调解的含义看似简单，实践中却有很大的分歧，核心争议是调解过程中调解人的角色。但是对调解的本质有着惊人的一致：调解人辅助当事人自愿解决纠纷或者争议。换言之，自治性是调解制度的核心要素。因此，调解制度与审判制度具有诸多的差异，具体表现在以下方面：①

---

① 表1由作者按照自己的理解并参照［英］迈克尔·努尼：《法律调解之道》，杨利华、于丽英译，法律出版社2006年版，第15—16页之图表制定。

从表1可以发现，审判制度强调既已发生案件的当事人之间的分歧点，关注的是已经发生的案件事实，但是不探究不具有法律意义的某些生活事实。审判制度如同一幕幕的戏剧，依照特定的程序规制和证据规则，通过一场场的当事人的对抗，探求当事人在案件事实中的角色和评价机制。审判制度忽视了人际社会的道德评价机制，诉讼图景又是在激烈对抗的审判氛围中进行的，审判制度赖以维续的是"对抗式诉讼话语空间"。

表1　调解制度与审判制度的差异

| 比较事项 | 调解 | 审判 |
|---|---|---|
| 主体关系 | 协作 | 对抗 |
| 主体参与 | 高度参与性 | 有限参与 |
| 目的指向 | 关注未来 | 关注过去 |
| 程序结构 | 非审判式 | 审判式 |
| 程序自治 | 自愿 | 强制 |
| 程序导向 | 人本导向 | 规则导向 |
| 程序原则 | 职权探知主义 | 辩论主义 |
| 程序方式 | 背对背、面对面 | 对席原则 |
| 程序规制 | 非正式考量——恳谈自愿 | 严格规则主义 |
| 程序公开 | 私人性及保密性 | 公共性及有责性 |
| 程序视角 | 关注问题解决 | 基于坚定的立场 |
| 程序中心 | 围绕最后的解决方案、调停 | 围绕最后的裁判 |
| 程序话语 | 因语境而变 | 基于职权及先例 |
| 程序目标 | 利益与要求相结合 | 权利和义务的执行 |
| 程序严谨 | 非正式的及灵活的程序 | 正式的及规定的程序 |
| 程序基点 | 强调合意与共同点 | 强调利益冲突与分歧 |

调解是依赖于当事人相互合作的互动机制，其无关乎所涉的问题。从根本上看，调解过程取决于当事人相互之间公开交流信息和实质性协商的共同背景的努力。调解的非正式程序中将当事人放置于"轻松、自由和坦诚"的情景空间内，免受"限制和恐惧"[①]的和谐程序结构中。在这种状态下，当事人自由相互沟通，一幕幕地叙述当事人之间发生的争议，仔细聆听对方对事实的陈述和观点，从道德与法律二元层面重构当事人对争议的观点。调解程序就如同电影将当事人拉回到纠纷的特定场景下，回顾过去的分析，关注问题的共同点，透析当事人之间的良好关系，奠定未来继续合作的基础。在调解程序进程中，当事人的关注点不断从确认过去的问题变动为走向未来的解决方案。当事人是调解程序的主宰者，作为第三者的调解人则像催化剂一样促进当事人积极进行沟通并解决问题。作为中立者的调解人一般不打断当事人的谈话，也不会提出纠纷解决的最终建议，他们并不像法官一样最终裁决纠纷的是与非。正如富勒教授所言，"法官与调解人的区分很简单，法官命令当事人遵守规则，而调解人说服当事人遵守规则"。[②] 调解程序赖以维续的是自治的"叙事性的情景话语意义空间"。

（三）调解保密性：两种不同话语空间的分野

制度的确立和发展为观察调解保密性提供了良好舞台。调解保密性具有吸引当事人参与调解的制度魅力，也是成功调解的核心要素。但意欲定义保密性的含义却山重水复，难见柳暗花明。当事人和律师对调解保密性的看法仁智各现，当事人主要关注对个人问题或者专业问题的影响，律师则关注调解信息对未来诉讼可能产生的

---

① Act of July 27, 1981, 1981 N.Y.Law 2262, Amended by Act of May 29, 1984, 1984 N.Y.Law 285.

② Lon Fuller, Mediation: Its Forms and Functions, Southern California Law Review, Vol. 44, 305, 308 (1971).

影响。① 还需明确的是，调解过程中私密性（Privacy）与保密性（Confidentiality）并非同等概念。私密性指调解进行的实质性情形和结构性情形，免于外界获取的保障以及公众知悉的程度。保密性指调解过程中公开信息的后继权利或者公示。调解可以秘密进行，但不保密。大多数争议是保密性的。衡量调解是否保密进行相对容易，但是网络环境下，对于这种权利和保障，当事人公开电子文书的效力会危及其保密性。②

对调解保密性的争议已有数载却未有定论。弗里德曼认为，调解保密性是指当事人保持调解内容免受用作后续法律程序证据的能力。③ 这个定义抓住了调解保密性的核心——调解信息不得作为后续诉讼的证据，但是它却将调解保密性的主体局限于当事人，忽视了中立第三方的调解人的调解保密特权。"调解人没有比保障听审期间向其公示的任何事情的保障性更大的义务。"④ 有学者将保密性的主体定位于调解人，"保密性指调解过程所作的陈述和公开的信息免予公开的程度。讨论的基点在于调解人拒绝公开信息的权利"。⑤ 这又忽视了当事人在调解程序中支配者的主导地位。定义的复杂使得大多数学者对调解保密性的含义望而却步，只是具体阐释其所涵盖的内容。但求真理之澄碧乃是学者的使命，不应在复杂性面前徒唤奈何。依笔者陋见，调解保密性是指在调解过程中，与案件无涉的其他公民不得旁听，新闻媒体不得采访与报道，秘密调解的信息未经当事人同意不得向对方当事人公开，调解过程中公开

---

① Kimberlee K. Kovach, Mediation: Principles and Practice (Third Edition), Thomson &West Press, 262 (2004).

② Pecnard, The Issue of Security in ODR , ADR Bulletin, 2004, 7 (1).

③ Lawrence Freedman, Confidentiality: A Closer Look, in Confidentiality in Mediation: a Practitioner's Guide 47 , 49 (Anne Clare ed.,1985).

④ Peter Lovenhein, Mediate , Don't Litigate, 44 (1989).

⑤ John P.McCRORY, Confidentiality in Mediation of Matrimonial Disputes, The Modern Law Review, Vol. 51,443 (1988).

的信息具有保密性，未经当事人同意或者法律及规则的规定，当事人在调解过程中披露的信息不得作为后续程序的证据，调解人也不得作为证人在后续程序中披露调解信息。

调解保密性的内容包括两个层面：

第一个层面是调解程序保密性。调解程序保密性与民事诉讼的公开审判制度相对，指的是在调解过程中，除特殊情形外，与案件无涉的其他公民不得旁听，新闻媒体不得采访与报道，参与调解或者参加旁听的人员不得随意泄露调解过程中公开的调解信息。调解程序保密性是调解保密性的最基本含义。《韩国民事调解法》第20条规定，调解程序不公开进行。但担当调解的法官可以允许认为合适的人参加旁听。① 建构调解程序保密性的趣旨在于塑造独立的调解程序空间，避免调解程序中公开的信息外溢，消减当事人对调解程序的恐惧，将调解程序营造成真正的坦诚交流的舞台。大多数调解案件都能步入调解保密性规定的轨道得到完满的解决。

第二个层面是调解信息保密性。调解信息保密性又分为对内保密性和对外保密性。对内保密性是指秘密调解信息未经对方同意不得向对方当事人公开。调解人的调解有面对面方式和背靠背方式。前者是指双方当事人与调解人同时参加的调解；后者是指一方当事人与调解人参加的调解。在背靠背调解中，当事人可能会向调解人提供某些技术性信息或者个人隐私等，进而展露其底线姿态，不希望对方当事人获悉，调解人就应向该方当事人承担保密义务。这层含义在目前的关于调解保密性的含义阐释中还略显苍白，很少有学者提到，但它是调解保密性不可或缺的组成部分，而且这种对内保密性在相关国际调解规则中也得到承认。《联合国国际贸易法委员会国际商事调解示范法》第8条规定，调解人收到一方当事人关于争议的信息时，可以向参与调解的任何其他方当事人披露该信息

---

① 《韩国民事调解法》，陶建国、朴明姬译，载 http://www.rmtj. org. cn/content. php? id=70，最后访问日期：2016 年 12 月 17 日。

的实质内容。但是，一方当事人向调解人提供任何信息附有必须保密的特定条件的，该信息不得向参与调解的任何其他方当事人披露。

对外保密性是指当事人在调解过程中披露的信息不得作为后续法律程序①中对其不利的证据，后续法律程序不得要求调解人作为证人披露调解中公开的信息。调解成功时，调解程序参与人需要对调解过程中公开的信息进行保密。更具约束性的是，一旦调解失败而启动后续诉讼，调解程序参与人也对调解信息负有保密义务。对外保密性使得当事人不必担心在调解过程中所作的信息披露、让步、自认等会成为未来诉讼中对其不利的证据，促使当事人在自由和坦诚的氛围中努力达成自治的纠纷解决协议。这完好地体现了调解话语空间与对抗式诉讼话语空间的断裂，彰显着调解程序对诉讼程序的规制。当然，调解信息保密性并非是绝对的，在当事人同意或者法律及规则规定的情形下，特定的调解信息调解人不受调解保密性的规制。调解程序保密性是调解保密性的前提，调解信息保密性是调解保密性的核心和精髓。

（四）调解保密性：调解文化延续的根基

第一，调解保密性是建构信任的基础。调解是合意型的纠纷解决机制，宗旨在于维续既已存续的良好关系。调解依赖于当事人彼此熟悉的关系，力求将冲突化为建构未来关系的重新整合过程。"只有在熟悉的世界信任才是可能的，它需要历史作为可靠的背景。没有这种必不可少的基础，没有所有的先前的经验，我们不可能付出信任。但是，信任绝不只是来自过去的推断，它超越它所收到的信息，冒险界定未来。"② 调解信任主要包括两种：当事人之间的信任和当事人与调解人之间的信任。当事人之间的信任是推进

---

① 这里所指的后续法律程序包括诉讼和仲裁等，下文未特别指明的，一般指诉讼。

② ［德］尼克拉斯·卢曼：《信任》，瞿鹏鹏、李强译，上海世纪出版集团2005年版，第26页。

调解程序的动力。调解程序的启动基于当事人对调解程序的信任，当事人之间信息的交流基于当事人对调解和谐氛围的信任，调解人不具有法官和仲裁员所具有的最终裁断案件的权力。当事人控制着调解程序的进程，对最终调解协议达成有决策权。自治空间信任氛围的塑造达致了"主体间实现的功效"。① 保密性促进调解，同样，信任增进友谊。保密性剥夺了纠纷当事人利用调解中获得的信息损害其他当事人的能力，在相对未受威胁环境下当事人之间可进行意义深刻的交流。②

第二，当事人的坦诚需要调解保密性的保障。澄清当事人的实质性、程序性和心理性的利益以及对一方当事人关于对方当事人利益的培训，是调解程序的关键。③ 调解保密性的建构消除了当事人对调解过程进行的陈述和披露的信息在后续诉讼对其产生损害的后顾之忧，使得当事人可以在自由、轻松和坦诚的氛围内讨论他们的动机、需要和利益，然后根据这些信息评估己方和对方的优势和劣势，发现不利于己方的事实，探求双方的利益共同点。此外，当事人可清晰明确地探求所有争议的问题，包括非法律专门问题，而不受正式法庭程序规则的限制。这要求调解程序必须将法律所试图掩盖的道德层面因素考虑进来，当事人可设身处地地从对方当事人层面考虑各种方案的可行之处。有时在背靠背调解中，一方当事人向调解人公开不希望对方当事人获悉的某些利益、要求，调解人帮助当事人分析各种方案的可行性，明确自身的真正需要。调解保密性在法院调解中更为重要。在当事人不能达成协议或者协议无法履行时，如果调解人不能保障调解信息的保密性，当事人会非常担心将

---

① 卢曼语，引自［德］尼克拉斯·卢曼：《信任》，瞿鹏鹏、李强译，上海世纪出版集团 2005 年版，第 23 页。

② Kent Brown, Comment, Confidentiality in Mediation: Status and Implications, J. DISP. RESOL, 310 （1991）.

③ C. W. Moore, The Mediation Process: Practical Strategies for Resolving Conflict , 2d ed. Jossey-Bass 71-72 （1996）.

调解信息提交给法院的后果，进而会考虑公开信息的尺度，这将极大阻碍自治性调解协议的形成。

第三，调解保密性是调解人中立的制度保障。调解人在调解过程中处于中立、超然的地位，其主要作用是鼓励当事人参与调解，帮助当事人交流信息，探究共同话语，寻求解决路径，促进调解的自治性解决，而不对当事人作出结论或者裁断。调解人不对当事人作出结论或者裁断，而是帮助当事人交流信息，探究共同话语，寻求解决路径。调解人与一方当事人或者双方当事人有利害关系，即丧失作为调解人的资格。"调解人中立性的表象和现实对营造有效调解所必需的信任氛围必不可少。"①如果调解人对一方当事人有所倾向，调解力图营造的坦诚和信任的氛围就在无形中消失，当事人在公开信息时就会有所保留。调解人对某个特定的纠纷解决方案有所倾向，另一方当事人可能因调解人中立性的丧失而退出调解。况且美国的很多调解类型实行的是市场机制的调解人遴选机制，当事人选择调解人时要考虑所处社会的文化背景、主流价值观、执业资历和无偏见历史记录等多方面。调解人获取更多的调解案件也尽量保持中立性。一旦调解人在后续法律程序（法院、仲裁机构或者行政机构）出庭作证，提供调解过程中的文件或者记录，无论调解人怎样保持中立性和无偏见，必然会赞成一方，反对另一方。这样，调解人就成为后续法律程序的附庸，调解的本位价值荡然无存。缺少了保密性，当事人在调解过程中披露的信息也比较有限，双方都可接受的协议也就很难达成。

第四，调解程序的完整性需要依赖保密性的维续。很多当事人选择调解程序，看中的就是调解保密性，他们并不期望他们之间的商业秘密或者专业信息被其他人获悉。所以，调解程序开始时，调解人会要求当事人签订保密协议，并告知他们调解过程公开的信息

---

① Note, Protecting Confidentiality in Mediation, Harvard Law Review, Vol. 98, 446 (1984).

具有保密性。这样，他们才可以不受"限制和恐惧"地披露调解信息。调解中当事人讨论问题的视域非常宽泛，如果调解信息被后续诉讼用作对其不利的证据，对当事人造成伤害的可能性也非常巨大。Prigoff 律师一针见血地指出，"如果调解信息在后续诉讼中具有证据资格，那么调解就被用作发现（Discovery）装置"。① 调解保密性的缺位使得调解过程成为诉讼程序的发现程序，此时调解自身的特有属性就丧失殆尽，调解程序成为诉讼程序的随从，这显然是很多人所无法接受的。调解保密性尽管可以创造出公正的外观，② 但是它却可能极大阻碍了后续诉讼法官发现案件真实的能力，因为受到调解保密性规制的某些信息对于澄清案件真实，实现实质正义必不可少。这就是调解保密性为保持调解程序的完整性在利益衡平时所作的必然牺牲，当然某些后续诉讼中为发现案件真实可以放弃调解保密性。

## 二、调解保密性的程序表达方式

（一）调解保密性的适用方式

美国是一个高度奉行判例法系的国度，同时成文法也成为判例法的重要补充，加之美国遵循的联邦体制，造就了调解保密性的表现样态多元化，甚至各州的调解保密性的支配范围也大相径庭。不过，这些表现样态有的是间接规定调解保密性的，有的是直接规定调解保密性的。

1. 调解协议

市民社会的建构和权利意识的张扬塑造了极强的个人本位价值观。每个人都可以控制自己的行为并且对自己的行为负责。调解的自治性特性促使当事人在调解开始前通过调解协议保障调解信息的

---

① Michael L. Prigoff, Toward Candor or Chaos: The Case of Confidentiality in Mediation, Seton Hall Legislative Journal, Vol. 12, 2 (1988).

② Christopher H. Macturk, Confidentiality in Mediation: The Best Protection Has Exceptions, American Journal of Trial Advocacy, Vol. 19, 416 (1995).

空间限定。很多情况下，调解正式开始前，调解人会向当事人提供调解协议，在未提出异议的情况下当事人会签署调解协议。保密性是调解协议的核心规定。这种保密性一般规定：（1）当事人和调解员在调解过程中不应当向任何人透露他们知道的任何有关调解的信息和材料，除非按照法律规定要求这么做；（2）私下透露给调解员的任何信息都应当得到调解员的保密，除非是当事人自己公开这些信息。①

那么，当事人所签订的调解协议是否足以确保调解保密性呢？有两个问题需注意：第一，合同不能约束非调解当事人，这在法院附设调解中体现得特别明显。法院为发现案件真实可能允许非调解当事人公示调解信息，这就刺破了调解保密性协议的限制。美国律师协会先前的《律师调解人标准与实践》规定，调解人应要求当事人签订保密协议。这些标准赋予律师告知当事人协议对于第三方当事人的有限效力的义务。修订后的标准即《家事与离婚调解实务模范标准》规定调解协议应包含保密性条款，但未规定具体条款是什么。第二，这种协议可能被认为故意遮饰证据，有违反公共政策被认定无效的风险。② 此时，法院就必须运用平衡原则考量承认证据的可容许性与保障调解利益的优劣，决定调解协议的效力。此时，法院享有很大的自由裁量权。在 Pipefitters v. Mechanical Contractors Association of Colorado③ 案件中，法院裁定，联邦劳动调解成功的主要因素是，当事人能与调解人坦率地讨论秘密问题，不必担心公开，保护有效的劳动调解的必要性超过了每个人有权知悉

---

① 参见［英］迈克尔·努尼：《法律调解之道》，杨利华、于丽英译，法律出版社 2006 年版，第 76 页。

② Lawrence R. Freedman Michael L. Prigoff, Confidentiality in Mediation: The Need for Protection, Journal on Dispute Resolution, Vol. 2, 41 (1986).

③ Pipefitters v. Mechanical Contractors Association of Colorado. No. 79-C-1382 (D. Colo. June, 26 1980).

证据的公共利益。但是在 United States v. Kentucky Utilities Co.[①] 案件中，法院却做出了截然相反的裁定。司法部与肯塔基公共事业公司在反托拉斯诉讼中达成调解协议，政府持有的所有的公示文件都具有保密性，应尽快销毁。《列克星顿先驱领导报》提出动议要求开示文件。第六巡回上诉法院推翻了一审法院作出的认可调解协议的裁定，报社为了公共利益有权获得政府文件，不受保密性协议的约束。

2. 发现程序（Discovery）

《美国联邦民事诉讼规则》第 26 条第 2 款规定，"当事人可以获得除保密特权外的任何有关事项的发现。这些发现与系属诉讼标的的事项相关，不论它是关系到要求发现方的诉讼请求或抗辩还是其他任何当事人的诉讼请求或抗辩，包括任何书籍、文件或其他有体物的存在、种类、性质、保管、状态和所存地方以及知悉任何发现事项的人的身份和住所"。这是美国的发现程序和特权规则。一般情况下只要与诉讼标的相关，这些证据都应该向对方当事人开示，但是这些信息由于特权规则的存在可不予开示。通过当事人的自动开示和强制开示，双方当事人在审前程序就获悉了对方当事人掌握的证据，评价自身证据的优劣，对诉讼的结果形成合理的可预见性，进而选择能更好地保障自身利益的调解，而不走向最终的诉讼。甚至有些律师抱怨参与审判的机会太少，大多数案件的结果都是和解，而且胜利的取得是在冗长地对文件的审查中获得的。成功在于细节，在于精心起草的质问书或者提供记录的要求，以及有创造性的旨在获得所声称的受保护的特权的陈述。[②]

特权规则是两种不同价值衡量的结果。发现真实是诉讼的真谛，但是在具体个案的价值衡量中，特定利益或者价值优位于案件

---

① United States v. Kentucky Utilities Co. 124 F. R. D 146（E. D. Ky. 1989）.

② ［美］斯蒂文·苏本等：《民事诉讼法》，傅郁林等译，中国政法大学出版社 2004 年版，第 296 页。

真实时，应放弃案件真实而追求更高位阶的利益或者价值。英美法系国家普遍采用免证特权制度，其理论基础在于通过制定并使用该制度以保护隐藏于规则背后的特定社会关系和公共利益。比方说，律师与当事人、医生与病人、神职人员与信徒等类似于这些社会关系，他们的建立都是以良好的信任关系为基础的，一旦动摇了这种信任关系，这些职业将难以获得正常的发展。但是特权规则间或与司法公正的价值相悖。"特权阻碍事实的趋势不合时宜，并且，只有从坦诚交流中获得更大利益才能说明继续保留特权的必要性。它的好处是间接的和投机的，而它的阻碍作用是清晰的和具体的。"[①]所以，很多法官在利益衡量后放弃了特权规则。另外，《联邦民事诉讼规则》第26条并未明确规定调解保密特权，只是在具体适用时对该条做扩大化的解释。调解保密性的保护范围极为有限。

3. 证据排除规则

《美国联邦证据规则》第408条规定，关于在对一项诉讼主张进行和解或企图和解的过程中：（1）提出、表示或允诺提出；（2）接受、表示或允诺接受，一项有价值的考虑的证据，当诉讼主张的效力或数额引起争议时，不能作为证据对该诉讼主张无效或其数额负有责任的证据采纳。有关在和解谈判中所作所为或陈述的证据同样不能采纳。严格来说，第408条本身并未明确涵盖调解，不过这种证据排除的规定暗含着调解信息排除的保密性内核。该条旨在为和解或者调解创造自由、坦率的协商氛围，排除具有很低证明力的证据。很多州已经采纳了第408条，但只有很少州将该条专门用于调解中，而那些未采纳第408条的州还仍然沿用相关性排除证据。

第408条也有自身的局限性。（1）第408条不能适用于诉讼主张的效力或者数额未发生争议的案件中。很多调解涉及家事、邻里纠纷和轻微刑事案件，所争议的不是当事人的责任或者请求的数

---

① ［美］约翰·史特龙主编：《麦考密克论证据》，汤维建等译，中国政法大学出版社2004年版，第175页。

额，而是情绪的发泄或者心灵的抚慰。此时，第408条就失去了支配的空间。（2）调解程序可能成为当事人回避发现程序的工具。有些当事人为避免诉讼中对方当事人提出诸多不利于自己的证据，违反善意参与原则进行调解。调解中对方当事人就请求的效力或者数额公示的证据都不能在后续诉讼中作为证据出示。当事人不正当地利用了第408条的规定，使其成为法院发现案件真实的极大障碍。（3）第408条不能规制最终的调解协议。第408条仅规定了和解或者调解过程中证明诉讼请求的主张或者请求数额的证据不能作为后续诉讼中对其不利的证据，但是该条并不涵盖作为调解成果结晶的调解协议。换言之，调解过程中当事人达成的承认对方请求或者对数额让步的调解协议，可能在第三人提起的后续诉讼中作为证据进行适用。这就出现了调解过程中的证据不可用，而作为调解结果的调解协议却可用的人为程序断裂的悖逆现象。

4. 调解保密特权

《联邦证据规则》第501条规定，除联邦宪法、国会制定法和联邦最高法院根据授权确定的规则另有规定外，关于证人、个人、政府、州或有关政治组织的特权使用普通法的原则，由联邦法院根据理性和经验加以解释。但是，在民事诉讼中，如关于一项诉讼主张或辩解的内容需适用州法作出规定时，关于证人、个人、政府、州或有关政治组织的特权将按照州法确定。特权规则赋予法院基于理性和经验进行自由裁量权的权力。法院的裁量一般遵循威格摩尔平衡原则（Wigmore balancing test）。平衡原则包括四个要件：（1）沟通必须秘密进行，不能公开；（2）保密性对保持当事人之间充分而令人满意的关系至关重要；（3）共同体关系应不断强化；（4）信息公开对共同体关系造成的损害大于诉讼妥善解决获得的利益。① 大多数情形下要件一都能够得到满足，调解的自治特性使

---

① Kimberlee K. Kovach, Mediation: Principles and Practice（Third Edition），Thomson & West Press, 271（2004）.

得要件二和要件三也很容易得到满足。因此，法官在运用平衡原则时主要考量的是要件四。法官必须理性权衡信息公开的损害与公众有权获悉证据的必要性。

尽管许多州已采纳了支持调解保密性的法律，但是这些法律规制的范围差异很大，有的规定优先的豁免权，有的则规定完全豁免权，禁止对任何信息进行质疑。United States v. Gullo.① 案采用的是有限的豁免权。Gullo 被指控犯有敲诈罪。Gullo 和受害人到社区纠纷解决中心进行调解。协议规定，调解人应保证调解过程获得的所有信息的保密性，不得自行披露信息。后 Gullo 被提起刑事公诉。被告 Gullo 主张调解信息受到《联邦证据规则》第 501 条特权规则的保护。联邦地区法院裁定，它不受纽约州调解特权规则的约束，但是应考量普通法特权规则的正当性。法院采用了四步骤的平衡原则。（1）应关注刑事案件中赞成相关事实的证据资格的公共政策；（2）保密性是调解成功的精髓所在；（3）纽约州未规定特定案件信息的特定需求，这不是衡平的因素；（4）如果不承认特权规则，法院考虑对公共政策的损害。② 法院认为，公开调解信息将会损害调解制度的完整性。调解人的所有备忘录、工作成果或者案件档案都应保密，不应在任何审判程序或行政程序中公开。纠纷解决过程中当事人、调解人或者任何其他人所作的有关纠纷标的的所有信息都应保密。③ 而 McKinlay v. McKinlay 案件则允许放弃调解协议。法院要求丈夫和妻子在最终离婚听审前夕参加调解会议。在调解会议上，双方签订了《当事人协议书》。同一天，妻子写信给她的律师说，她认为她在签订协议时受到了强迫，协议对其不公正，要求撤销。按照佛罗里达州的调解保护成文法规定，丈夫主张妻子对调解会议本身进行质疑，证明其放弃了调解特权。法院裁

① United States v. Gullo , 672 F. Supp. 99（W. D. N. Y. 1987）.

② United States v. Gullo , 672 F. Supp. 104（W. D. N. Y. 1987）.

③ United States v. Gullo , 672 F. Supp. 103（W. D. N. Y. 1987）.

定，如同律师——当事人特权规则一样，调解程序本身受到质疑，调解特权可以放弃。

为促进当事人之间的坦诚，加强调解保密性的一致性，消弭各州之间的差异，2002年美国律师协会和统一各州法律全国委员会通过了《统一调解法》。《联邦证据规则》第408条和《联邦民事诉讼规则》第26条规定都非常宽泛，可能会被当事人用于未来的诉讼中或者被陌生人用于调解中，《统一调解法》的起草者创设了更传统的特权结构。在评价完这些不同结构后，《统一调解法》创设了特权规则，以调和三种路径的紧张关系。第一，采用狭义的调解，把调解人的任命或雇用视为启动事件（triggering event）；第二，《统一调解法》不适用于成年人重罪程序；第三，特定情形下，法院有权决定采取特权规则。①《统一调解法》第4节规定了保密特权制度，当事人可以拒绝公开调解信息，阻止其他人公开调解信息，调解人拒绝公开调解信息，阻止其他人公开调解人的调解信息，非当事人参与者可以拒绝公开非当事人参与者的调解信息，阻止任何其他人公开这些信息。针对调解保密协议的局限性，第8节规定了对程序外的人的保密性，除非当事人同意或者其他法律、规则规定，调解信息具有保密性，不允许向程序以外的人公开信息。《统一调解法》通过调解保密特权和对程序外的人的保密性，完好地将调解信息保留到调解程序空间内，避免了调解程序中的信息外溢，强化了当事人和调解人的坦诚交流，提升了调解程序在纠纷解决体系中的重要性。

（二）谁是权利人

《统一调解法》制定前，成文法中的调解保密特权规定在证据特权中，《联邦证据规则》第501条并未专门规定谁有权主张或者

---

① Mindy D. Ruferacht, Comments, The Concern Over Confidentiality in Mediation—An In-Depth Look at the Protection Provided by the Proposed Uniform Mediation Act, Journal of Dispute Resolution, No. 1, 118（2000）.

放弃特权，发生争执时交由法官进行裁量，各州对调解特权的主体的认定也就参差不齐。有些未明确界定"权利人"，或者有权主张和放弃特权的人，当事人不得不诉请法院裁断特权的主体。在规定"权利人"的各州中，又存在两种迥异的路径。成文法把调解特权单独授予当事人共享，原因在于当事人参加调解看重的就是调解信息的保密性并且自身能够加以控制。佛罗里达州采取了狭义的路径，把保密特权的主体限制在当事人。这种权利授权当事人拒绝公开以及阻止其他当事人在后续诉讼中公开信息的权利。有些州则允许也调解人成为特权的权利人。

在立法决定谁应成为特权的"权利人"之前，草案起草者详尽调查了各州采用的调解保密性保护方式。《统一调解法》将两种方式混合到一起，并将其扩展到非当事人的参与者。纠纷当事人有权主张调解中的信息保密，阻止其他人公开调解信息，调解人有权主张自身信息或者作证的特权，阻止其他人公开调解人的调解信息，非当事人参与者有权主张自身信息或者作证的特权，阻止任何其他人公开这些信息。按照《统一调解法》的规定，当事人对于调解过程中公开的任何信息拥有绝对特权，而调解人拥有有限的特权。这种有限权利允许调解人拒绝公开信息，但是调解人仅能阻止其他当事人公开调解人的自身信息。调解人拥有独立的特权，可以拒绝出庭作证。但是，如果调解人被控行为不当，他可放弃保密特权，为自己调解行为的正当性进行辩护。[①] 为了加强辩护的效力，调解人可强迫当事人出庭作证。当事人寻求推翻调解协议时，却不能强迫调解人出庭作证。

《统一调解法》规定的特权"权利人"有三种：

（1）当事人。当事人调解特权的基础在于促进调解当事人坦诚交流，就如同鼓励当事人的坦诚是律师—当事人特权的核心依

---

① Paul Dayton Johnson, Confidentiality in Mediation: What can Florida Clean from The Uniform Mediation Act? Florida State University Law Review, Vol. 30, 499 (2003).

据。每一方当事人参与调解都不希望受到自己公开的信息未来的不利影响。但是，当事人不被允许通过协议扩充权利。应予注意的是，即使当事人放弃了阻止或者主张的特权，当事人仍可提出、主张特权阻止调解人提供有权当事人的调解信息。

（2）调解人。调解人的中立性要求其就涉及自身的调解信息主张特权，以便促使其坦诚交流，避免当事人对调解人形成的偏见心理。不过调解人合理确信法律、专业报告或者公共政策要求公开，可以公开信息。这似乎授予调解人宽泛裁量权裁断公开的内容。然而，这个条款却预留了一个空间，调解人应遵守法律，向警察报告潜在的犯罪行为。调解人不能向有关调解标的的法官、仲裁机构或者行政机构报告或者公示信息。调解信息的公开消减和抑制了当事人之间的坦诚，带来不必要的调解压力。

（3）非当事人参与者。这是《统一调解法》对传统的当事人及当事人与调解人两种方式的有限扩充。《统一调解法》第 2 节规定，非当事人参与者是指当事人和调解人以外参与调解的人，包括专家、朋友、支持者、潜在的当事人和其他参与调解的人。这样规定的目的在于鼓励专家和其他人员坦诚参与调解，促进其持有的有助于案件解决的信息的互惠性交流。一旦律师成为非当事人参与者，律师必须按照伦理规则的规定实施与当事人利益一致的行为。为了维护当事人的利益，律师有权主张调解特权。Folb v. Motion Picture Industry Pension & Health Plans[①] 一案是律师主张调解特权的典型。原告 Scott Folb 是电影业养老金与健康计划的一名职员。原告诉称，原告因揭发该计划的董事违反 1974 年《雇员退休保障法》规定的信托义务而遭到解雇。理由是，该计划的另一名雇员 Vivian Vasquez 对其提出性骚扰。1997 年 2 月，Vasquez、该计划和一名中立调解人参加了正式调解，双方同意对调解及其所有的陈述

---

① Folb v. Motion Picture Industry Pension & Health Plans, 16 F. Supp. 2d 1164 (C. D. California, 1998).

保密。Vasquez 的律师准备了一份调解概要并给对方律师及调解人提供了副本，但是当事人在调解过程中未能达成一致。当事人的律师进行谈判后，当事人就 Vasquez 可能向该计划提出的指控达成了和解。之后该计划的律师 Lawrence Michaels 向该计划雇用的负责调查性骚扰指控的律师 Saxe 提交了调解协议副本。但是 Vasquez 及其律师均未授权该计划向 Saxe 提供调解协议的副本。Folb 认为，该计划在后续诉讼中采取的立场与其在 Vasquez 谈判时的立场不一致，要求法院强制有关方面提交调解信息，但是 Saxe 拒绝根据原告的作证传唤提交调解概要，该计划的律师 Lawrence Michaels 也拒绝提交调解概要或者有关文件。原告主张，该计划与 Vasquez 的调解谈判中主张 Vasquez 从未受到性骚扰，但是在后续诉讼中被告主张是因为原告对 Vasquez 进行性骚扰而正当解雇。此案中原告的律师作为非当事人的参与者主张了调解特权。初审法院否决了原告提起的强制提交动议。上诉法院认为，调解程序中与调解人的交流情况以及当事人之间的交流情况受到保护，准备过程中的和有中立人参加的调解过程中的交流情况也必须受到保护。然而，当事人在此以后所进行的谈判却不受保护，即使其中含有在调解过程中首次披露的信息。如果当事人要保护额外的信息，就必须回到调解程序中。否则的话，只要那些交流信息发生于对纠纷进行调解的尝试之后，将会使得当事人可以就任何和解谈判主张特权。

应特别指出的是，当事人拥有绝对的调解特权，调解人和非当事人参与者仅有有限的调解特权。换言之，当事人可以对任何的调解信息或者文件主张调解特权，并阻止其他任何人进行公开，而调解人或非当事人参与者只能对关涉自身的调解信息主张调解特权，除外的调解信息无权主张特权。调解特权程度的差异反映了调解过程中当事人作为程序控制主体的主导性地位。同时，美国近年来的律师—当事人特权规则的发展为调解特权指明了操作的方向。为应对当事人和调解人希望主张特权，又未意识到主张的必要性的情形，当事人和调解人事先就调解信息的可能运用达成告知的合同。

一旦当事人主张调解信息在后续法律程序中的运用，需要告知对方
当事人或者调解人。

（三）调解保密性：调解利益与发现真实的博弈

调解保密性的封闭与开放型构成了叙事性情景话语空间与对抗
性诉讼话语空间的对抗与和合。调解保密性力求将当事人的调解信
息控制在叙事性情景话语空间内，避免信息的外溢，而诉讼的首旨
在于发现案件真实，实现实质正义。两种价值目标之间存在根本性
的冲突，这种冲突导致了法官裁量的慎重。保密性的程度关涉竞争
性公共利益的衡平。一方面是促进与鼓励法院制度的纠纷解决，增
进 ADR 的运用，如调解，尽管强制性调解的盛行稀释了 ADR 的运
用；另一方面是纠纷当事人获得完全开示的利益，法院和法庭有权
获悉最佳的证据与信息，无论是否在调解中公开。[①] 调解制度已经
成为现代 ADR 的主要组成部分，为了保证这种程序的自治性，增
强当事人对程序的信任，维续坦诚的对话空间，法官一般应保证调
解程序的利益。保证调解程序利益必然阻碍法官发现真实的可能
性，消减实现正义的机会，这是保证调解保密性应付出的获益性代
价。但是，特定情形下，保证调解程序利益显然违背司法公正的要
求时，法官可能倾向于保障发现真实。威格摩尔就鲜明地指出，对
隐私权的保障不能阻碍法院探寻真实的需要。[②] 法官基于理性和经
验，运用威格摩尔平衡原则裁断调解特权。下面两个案例就是法官
运用平衡原则进行的调解程序利益与发现真实的详尽裁量，正面承
认调解保密特权和反面否定调解保密特权的典型。

---

① Lawrence Boulle, Mediation: Principles, Process , Practice (Second Edition), Lex-isNexis Butterworths, 573 (2005).

② Wigmore, Evidence in Trial at Common Law § 2266 528 (1961).

1. National Labor Relations Board v. Joseph Macaluso, Inc.①

1976 年，为提高雇员的工资零售商店雇员联合会成功组织塔克玛、西雅图和华盛顿的四个 Joseph Macaluso 公司的零售商店的雇员运动。联合会被选为公司雇员的集体谈判代表，由全国劳工关系委员会正式证明。公司和联合会协商达成集体谈判协议，但却未成功。双方当事人决定由联邦调解与和解局的 Hammond 担任调解人进行调解。后全国劳工关系委员会向法院提起诉讼。公司要求法官传唤 Hammond 出庭作证。法庭授权传唤调解人出庭作证，但是联邦调解与和解局提出动议撤销，而 Macaluso 公司主张撤销对调解人 Hammond 的传唤是错误的。初审法院认为，调解人出庭作证将削弱未来调解中作为中立人的可信性。

全国劳工关系委员会撤销对 Hammond 的作证传唤与英美法系的基本原则相悖：公众有权知悉每个人的证据。事实裁断者面临着相冲突的两种不同来源的证据，客观的第三方能提供证据裁断纠纷，发现真实。在这种情况下，全国劳工关系委员会撤销对 Hammond 的传唤可被允许，条件是否定证词相较于利用各种理性手段发现真实具有更大的公共利益。撤销行为所保护的公共利益必须是实质性的。如果它引起我们承认悬案证据具备所需要的证明力，但是仍予排除，理由是承认该证据将损害某些更重要价值，相较于发现真实，损害的避免相较于对事实的可能损害具有更重要的意义。法官裁断，保障联邦调解人的可视性和事实中立的公共利益重于从 Hammond 的证词中获得的利益，同意了一审法院的裁定。更重要的是，该案中法院确认调解人有权就关涉自身的信息独立主张特权。通过反对开示，联邦调解机构或者调解程序自身可以得到推广，即使在当事人要求开始的情况下也是如此。

---

① National Labor Relations Board v. Joseph Macaluso, Inc. 618 F. Supp. 2d 51 (Ninth Court, 1980).

### 2. Olam v. Congress Mortgage Co.[①]

原告 Olam 起诉被告违反了《联邦信贷真实法案》。法院建议当事人通过法院附设的调解解决纠纷，双方当事人参与调解。该调解由法院的 ADR 项目顾问赫尔曼主持，他是法院的职员，而且是一名律师和 ADR 专门人士。在调解结束后（午夜之后），当事人签署了《谅解备忘录》。被告认为，该备忘录具有可执行性。原告 Olam 表面上作出的同意在法律上是无效的，该谅解备忘录不可强制执行。她并未遵守其中的条款，被告提起将《谅解备忘录》作为有约束力的合同加以执行的动议，并要求调解人出庭作证。[②] 原告主张调解特权，被告认为原告已明确放弃了调解特权。但是加利福尼亚的法律规定，当事人对调解保密特权的放弃并不足以令法院有权允许或者命令调解人作证，法院必须作出裁量。

法院运用衡平原则衡量运用相关证据的需要与保护调解保密性的需要。Olam 案件运用提炼出衡平原则的两个阶段：（1）法院决定当事人在调解中说话内容和书面内容以及审讯中案件内容的重要性。这个阶段法官考虑所有情况，权衡所有的竞争性权力和利益，包括命令调解人出庭，不公开调解信息所危及的价值。（2）法院必须评估调解人出庭作证所损害的价值与利益的重要性。这个阶段法院裁断是否适用保密特权。[③]

法院认为，调解人出庭作证极大提高了法院查明事实的能力，有助于维护正义。拒绝强迫证人出庭作证可能会严重剥夺法院就原告的主张作出可靠裁决所需要的证据。拒绝强制调解人就所涉及的状况和能力问题作证实质上等于否定了要求强制执行协议的动议。在利益权衡之后，法院否定了原告主张的调解保密特权，要求调解

---

① Olam v.Congress Mortgage Co.68 F.Supp.2d 1110( N.D.Cal.1999) .

② Olam v. Congress Mortgage Co. 68 F. Supp. 2d 1110-1119 （N. D. Cal. 1999）.

③ Aaron J. Lodge, Legislation Protecting Confidentiality in Mediation：Armor of Steel or Eggshells? Santa Clara Law Review, Vol.41, 1118 （2001）.

人强迫出庭作证。

但是也有学者对 Olam 案件中衡平原则的运用提出尖锐批评。该学者认为，法律并未规定两个阶段的分析，完全是法官造法。衡平原则贬抑了调解程序。第一阶段削弱了保护调解的利益，因为它允许法院召开秘密听审，这本身违反了调解原则。第二阶段更公然违反了调解原则，因为法院可强迫证词公开。在 Olam 案件中，法院意识到了调解过程可能的损害，要求调解人参加后续法律程序对调解人产生经济和心理负担，削减了充当调解人的积极性。同时，平衡原则也产生了不确定性。从表面看，州法规定了调解信息的保密性，但是法院运用衡平原则实际上了损害了保密性的承诺。当事人和调解人都不能确定未来法院是否将要求他们出庭作证。衡平原则实际上鼓励谨慎的公开，这将抵消调解过程的意义。因此，衡平原则可能损害调解过程，而非代表充分的结论。[1]

(四) 违反调解保密性的法律效果

调解保密性是调解程序维续的根基，无论是联邦法院还是州法院都承认调解保密性在调解程序中的重要性。原则上，调解程序启动时，双方当事人会签订调解协议，规定调解过程中披露的任何信息都具有保密性，不得向法院或案外第三人进行公开，调解人也会告诉当事人违反保密协议将承担法律责任。后续法院也认可这种保密协议的效力，一旦当事人或者其律师违反这种保密性，法院会对其苛加一定的法律制裁。对违反调解保密性制裁的法律基础在于：(1) 维系调解程序的完整性。判例法和成文法都已确立了调解保密性对调解程序的顺畅进行，增强当事人对调解人和调解程序的信任感至关重要。一旦调解保密性大门可能打开，当事人的恐惧和限制心理就会增强，调解程序力图营造的坦诚对话空间和力量平衡就

---

① Aaron J. Lodge, Legislation Protecting Confidentiality in Mediation: Armor of Steel or Eggshells? Santa Clara Law Review, Vol. 41, 1118-1119 (2001).

会打破。对违反调解保密性施加一定制裁表明法院维续调解程序利益的努力和态度。（2）调解协议的相对性需要相应的制度保障。从本质上看，调解协议是一种有约束力的合同，合同的相对性也就约束着调解当事人。一方当事人违反调解协议，另一方当事人可以要求对另一方进行制裁或者以违约为由向法院提起诉讼。调解协议—调解保密性—调解保密性的制裁，这样一条主线构成了相互紧密衔接的程序流程，最终目的在于通过保密性，塑造调解程序独立的程序空间，加速程序分流，最大化保障当事人的程序利益。以下两个案例完好地揭示了法官对于调解保密性的保障力度。

1. Paranzino v. Barnett Bank[①]

在该案中，Victoria Paranzino 诉称博纳特银行违约。原告主张，她去博纳特银行的支行提取了 20 万美元，购买了两张 10 万美元的存单，但是银行只给她一张 10 万美元的存单，而原告向银行会计汇进 20 万美元。双方当事人参加了法院附设的调解，并签订有约束力的《调解报告与协议》。保密协议禁止当事人公开任何信息，而且列举了详尽描述保密协议的州成文法和民事诉讼规则。在调解过程中，银行提出解决方案，却被原告拒绝。调解方案提出后 5 个月，原告、原告女儿和律师向《迈阿密先驱报》披露了案件信息，她们不仅披露了案件事实，而且披露了博纳特银行提出的调解方案的具体条款。Paranzino 通过报纸公开调解信息后，博纳特银行驳斥了原告的诉状，要求法院对原告施加制裁，依据是原告违反了当事人双方签订的调解协议的保密条款。法院同意了被告的请求，根据影响实体权利原则（with prejudice）驳回了案件。

法院认为，Paranzino 公开调解程序的细节漠视了法院的权威。当事人签订的调解协议和相关规则都强制规定了保密性。上诉法院认为，初审法院正确运用裁量权根据影响实体权利原则驳回了案件。如果初审法院允许这种恣意的、故意的行为进行而不受审查，

---

① Paranzino v. Barnett Bank, 690 So. 2d 725 (Fla. Dist. Ct. App. 1997).

这种行为的持续将会对调解程序产生影响。当事人即使不能达成解决协议，保密协议也不容违反。按照影响实体权利原则，如果一个诉讼在实体权利受影响的情况下被驳回，就已经对案件实体问题作出裁判和终局处理，当事人无权就同一诉因再提起或继续诉讼。①法院依据影响实体权利原则驳回原告的诉讼，实质上意味着法院认为通过调解程序当事人已经终局地解决了违约纠纷。但事实上，Paranzino 并未与银行达成最终的调解协议。法院依据影响实体权利驳回原告起诉等于剥夺了原告的起诉权。所以，这可能是法官作出的最严厉的制裁。

2. Bernard v. Galen Group②

在该案中，Bernard 和其他原告诉请初始禁令，任命专利、著作权和商标诉讼的接管官。初审法院将案件交由调解。通过调解人的书面通知、法院命令或者调解人亲自告知方式，当事人被告知调解程序的保密特性。调解程序开始后，双方当事人主动向法官递交信件提出了相冲突的调解观点。原告的首席律师 Donald Cornwell 指控被告未能提出任何严肃的调解方案，使得调解程序是在浪费时间。被告则声称，他们已经提出了正当合理的调解方案，为解决纠纷殚精竭虑，并要求法官保持调解程序的公开性。在随后递交给法官的信中，原告律师争辩，被告所主张的试图善意解决的请求不当地误导了法院，被告对调解程序的定位会迫使原告纠缠于当事人纠纷方案的细节以使记录更直观。相应地，原告律师向法官披露了调解程序的细节，包括双方当事人提出的调解方案的具体条款。得知原告律师公开了调解信息细节，被告律师要求法院进行制裁，理由是原告律师违反了法院命令强制规定的保密性和调解规定。在辩护中，Cornwell 主张，"被告告知法院调解程序违反了法院命令，打

---

① 参见薛波主编：《元照法律词典》，法律出版社 2003 年版，第 1421 页。

② Bernard v. Galen Group, 901 F. Supp. 778 (S. D. N. Y. 1995).

开了闸门"。① 原告律师还主张，考虑到被告向法院递交的信件，他没有选择，只能公开调解信息。

法官驳斥了原告律师的观点。法官认为，被告并未打开调解信息讨论的闸门，而且原告律师因没有选择，只能违反调解保密性的主张不合理。法官也反对被告对调解特征的描述：不能公开调解方案的具体细节，公开就违反了法院的保密性命令。法官认为，"如果参与者不能保证调解过程公开的任何事情的保密性，律师会以一种审慎的、紧闭嘴巴的和不信任的方式进行调解，这更适合高赌注比赛中的扑克选手，而不适合意欲达成公正解决民事纠纷的对手"。②法官认为，调解参与者必须相信调解过程中讨论的所有事情都应保密，违反保密性条款将损及整个过程的完整性。所以，法官对原告的律师 Cornwell 处以 2500 美元的罚款。

（五）调解保密性的例外：两种程序空间的缝合

调解程序与审判程序就如同缓缓前行的两节相连车厢，既相互分离又相互连接。调解保密性把调解信息限缩在调解程序空间内，不得对法官或案外第三人进行公开，保证调解程序利益。然而，当为保证调解程序利益所造成的损害极大贬抑了法官发现真实的能力时，调解保密性的大门就被缓缓打开。任何规则都存在例外，保密特权也是如此。调解程序本身就是一种自治性程序，一旦当事人同意放弃调解程序利益而打开封闭大门时，调解人或者法官不能限制当事人权利的行使。特别是一方当事人滥用调解程序而将其异化为阻碍法官发现真实的正当工具时，调解保密性无论对于另一方当事人还是法官都是无法接受的。当调解保密性成为法官探究正义的层层叠嶂时，放弃调解保密性，缝合调解程序空间与对抗诉讼话语空间就成为理性的选择。建构理性的调解空间与诉讼空间的对话也是实现多元化纠纷解决机制协作与整合的必然选择。

---

① Bernard v. Galen Group, 901 F. Supp. 782-783 (S. D. N. Y. 1995).

② Bernard v. Galen Group, 901 F. Supp. 784 (S. D. N. Y. 1995).

调解保密性的例外与调解信息的保护方式休戚相关。调解信息的成文法保护方式分为三种：（1）总括保密性（blanket confidentiality），即调解过程中公开的任何信息都不能开示；（2）近乎绝对的保密性（nearly absolute confidentiality），即除成文法规定或者当事人和调解人同意，调解过程公开的信息不得在后续程序中开示；（3）规定保密性（qualified confidentiality），即法律规定了调解保密性，同时明确规定为防止明显不公或在执行法庭命令的个案有需要时，法庭对调解信息的披露与否享有自由裁量权。① 各州规定也有很大差异。怀俄明州的保密性立法规定的保密特权例外有：（1）所有当事人书面同意公开；（2）信息关涉未来犯罪意图或有害行为；（3）按照本地法律，信息证明未成年人已经或者正在成为虐待儿童的潜在受害者；（4）信息在调解期既已公开；（5）当事人一方要求法院执行调解协议。这实质上采用了近乎绝对的保密性。科罗拉多州立法的调解特权例外规定和怀俄明州的规定基本相似，但是增加了调解信息对于主张调解人或调解组织故意或恣意的不当行为的诉讼必要且相关时，不具有保密性。

《统一调解法》对三种不同方式进行评析后采纳了第二种近乎绝对的保密性，调解人不得向解决争议的法院、行政机构或其他当局提交关于此前争议调解的报告、评估、推荐、调查或其他信息，而且扩充了调解信息的范围。调解信息包括口头陈述、通过行为的陈述、书面陈述或者其他记录的陈述。同时，《统一调解法》第6节调解特权的例外中明确规定了下列调解信息不受特权规则的保护：（1）所有协议当事人署名的记录提出的协议中的调解信息；（2）公众有权获得的信息或者调解会议中披露的向公众公开的或者法律规定应向公众公开的信息；（3）计划实施人身伤害或暴力

---

① Maureen A. Weston. Confidentiality's Constitutionality: The Incursion on Judicial Powers to Regulate Party Conduct in Court-Connected Mediation, Harvard Negotiation Law Review, Vol. 8, 49（2003）.

犯罪的威胁或陈述;(4)故意用于计划犯罪或试图犯罪,隐藏正在进行的犯罪或者正在进行的犯罪活动的调解信息;(5)提出的用于证明或者驳斥调解人的职业不法或者不当行为的请求或诉状的调解信息;(6)除 c 小节外,提出的用于证明或者驳斥调解当事人、非当事人参与者或者当事人的代理人的职业不法或者不当行为的请求或诉状的调解信息;(7)在儿童或成年人保护服务结构作为当事人的程序中,提出的用于证明或驳回虐待、失职、遗弃或剥削的调解信息。

可见,所有的调解信息都应保密,而保障特定调解信息的保密性会明显造成司法的不公时,法院就可以刺破保密性的羁绊。比如,调解过程中调解人发现一方当事人有虐待儿童行为或者犯罪行为或者意图实施犯罪行为,调解人就有义务向法官进行报告,以确保公共利益不受不正当的侵害。《统一调解法》采用近乎绝对的保密性,并未明确赋予法官对于调解特权例外的裁量权。那么,法院对于调解特权是否真的例外享有裁量权呢?事实上,这里存在一个悖论:当事人或者调解试图扩大调解特权的范围,而法官则尽力压缩调解特权的支配空间。换言之,调解特权的范围越大,调解信息被开示的可能性就越小,法官发现真实的能力就越弱。所以,法官对待调解特权的视角是矛盾的:成文法规定了调解特权,法官应遵守,但是很多案件中法官并不认可调解程序利益优于发现真实的需要。不得不承认的是,法院有限制调解特权的心理倾向。最重要的是,调解特权本身就是法官运用衡平原则在调解程序利益与发现真实的价值权衡的结果,这种权衡的过程就是法院行使自由裁量权的过程。法院对调解特权例外的裁量权却是不可避免的,有时甚至是法官有意规避调解特权。在 Newark Board of Education v. Newark Teachers Union[1] 案件中,教育委员会与教师团体根据规则参加了

---

[1] Newark Board of Education v. Newark Teachers Union, 152 N. J. Supp. 765 (Ct. App. Div. 1977).

劳动调解。规则规定一方当事人向调解人公开的信息不得向外披露，无论是自愿还是强迫的；调解人的档案、记录以及调解人从当事人处获得的任何文件都应保密。在审判中，学校委员会要求教师团体递交调解过程中团体代表所提出的反建议和笔记。这些文件由团体代表通过调解人传递给学校委员会代表，以便达成调解协议。法院裁定，规则规定的保密条款不适用于这些文件，理由是调解人并未阅读这些文件。法院认为，设立规则的目的在于保证调解人的中立性外观，而非调解程序的保密性。因此，通过调解人由一方当事人传递给另一方当事人的材料不受该规则的规制。这样，法官就规避了法律规则创设的调解特权的限制，而运用自由裁量权创制出保密特权的例外。《统一调解法》未明确规定法官对调解特权的裁量权的原因就在于起草者意识到调解特权本身就蕴含着法官的自由裁量权，这是不言自明的。因此，可以说《统一调解法》混合采用了近乎绝对的保密性与规定保密性两种方式，这也和很多州对调解保密性特权例外的做法相一致。

## 三、调解保密性理论在我国民事程序理论中的缺位

调解与诉讼是两种运行机制截然不同的纠纷解决机制，前者为合意型的叙事性情景话语空间，后者为对抗型的诉讼话语空间。为充分彰显当事人的程序主体性地位，调解保密性人为切断调解与诉讼的有机链接，将调解构建成封闭的、程序内部生成的空间。调解信息截留到调解程序中，当事人、调解人和非当事人参与者不得在后续中披露调解信息，并有权阻止程序参与者公开调解信息。这样的程序设计营造出调解程序空间的坦诚氛围，有关主体不必担心后续诉讼中对其不利的调解信息的披露。坦诚的对话空间使得当事人可以自由地公开调解信息，自主地决定证据和信息的开示以及最终调解方案的形成。调解保密性为调解的程序参与者塑造了平等沟通交流的程序空间，使得调解程序具备合意促进功能和程序生成功能。调解保密性已成为法治发达国家调解规则和国际商事调解规则

普遍奉行的基本准则。

我国调解制度具有几千年的历史文化传承，深深植根于中国人的文化意识和纠纷理念中。调解类型也呈多样化趋势发展，民间调解、人民调解和法院调解是主要的调解方式，劳动调解、消费者团体调解、律师调解等新型的调解方式亦方兴未艾。然而，我国调解制度被灌输进很强的政治本位意识和法律工具主义思维，其赖以维续的是作为第三方调解人的社会认同感和压制性权威，调解程序也不成其为叙事性的情景话语空间，调解程序和诉讼程序也未被建造成两种不同的程序结构，甚至出现了法院调解制度这样的程序纳入。作为调解程序根基的调解保密性基本未受到重视，也更未将调解保密性用于分析调解程序和诉讼程序的关系，鲜有人运用调解保密性理论批判调审合一模式的正当性。我们需要充分认识我国的调解保密性的缺位，探求借鉴法治发达国家调解保密性的精髓进行相应制度嫁接和程序移植的可能性，以便于国际 ADR 实现正确对接。

（一）"调审合一"模式抹消了调解保密性

调解保密性依托于叙事性情景话语空间与对抗性诉讼话语空间的分离。调解与诉讼是两种并行不悖的纠纷解决方式，调解保密性人为割裂了两种空间，保障两种空间的功能独立和第三者的中立。既然是两种独立的纠纷解决路径，那么两种路径的中立方不能是同一人。如果调解人与审判法官是同一人，法官必然受到调解过程知悉的调解信息的影响，容易形成先见，难以在诉讼中保持中立性，这对于没有达成调解协议的一方当事人来说是不公平的。调解保密性塑造的不言自明的前提是：调解人与审判法官身份分立。这一原则在美国得到了坚决执行。在 Evan v. State 案中，初审法官在审理争议时试图担任调解人，上诉法官裁断，在周围总有像你这样的人，但是你只能有一个身份，法官不具有调解人资格。[①] 调解程序是一种自治性的纠纷解决程序，调解人应认识到，调解专属于调解

---

① See Evan v. State, 603 So. 2d 15（Fla. Dist. Ct. App. 1992）.

人，审判专属于法官。即使在法院附设调解中，调解人员也由法官以外的其他人士充当，可以是专门的调解人，亦可为律师或者退休法官等。同时，为避免审前程序的主持人与审判法官的身份重叠，在不是由陪审团而是由法官担任审判的事实审理时，为防止和解不成立的情况下法官已经形成先入之见，还往往会另找其他法官来主持这种审理前程序。① 英美法系已建立起完善的调解保密性的身份保障制度与程序保障制度。

在我国，法院调解被视作民事诉讼的基本原则，并且一审、二审甚至再审都可以适用法院调解。法官集调解人与法官双重身份于一身。易言之，在我国，法院调解制度采行的是调审合一模式。表2 的数据显示，法院调解一直是法院结案的重要方式。2000 年以前，法院调解的比率一直高于判决的比率，在 1988 年，法院调解的案件足足是判决案件的五倍以上。尽管调解的比率一直在下降，但是即使在当前，法院调解与判决的比率也基本持平。

表2　1988—2008 年全国法院民事一审案件调判情况②

| 项目　　年份 | 案件总额（件） | 调解数（件） | 判决数（件） | 调解率（%） | 判决率（%） | 调判比（%） |
|---|---|---|---|---|---|---|
| 1988 | 1905539 | 1406589 | 255597 | 73.82 | 13.41 | 550.32 |
| 1989 | 2507981 | 1767379 | 368139 | 71.32 | 14.86 | 480.08 |
| 1990 | 2448045 | 1608930 | 442236 | 65.72 | 18.06 | 363.82 |
| 1991 | 2493784 | 1487023 | 573128 | 59.63 | 22.98 | 259.46 |
| 1992 | 2596967 | 1534374 | 596134 | 59.08 | 22.96 | 257.39 |
| 1993 | 2975332 | 1779645 | 659908 | 59.81 | 22.18 | 269.68 |

① 王亚新：《社会变革中的民事诉讼》，中国法制出版社 2001 年版，第 75 页。

② 数据来源：《中国法律年鉴》1989 年至 2000 年，以及《最高人民法院公报》2000 年至 2009 年每年第 3 期的全国法院司法统计公报。下文的曲线图根据该图表制作。

续表

| 年份\项目 | 案件总额（件） | 调解数（件） | 判决数（件） | 调解率（%） | 判决率（%） | 调判比（%） |
|---|---|---|---|---|---|---|
| 1994 | 3427614 | 2017192 | 764950 | 58.85 | 22.32 | 263.70 |
| 1995 | 3986099 | 2273601 | 940629 | 57.04 | 23.60 | 241.71 |
| 1996 | 4588958 | 2477384 | 1198947 | 53.99 | 26.13 | 206.63 |
| 1997 | 4720341 | 2384654 | 1384039 | 50.52 | 29.32 | 172.30 |
| 1998 | 4816275 | 2167109 | 1613005 | 45 | 33.49 | 134.35 |
| 1999 | 5060611 | 2132161 | 1800506 | 42.13 | 35.58 | 118.42 |
| 2000 | 4733886 | 1785560 | 1853438 | 37.72 | 39.15 | 96.34 |
| 2001 | 4616472 | 1622332 | 1919393 | 35.14 | 41.58 | 84.52 |
| 2002 | 4393306 | 1331978 | 1909284 | 30.32 | 43.46 | 69.76 |
| 2003 | 4416168 | 1322220 | 1876871 | 29.94 | 42.50 | 70.45 |
| 2004 | 4303744 | 1334792 | 1754045 | 31.01 | 40.76 | 76.10 |
| 2005 | 4360184 | 1399772 | 1732302 | 32.10 | 39.73 | 80.80 |
| 2006 | 4382407 | 1426245 | 1744092 | 32.54 | 39.80 | 81.78 |
| 2007 | 4682737 | 1565554 | 1804780 | 33.43 | 38.54 | 86.74 |
| 2008 | 5381185 | 1893340 | 1960452 | 35.18 | 36.43 | 96.58 |

　　调审合一模式产生很多的弊端。首先，这种模式将调解程序纳入到诉讼程序，抹杀了调解程序的独立价值。调解程序与诉讼程序是两种品格迥异的纠纷解决方式，不存在谁主谁从的地位。调审合一的法院调解制度完全由法官按照调解程序来操作，法官调解时不可避免地带有审判的惯性。法院调解时实行公开调解，就是比照诉讼的公开审判原则衍生的，却没有注意到两大法系国家调解制度精髓的调解保密性。

其次，法院调解作为审判权的行使方式，压抑了当事人自治空间。既然将法院调解视作民事诉讼的基本原则，其潜在预设就是法院调解与诉讼一样都是审判权的行使方式，现实中法院调解也是按照审判权的基本模式运行的。既然是审判权的行使方式，法院调解中法官居于主导地位，有时由法官启动调解程序，调解程序进展由法官推动，很多时候调解方案也由法官提出，这极大地违背了作为调解程序基础的当事人的自治性。压缩当事人的自治空间就无法为当事人创造轻松、坦诚的对话空间，调解程序的生命力因法院强权的涉入而逐渐消殆。

最后，调审合一模式抹消了调解保密性的必要性。建构调解保密性的前提是调审分离。但是在法院调解中，法官具有双重身份：一为调解人，他要听取当事人披露调解信息，对双方当事人尽心说服教育，软化彼此的对立情绪，消弭重大分歧，提示调解方案；二为诉讼的指挥者和案件的裁判者。调审合一模式紧密勾连调解程序与诉讼程序，这不仅消减了调解程序的独立性，事实上等于否定了调解保密性。调解人与法官身份的重叠极易形成先入为主的偏见，当事人担心披露调解信息后不能达成协议，法官可能会作出不利于己的判决，故而有所保留。当事人有时迫于无法达成调解协议，同一人担任裁断者的诉讼可能会作出更不利己的判决的压力，勉强达成调解协议，这又在本质上违反了调解自治原则。双重身份极有可能导致调解信息在后续诉讼中被适用，实质上否定了调解保密性，当然也没有必要予以建构。

很多学者意识到调审合一模式的诸多弊端，提出了富有建设性的改革方向。有学者提出建立调审分离模式。王亚新教授将我国的审判模式划分为"调解型"模式和"判决型"模式两种，并且中国民事、经济审判方式的改革基本上意味着从"调解型"的程序结构向"判决型"的程序结构的全面转换。① 这种观点尽管在一定程度上反映了中国司法现实,但是"调解型"审判模式是法院调解担任更多的政治功能而形成的畸形物,"调解型"审判模式与"判决型"审判模式的划分更加明显地混淆了法院调解与审判的关系,实质上还是否定了调解程序的独立价值。意欲建构现代调解制度,必须适当割裂调解程序与诉讼程序,实现调解人与法官的身份独立,通过调解保密性保障叙事性情景话语空间的自由和坦诚,塑造能够分担法院沉重负担的功能独立的调解程序。

(二)调解保密性的立法缺位

客观地说,调解保密性在我国现行法律规定亦有一定体现,但是,我国的相关立法主要关注调解程序保密,很少关注作为精髓的调解信息保密。我国的调解保密性还远未达至法治发达国家的有关基准。

2002 年施行的《关于审理涉及人民调解协议的民事案件的若干规定》第 3 条第 1 款规定,当事人一方起诉请求履行调解协议,对方当事人反驳的,有责任对反驳诉讼请求所依据的事实提供证据予以证明。但是该条并未明确这里的证据是否包括调解过程中提供的证据、披露的信息以及最终的调解协议。细究就会发现,该条的本意是这些调解信息可以在后续诉讼中作为证据加以适用。第 3 条第 3 款规定,当事人一方以原纠纷向人民法院起诉,对方当事人以调解协议抗辩的,应当提供调解协议书。作为调解最终的结果,调解协议是最重要的调解信息。该条却明确规定对方当事人应当提供调解协议,这就意味着人民调解协议对于后续诉讼没有形成支配性的影响。换言之,人民调解保密性在我国根本未予确立。第 12 条规定,人民法院审理涉及人民调解协议的民事案件,调解协议被人民法院已经发生法律效力的判决变更、撤销,或者被确认无效的,

---

① 王亚新:《论民事、经济审判方式的改革》,载《中国社会科学》1994 年第 1 期。

可以适当方式告知当地司法行政机关或者人民调解委员会。我们不禁要问：同样作为纠纷解决机构，法院何以有权变更、撤销人民调解委员会作出的调解协议？法院为什么要把体现当事人意思的调解协议告知当地的司法机关？对方当事人的意思和利益在这个过程中如何得到维护？这不是活生生的对调解保密性的侵犯和突破吗？

2004年出台的《关于人民法院民事调解工作若干问题的规定》（以下简称《调解规定》）第7条规定，当事人申请不公开进行调解的，人民法院应当准许。调解时当事人各方应当同时在场，根据需要也可对当事人分别做调解工作。这是我国首次在调解法律体系中明确规定调解保密性，应该说，它为我国调解法律的进步添上浓重的一笔。但是，该条规定的调解保密性与法治发达国家的调解保密性差距甚远。第一，调解保密性是例外，而非原则。只有当事人申请不公开时，调解程序才秘密进行。换言之，调解原则上仍然是公开的，如果当事人不申请不公开，调解程序仍然受制于公开审判制度。在法治发达国家，调解保密性是原则性规定，只有在法律明确规定或者法院裁量权许可的范围内，调解的保密性才可能被刺破。第二，该条的适用范围局限于法院调解，不适用于民间调解和人民调解，更为关键的是，法官同时也是调解人，实现"调审分离"遂成水中之月。这是制掣调解保密性发展的最大障碍。第三，调解程序不公开进行，却未规定调解信息的保密性以及分别调解后的信息保密性。可以说，我国目前的调解保密性仅指调解程序秘密进行，至于调解不成时调解程序披露的信息是否可以在后续诉讼中使用没有明确规定，当然也不包含不允许调解人出庭作证。

2007年出台的《关于进一步发挥诉讼调解在构建社会主义和谐社会中积极作用的若干意见》（以下简称《调解意见》）第12条对上述规定进一步确认，人民法院调解案件，当事人要求公开调解的，人民法院应当允许；办案法官和参与调解的有关组织以及其他个人，应当严格保守调解信息，当事人要求不公开调解协议内容的，人民法院应当允许。某种程度上，这是对2004年司法解释的一种突破，要求办案法官和参与者严守调解信息，一定范围内已经具有了调解信息保密性的意蕴。按照官方的解释，调解保密性是指调解不公开进行，在调解过程中，双方当事人告知调解人的信息，要求调解人严加保密，不泄露给任何人。① 但是这种"严守"的尺度和范围没有明确规定，调解人和法官的身份叠合使得法官在后续诉讼的自由心证过程中是否排除了调解信息的不正当影响无法准确判断。同时，调解程序保密性充斥着制度选择的无奈，并非作为原则，而是要求当事人申请，最终由法院予以裁断，而且这种不公开的范围仅限于调解协议，调解过程所提出的证据是否可在后续诉讼中予以使用也未予规定。

但是，《民事诉讼法》第 68 条规定，证据应当在法庭上出示，并由当事人互相质证。对涉及国家秘密、商业秘密和个人隐私的证据应当保密，需要在法庭上出示的，不得在公开开庭时出示。这就昭示着除涉及国家秘密、商业秘密和个人隐私的证据外，调解过程中披露的信息和调解协议都作为证据成为当事人质证的对象。《民事诉讼法》第 99 条明确规定，调解未达成协议或者调解书送达前一方反悔的，人民法院应当及时判决。法院调解的调解人与法官的双重角色竞合决定法官判决时不可避免地利用调解过程中获悉的信息，这也严重冲撞着"调解信息保密性"。《民事诉讼法》第 72 条规定，凡是知道案件情况的单位和个人，都有义务出庭作证。调解人作为纠纷的裁断者熟谙其调解的争议片段和程序进展，第 72 条的规定并未把调解人排除于作证义务人之外。进言之，针对当事人无法达成调解的争议，在后续诉讼中，调解人作证是理所当然的法定义务，调解人的保密特权只能置于制度的边缘。

2009 年 7 月通过的《关于建立健全诉讼与非诉讼相衔接的矛盾纠纷解决机制的若干意见》（以下简称《若干意见》）全面确立

---

① 杨润时主编：《最高人民法院民事调解工作司法解释的理解与适用》，人民法院出版社 2004 年版，第 86 页。

了调解保密性，也是在《调解规定》和《调解意见》盈尺之地上的实质性突破。第 19 条规定，调解过程不公开，但双方当事人要求或者同意公开调解的除外。从事调解的机关、组织、调解员，以及负责调解事务管理的法院工作人员，不得披露调解过程的有关情况，不得在就相关案件进行的诉讼中作证，当事人不得在审判程序中将调解过程中制作的笔录、当事人为达成调解协议而作出的让步或者承诺、调解员或者当事人发表的任何意见或者建议等作为证据提出，但下列情形除外：（一）双方当事人均同意的；（二）法律有明确规定的；（三）为保护国家利益、社会公共利益、案外人合法权益，人民法院认为确有必要的。可见，调解保密性在该条中抛弃例外的过往，上升为一种原则性规定。尤为引人注目的是，调解信息保密性明确而详尽地在该条中得到彰显，当事人不得在后续诉讼中披露对其不利的证据，也不得要求调解人作为证人披露调解中公开的信息。调解程序保密性和调解信息保密性在此实现了完美的缝合。

遗憾的是，2015 年施行的《民事诉讼法解释》却出现很大的倒退。第 146 条对调解程序保密性和调解信息保密性均有规定，但是对调解信息保密性的规定有着很大的局限。一方面，该条只将调解信息保密性的适用对象限定丁调解协议，忽视了调解过程中出示的证据、披露的其他调解信息等重要内容。另一方面，该条只是笼统地规定调解人以及相关主体应当保守秘密，并未明确规定这些主体不得在后续诉讼中出庭作证。即便如此，保守秘密的对象也仅限于调解过程中获悉的国家秘密、商业秘密、个人隐私以及其他不宜公开的信息，到底哪些属于其他不宜公开的信息又未明确。其实，这些信息自然而然地应当受制于调解保密性。可以确定的是，第 146 条未将调解信息保密性作为基本原则，而是当作例外的有限度的适用。

调解在中国最直观的程序图景是：法官依据职权启动调解程序，法官担任调解程序的主持人，对双方当事人进行一定的说服并有权提出调解方案，当事人作出一定的让步和利益权衡。当事人事先并未签订调解保密性协议，调解保密性也仅指调解程序的保密性，不准许案外人参加。调解不成功或成功时，调解过程披露的证据、信息和达成的调解协议是否可以在后续诉讼中提出则没有明确排除。事实上，这些调解信息在后续诉讼中一般可以作为证据加以采用。法院调解的保密性在中国并未真正地确立起来，也并未得到完好的执行。

庞某宏等 84 人及案外近 2000 家个体经营户与山西省大同市某公司的分支机构××商场签订租赁合同，从事服装、百货经营业务。2000 年 12 月 13 日因个体经营户杨某英用电不当引发火灾。火灾发生后，庞某宏等 84 人就火灾赔偿事宜与××商场协商未达成协议，遂于 2001 年 3 月向山西省高级人民法院起诉，请求××商场赔偿因商场火灾遭受的财产损失。山西省高级人民法院经审理于 2002 年 3 月 26 日作出一审判决：一、双方签订的租赁合同有效，继续履行；二、××商场赔偿庞某宏等 84 人 7248481 元。一审判决后庞某宏等 84 人与××商场均不服，向最高人民法院提起上诉。最高人民法院审理认为，一审判决认定事实不清，适用法律错误，该商场不是独立法人，不具备诉讼主体资格，于 2002 年 9 月 9 日裁定驳回庞某宏等 84 人的起诉。

2002 年 11 月 4 日，庞某宏等 84 人以某公司为被告又向山西省高级人民法院起诉，请求判令该公司承担火灾直接损失 18121204 元，因无法经营而产生的间接损失 4586258 元并承担全部诉讼费用。山西省高级人民法院于 2003 年 9 月 2 日判决驳回了庞某宏等 84 人的诉讼请求。庞某宏等 84 人不服一审判决，向最高人民法院提起上诉。最高人民法院民一庭依法组成合议庭，于 2004 年 3 月 3 日公开开庭审理此案。合议庭经反复研究，为了减轻当事人负担，使这起纠纷尽快得以解决，全力以赴调解，全面化解矛盾，彻底解决纠纷。合议庭的审理意见受到庭领导的高度重视，庭领导表示将协助合议庭做好调解工作。合议庭于 2004 年 3 月 3 日、3 月 29 日、4 月 15—16 日、4 月 27 日先后四次为双方当事人调解。调解中，认真听取当事人意见，根据不同情况采取不同的方法协调当事人利益，动之以情，晓之以理，明之以法，因势利导，注意发挥和调动诉讼代理人作用。调解初期当事人情绪对立，双方都有一些过激言行，如某公司提出，可以赔偿庞某宏等 84 人损失，但是赔偿后收回摊位，不允许继续经营；庞某宏等诉讼代表人则扬言，如果本案在最高人民法院解决不了，就自行采取措施解决问题。合议庭及时制止并对双方批评教育，平息过激情绪，缓解矛盾。经合议庭反复、耐心、细致的做思想工作，双方激烈对立的情绪有所缓和，均表示愿意作出适当让步。某公司应支付庞某宏等 84 人多少补偿金是双方当事人争议的最大焦点，合议庭在平衡双方利益的基础上，提出最接近双方意愿的方案供当事人参考。合议庭为双方当事人分析各自提出的调解方案利弊，最终以某公司给付庞某宏等 84 人补偿金 95 万元达成一致意见。调解中，在合议庭的耐心劝导下，当事人双方由情绪对立到坐下来友好协商、互谅互让，最终达成了调解协议，取得了双赢结果。双方对调解协议均表示满意，达成协议意味着既充分保护了当事人合法权益，减少诉累，消除社会不稳定因素，取得很好的社会效果和法律效果，同时也体现了"公正与效率"和司法为民精神。

调解保密性是不可少的。如对当事人在调解中所作的让步或者有关案件事实的承认不得直接作为裁判的依据；未经当事人同意，法官不应向对方当事人披露与一方当事人的谈话内容；当事人亦可在调解协议中订立保密条款，承担保密义务等。法官为当事人保密是对当事人的尊重，是坚持调解自愿原则的体现。调解保密性不会限制法官进行调解，反而会使法官能够听取到更多的真实意见，更好地把握调解方向，预测调解的结果。忽略保密性，不仅会造成当事人有话不敢向法官说，还会影响法官在调解中的公正。①

综上所述，我国现行调解制度有着一定的制度阙如。调解制度关注程序空间的封闭性，却缺失法治发达国家作为调解存续根基的调解信息保密制度，民间调解和人民调解根本未重视调解保密制度的重要性，而法院调解有所体现调解程序的封闭性，却把调解程序与审判程序视作社会秩序整合和重构的有机链条，特别是主持者的法官和调解人的双重身份为此创造了极大便利。如此一来，调解信息就可跳出调解程序的框架，成为法官判决的有力储备。

我国现行法律始终未把调解程序和审判程序视作两种独立的方式，当然也未建构出两种独立的程序空间，更未把这两种程序空间加以人为割裂。应予承认，我国的调解制度框架深受审判方式的影响。调解制度与审判制度共同服务于同一个目的：满足人民的利益。这种政治本位主义和功利主义满足了国家的社会需求，却极大贬抑了调解的技术功能。调解保密性核心内容的缺位使得当事人无法在自由、轻松和坦诚的调解程序空间内对话和交流，当事人不能自主地控制调解程序进展，而由作为调解人的法官调控调解程序的推进，压制当事人的程序主体性地位，降低当事人合意的生成，削弱当事人对调解程序的信任感和利用率。

（三）调解程序的松散性压缩了保密性的适用空间

两大法系的纠纷解决专家普遍认为，调解制度涌起的重要原因在于程序的非正式性。尽管我们期望坚持公正标准，但调解过程比起我们所习惯的民事诉讼还是有一种更大的流动性和非正式特征。② 非正式性赋予调解程序一定的灵活性，调解人不必拘泥于传统诉讼制度建构事实与规范的二元构造和程序规则体系，不受证据适时提出主义的限制而可以随时提出证据，展开自由的交流和对话

---

① 参见最高人民法院民一庭第二合议庭：《加大诉讼调解力度，平息纠纷化解矛盾》，http://www.chinacourt.org/public/detail.php? id = 118214&k_title = &k_content，最后访问日期：2016 年 12 月 16 日。

② 参见［美］戈尔丁：《法律哲学》，齐海滨译，三联书店 1987 年版，第 223 页。

并可自由地认可某项事实或者放弃某些请求。非正式性使得调解程序成为一个平等的、轻松的场域，当事人真正成为程序控制者。非正式性也避免了高昂诉讼成本、冗长诉讼程序等诉讼弊端。然而，我国与英美法系对待调解非正式性的态度却有着根本性的差异。

在英美法系，诉讼爆炸导致了"机能性的司法危机"①，国民质疑居于正统性地位的诉讼审判的正当性。为应付司法危机，国家必须寻找新的排解途径，克服诉讼拖延、成本高昂的痼疾。故此，调解兴起之初就具有替代诉讼的意蕴，也就不可避免沾染反法治化和反规则化的倾向。在这种情况下，调解的非正式性得到高度重视。矛盾的是，追求非正式性的英美法系却逐渐使得调解程序制度化。保密性就是调解程序制度化的重要一环。在美国，一般的调解流程为：首先，调解人督促双方当事人就程序事项达成一致（如宣布双方自愿参加调解），并签订一个正式协议；然后，双方当事人交换基本观点，不是调解人发表观点而是双方当事人面对面地交换意见；之后，调解人以秘密的私人会议方式与各方当事人会见，寻找解决方法，检测双方当事人的基本观点，当经过沟通，双方当事人的差距缩小时，调解人会带着各方的要约和反要约往返于双方当事人之间，或双方当事人重新坐在一起相互交换意见；最后，若双方同意解决草案则签订一个书面调解协议。② 完善的调解程序赋予调解保密性很好的程序保障。美国的《ADR 法》、《统一调解法》以及美国律师协会和各州都制定有专门的调解法明确保障调解保密性。

中国社会是乡土性的。③ 有着千年历史文化沉积的调解制度正

---

① 有学者将司法危机分为机能性的司法危机和结构性的司法危机两种类型。美国的司法危机属于机能性的，中国的司法危机属于结构性的。参见齐树洁、王建源：《民事司法改革：一个比较法的考察》，载《中外法学》2000 年第 6 期。

② 参见［美］克里斯蒂娜·沃波鲁格：《替代诉讼的纠纷解决方式》，载《河北法学》1998 年第 1 期，第 58-59 页。

③ 费孝通：《乡土中国、生育制度》，北京大学出版社 1998 年版，第 6 页。

是为适应乡土社会追求的"和为贵"的朴素道德观念而建立起来的，一直在纠纷解决体系中占据着重要地位。图1显示出，在1988年至2008年的21年间调解的比率呈现下降趋势，判决的比率呈现上升趋势，作为直接彰显调解与判决关系的调判比逐渐降到1以内。在美国，调解比率逐渐呈现上升势头，判决比率则逐渐下降，调判比逐渐上升已经远远超过了1。两种不同的发展趋势说明，我国的调解制度不是作为诉讼的替代措施而出现的。

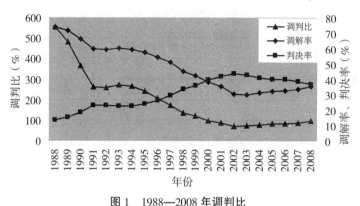

图1 1988—2008年调判比

乡土社会色彩塑造了调解制度浓厚的非正式性特征，调解程序不必拘泥于程序法的规定，调解结果也不必完全按照实体法的规定加以分配，也不必像诉讼那样制作逻辑严谨的判决书，调解方式灵活多样，调解时间亦可酌情安排。较之美国的调解制度，我国的调解制度更具灵活性。但正是这种非正式性使得我国的调解制度一直未能走上制度化和规范化的道路。目前，我国调解的程序主要分散地规定在民事诉讼法以及最高人民法院的司法解释以及司法部制定的有关人民调解规范中，没有统一的调解法专门规范调解程序。即使目前的规定也仅仅从制度表层上进行了肤浅的规定，始终缺乏明晰的调解程序，完全交由法官或者调解人依凭日常生活经验适当处理。因此，法官或者调解人的主观性很强，有时甚至带有强制色彩。调解协议也极不规范，有的甚至就没有形成调解协议，很多调解协议没有写明纠纷事实，没有当事人的签名，调解协议的履行率也偏低。随着国民权利意识的增长和市民社会的孕育，调解缺乏程序性保障的弊端日益受到批判——法官通过非正式开庭获取的足够信息，降低了对正义制度的需求，并有可能使法官形成不认真对待正式程序的习惯。[①]

非正式性并不意味着调解过程可以免于程序制度的保障。调解谋求合意的过程并非逃脱法律形式主义或者法治主义的规制，而需要具备相对正式、灵活的技术和程序。完好的程序设计增强了当事人对调解过程的信任，进而可以自由、坦诚地对话和沟通，进而形成商谈理性。然而，松散的调解程序使得很少有人关注调解保密性问题。那么当事人不满调解结果而进入诉讼或者仲裁程序，调解过程中披露的证据、信息或者达成的调解协议是否可以在后续法律程序中适用，就成为不可忽视的重要问题。正是松散的调解程序没有对调解信息予以明确的排除，调解信息在后续法律程序中加以适用就成为更加便利的选择。缺乏程序保障制度的调解保密性是不可接受的。

（四）审前程序的非正式性消解了调解保密原则

发现程序是调解保密性适用的场域，正是发现程序促进了调解保密性的适用，扩大了调解的适用空间。美国民事诉讼分为审判程序和审前程序。为配合英美法系诉讼文化根基的陪审制和集中审理方式，审前程序的地位渐趋提升。但是鉴于现代 ADR 的昌盛和诉讼缺陷的暴露，法院受理案件后首先是推进程序分流，将一些案件交给 ADR 来解决。法官根据案件类型将有些案件交由法院附设调解来解决，有时将某些轻微的案件交由社区调解机构进行调解。根据美国学者的总结，法院将案件转介到社区调解机构的方式至少有

---

① 参见徐昕、徐昀:《非正式开庭》，载《比较法研究》2005 年第 1 期，第 83 页。

以下四种：（1）在法院工作人员的建议下，原告希望社区调解机构来解决纠纷；（2）法院在受理民事案件后开庭前把案件转介到社区调解机构；（3）在一些刑事案件中，法官会推迟审判，把案件转介到社区调解机构；（4）有些州的法律或者法院规则规定某些类型的案件必须转介到社区调解机构调解。[①] 一旦调解不成，进入到真正的审前程序。审前程序历来是由当事人（尤其是作为其代理人的律师）所主导，现在法官也会主动介入审前程序，但并未根本地改变审前程序的本质。[②] 审前程序有诉答程序、发现程序和审前会议三个阶段。发现程序是审前程序的最重要阶段。发现程序的方法有：证言的录取，质问书、要求提供文书和其他证据、身体与精神检查和事实承认或不承认的要求。[③] 它的重要任务就是保障调解保密性，若不能开示，调解信息就不能进入到正式开庭程序中；可以开示的话，对方当事人或者法官可以获悉调解信息，获悉这些调解信息后，当事人可对自身的优势和劣势予以全面客观地评估，主持审前程序的法官可以在审前会议阶段对双方当事人进行调解，尽量避免启动冗长的正式审判程序。发现程序既保障调解保密性，又进一步促进和解。

我国目前还不具有功能独立的审前程序，只能称其为准备程序——作为正式审理程序的附属阶段。审前准备程序的内容有七项：（1）在法定期间内送达诉讼文书；（2）告知当事人的诉讼权利和合议庭的组成人员；（3）指定举证时限；（4）组织当事人交换证据；（5）审核诉讼材料、整理争点；（6）调查收集必要的证据；（7）追加当事人。这些准备事项都是法院单方面的职权活动，

---

① See Tim Hedeen & Patrick G. Coy, Community Mediation and the Court System: the Ties that Bind, Mediation Quarterly, Vol. 17, 364（2000）.

② 参见王亚新：《社会变革中的民事诉讼》，中国法制出版社2001年版，第75页。

③ 参见陈石狮等：《事证开示制度（Discovery）与发现真实》，民事诉讼法研究基金会：《民事诉讼法研讨（五）》，三民书局有限公司1996年版，第84页。

旨在为正式的开庭审理做前期的准备，而且准备活动往往流于形式。审前准备活动不具有实质性的内容。第一，审前程序担负的程序分流功能并不是很强。大陆法系的德国和日本等国积极进行审前调解，实行对抗制的英美法系更充分利用审前程序进行调解，达成和解协议从而诉讼。在我国，调解程序还没有真正扎根于审前准备程序，利用审前调解分流的民商事案件并不是特别多。第二，审前程序缺乏当事人与法官的对话与沟通。答辩失权制度的缺失造成当事人之间不能进行充分的交流，容易引发诉讼突袭；争点整理程序的缺位使得法官不能很好地了解当事人的争执焦点，法官在开庭审理阶段整理争点又会造成程序反复和效率低下。第三，缺乏保障调解保密性的发现程序。尽管《最高人民法院关于民事诉讼证据的若干规定司法解释》规定了证据交换制度，但是证据交换制度是在法官的主持下进行的，当事人不能自主地掌控交换程序和交换信息。缺乏对调解保密性保障的发现程序使得当事人担心对方当事人利用证据交换程序摸清自己掌握的信息，进而作出有针对性的部署。诉讼文化的差异导致了发现程序与证据交换制度的根本性差异。

一旦确立了调解保密性制度，而审前程序仍然流于形式化，就必须由法官在正式开庭阶段决定调解信息是否可以披露，这极大降低了诉讼效益。诉讼的公开审判特性使得某些被披露的信息被法官或者旁听人员获悉，特别是某些具有特定商业价值的商业秘密的公开会造成不可挽回的损失。即使当事人同意公开，也不希望大范围的公开。很多的法院调解是在开庭阶段进行的，事实上削弱了审前程序的存在价值，法官的调解人和裁断者的双重身份更是造成法官提前获悉调解信息，调解不成时便可以直接利用，容易先入为主，况且这种调解是公开进行的，旁听人也可获悉调解信息。审前程序的形式化使得调解保密性失去了衡量的空间。

## 四、我国调解保密性原则的制度建构

法治发达国家的程序设计者意欲通过调解保密性建构两种相对独立的程序系统，进而将调解程序与诉讼程序培育成两种品格独立的纠纷解决方式。中国的调解保密性流于形式，只关注调解程序的封闭性，忽视作为调解程序设计精华的调解信息保密。法院调解制度甚至将调解程序寓于诉讼程序，使得调解程序异化为审判权的行使方式。两种互生互长的程序完全压抑了调解保密性的生存空间。国际贸易的频繁促进了法律的相互交流和相互渗透，语意完整的调解保密性已在中国国际贸易规则中确立。《中国国际贸易促进委员会中国国际商会调解规则》（2005）第 31 条规定，如果调解不成功，当事人均不得在其后就同一争议进行的仲裁程序或诉讼程序及其他程序中，引用调解员和各方当事人在调解程序中提出过的、建议过的、承认过的和表示过愿意接受的任何以达成和解为目的的方案和建议，作为其申诉或答辩的依据。第 32 条规定，当事人不得在第 31 条规定的各类程序中要求调解员充当证人，但法律另有规定的除外。但是国内有关调解的法律和司法解释还未完全确立调解保密性。尽管在某种意义上，我国的调解制度与西方的调解制度设计初衷不同，但是两者仍遵循共通的程序机理，这就为我国的调解保密性制度的移植提供了可能性。构筑中国化的调解保密性既要求在法律中详尽规定，更需要一整套的程序规则体系来保障调解保密性的稳健运行。

（一）建构调审分离的调解模式

调审合一模式将调解程序寄寓于诉讼程序中，极大抹杀了调解程度的独立品性，调解人与法官的身份重叠造成的角色冲突凸显了调解程序的结构性和技术性的缺陷。这种程序整合和身份重叠从根本上抹消了调解保密性在法院调解制度存续的必要性和可能性。其实，我国理论界和实务界早已意识到调审合一模式的结构性和技术性缺陷，并已提出有针对性的建议。这些理论主要包括调解限制论、① 调解加强论、② 调解取消与和解替代论、③ 调审分离论④等，其中占据主导地位的是调审分离理论。建构调解保密性的前提是调解程序与诉讼程序各自具有独立的程序品格，后续诉讼的法官不能担任调解人。调审分离是调解保密性存续的前提。

调审分离，是指将调解与审判分解成相互独立的程序，由不同的主体来负责调解与审判，调者不审，审者不调。⑤ 调审分离理论已占据了理论的制高点，获得了司法实践的肯定和支持。尽管仍有学者不相信调审分离的现实操作可能，"即使调审分离目前在中国有某些现实合理性，也未必能够被真正贯彻，最终仍将被司法实践中对效率和良好纠纷解决效果的追求所否定"。⑥ 这种论点的前提预设仍然是：调解程序按照审判权的行使方式操作，达致国家对社会的控制和调节。这就不可避免地奉行调审合一的模式，也就根本地否定了调解保密性。诚然，调审合一有助于共享调解信息，实现调解与诉讼的有序对接，但调解程序的独立价值却遭到极大的贬抑。当法官按照审判权的行使方式操作调解程序，实体法规则、诉讼法规则和证据规则会潜意识地影响法官的调解过程，调解过程或多或少地反映出诉讼的强制性，此时是否能够保证当事人的自治性就有所疑问。唯有按照调审分离模式重新解析和整合法院调解制

---

① 参见王利明：《司法改革研究》，法律出版社 2000 年版，第 361 页。

② 参见范愉：《调解的重构》（下），载《法制与社会发展》2004 年第 3 期，第 97~100 页。

③ 参见张晋红：《法院调解的立法价值探究》，载《法学研究》1998 年第 5 期；江伟主编：《中国民事诉讼法专论》，中国政法大学出版社 1998 年版，第 449 页。

④ 参见王森波：《调审角色分离——关于调解模式的第三条进路》，http://article. chinalawinfo.com，最后访问日期：2016 年 12 月 17 日。

⑤ 参见江伟主编：《民事诉讼法专论》，中国人民大学出版社 2005 年版，第 311 页。

⑥ 参见范愉：《调解的重构》（下），载《法制与社会发展》2004 年第 3 期，第 104 页。

度，才能真正符合我国民事司法改革和程序分流的现实需要。

调审分离的模式又有诉讼外的调审分离与诉讼内的调审分离两种观点。诉讼外的调审分离论认为，调解与判决在目的性、对事实的依赖程度、对法律的适用、案件处理结果等方面存在重大差异，是性质迥异的两种处理案件的方式，将它们规定在同一程序里，难免会出现紧张和不和谐，有时还会出现严重的冲突。故此，需要将调解从审判程序中分离出去，构建类似于日本的非诉性质的调解制度。对于那些适宜调解解决的民事纠纷，采用先调后审的模式，把调解作为诉讼的前置程序，调解不成的才能进入诉讼。调解从诉讼程序中分离出去后留下的空缺，可用诉讼上的和解制度来填补。①诉讼内的调审分离论力主保留法院调解制度，在法院内部对调解的具体操作方式进行改革，调解仍然是由法官主持的诉讼内调解，但通过由不同的法官分别负责同一案件的调解与审判的方法，以达到调审分离的目的。②

其实，诉讼外的调审分离论和诉讼内的调审分离论并没有本质区别。诉讼外的调审分离论主张，将调解设置成诉讼的前置程序，但是调解与诉讼仍存在千丝万缕的关联，"调解在日本的民事司法中尽管在制度上与诉讼审判相分离，但在功能及实际运用上却是与诉讼的运作交织在一起的纠纷解决方式，显得很有特色"。③ 即使分离后的调解程序，仍由法官担任主任，主持调解委员会的进行。诉讼内的调审分离论主张，调解人与法官身份分离，调解人仍由法官担任，也未明确排斥特定调解案件的前置性，这就和诉讼外的调审分离论没有根本性的差异。20 世纪 90 年代初期深圳等地纷纷设立了调解中心，前置性地解决纠纷，却并未解决调解人与法官的角

---

① 参见王红岩：《论民事诉讼中的调审分立》，载《法学评论》1999 年第 3 期，第 108—112 页。

② 参见章武生、吴泽勇：《论我国法院调解制度的改革》，载陈光中、江伟主编：《诉讼法论丛》（第 5 卷），法律出版社 2000 年版，第 499 页。

③ 王亚新：《对抗与判定》，清华大学出版社 2002 年版，第 235 页。

色冲突问题，而是滋生了强制调解等异化现象，加剧了审判行为的失范。

调审分离既要实行调审主体的分离，又要实现调审程序的分离，这是调解保密性运作的程序前提。只有彰显调解程序的独立品格，生成独立的裁断方式，免受强制性因素侵蚀，通过完好的程序设计维护调解程序的完整性，才能使调解程序在诉讼正统化的缝隙中迸发强大的生命力，摆脱审判权对调解程序的恣意干扰。调审主体的分离是指调解人不能担任法官，法官不能成为调解过程的主持者。调审程序的分离是指调解程序与审判程序相对分离，法院调解程序一般设置在正式开庭审理前，在正式开庭审理后不再进行法院调解。如果当事人之间不能达成调解协议，可以进行正式的开庭程序，但是在审前程序进行的法院调解过程中，当事人披露的信息一般不能在正式开庭过程中作为对其不利的证据，法官也不能要求调解人或者其他程序参与者出庭作证。强化调审分离的同时，应注重根据当事人自愿原则合理发挥诉讼和解的功能。我国的诉讼和解不同于大陆法系国家和地区的诉讼上和解，也没有必要按照诉讼上和解改造诉讼和解。

这就面临着一个制度困境：法院调解是民事诉讼的基本原则，贯穿于一审、二审和再审程序中。正如前述，法院调解是一种按照调解程序机理运行的独立的合意型纠纷解决机制，不应隶属于民事诉讼程序。将法院调解作为民事诉讼的基本原则本身就蕴含着法院调解是审判权行使方式之一的不正当假设。将调解适用于一审、二审和再审程序既忽视了调解的独立程序品格，也未注意到繁简分流的程序要求。法院一审判决后当事人不服提起上诉，上诉过程中当事人通过法院调解达成调解协议，调解书送达后，原审判决就视为撤销。作为自治性纠纷解决方式的法院调解所形成的裁断文书何以可以撤销作为国家法律承载者的法官所作出的判决书呢？如果不将法院调解作为审判权行使方式，调解书还能具有如此之高的效力吗？大陆法系的通说认为，调解协议或者诉讼和解笔录具有与确定判决同一的效力，这种效力仅指强制执行力，不包括既判力。《民事诉讼法》第 201 条规定，当事人对已经发生法律效力的调解书，提出证据证明调解违反自愿原则或者调解协议的内容违反法律的，可以申请再审。从中可看出，民事诉讼法实质上赋予了法院调解协议以既判力。既判力是指确定判决之判断被赋予的通用力或拘束力，又称为实体的确定力。[①] 既判力的旨趣在于维续既已确定的民事权利义务关系的稳定。它的刺破发生在以下三种情况：（1）反复给付之诉，如支付退休金和支付抚养费；（2）再审之诉；（3）恢复原状之诉。[②] 既判力是针对法院裁判的制度性效力，而法院调解协议以当事人合意为基础，赋予其既判力极大压缩了当事人寻求救济的极大可能性。当事人自愿选择纠纷解决方式可能带来不可挽救的程序后果，极重的程序作茧自缚[③]又反过来削减了当事人选择程序的可能性。法院调解协议或者调解书不应具有既判力，是否具有强制执行力由法院裁定。所以，我国在大规模修改民事诉讼法时应废除法院调解作为民事诉讼基本原则的规定。

（二）大力倡行审前调解

审前准备程序过于形式化，缺乏法院与当事人之间的对话与交流，未充分发挥审前准备程序分流案件的功能，致使法院调解在审前准备阶段进行得较少。调审分离模式需要将法院调解提前到审前程序，加速审前程序的实质性结构的塑造。既然意欲发挥审前程序的程序分流功能，当法院受理案件后，根据案件类型可以将案件转介到人民调解委员会进行人民调解，也可根据案件类型，依据当事人自主意愿进行法院调解，法律甚至可以规定某些特殊案件必须进

---

① 参见［日］新堂幸司：《新民事诉讼法》，林剑锋译，法律出版社 2008 年版，第 472 页。

② 参见［德］穆泽拉克：《德国民事诉讼法基础教程》，周翠译，中国政法大学出版社 2005 年版，第 333~339 页。

③ 参见季卫东：《法治秩序的建构》，中国政法大学出版社 1999 年版，第 18~20 页。

行法院调解。考虑到受案范围的特殊性，简易程序案件可以在开庭审理时进行法院调解，不必进行审前调解。事实上，很多法院开展审前调解，已经取得了很好的效果。

有学者对法院调解的前置表示深深的担忧，特别是 20 世纪 90 年代出现并风靡各地的调解中心被废除更加深了这种担忧和质疑，"调解中心的大量设立虽然加快了办案速度，但同时也产生了严重的负面效应，严重违反诉讼程序的行为大量发生，加剧了审判行为的失范，使我国刚刚走上规范化道路不久的民事审判制度面临着又一次大规模非程序化浪潮"。① 这种论述，逻辑明显失当。既然纠纷解决机制是法院调解，那么为什么会违反诉讼程序，造成审判行为的失范呢？逻辑错误就在于：利用审判权的思维衡量调解程序，未将调解程序视为一种独立的纠纷解决机制。

发现调解中心的弊端后，我国民事司法改革又走向了另一个片面：要求一步到庭。一步到庭要求法官在开庭前基本上不在庭外做调查询问、整理案件争点，把审理的重点放在正式开庭上，通过庭审逐步把握案情。它虽然在某种程度上解决了审判流于形式化的缺陷，但是却摆脱了审前程序，当事人在正式开庭前不能有效交换证据，法官也不能整理案件争点。正式开庭时，法官无法有效把握案件的主脉络，很多时候法官会出现审理的盲点，案件不得不进行多次开庭，造成了诉讼拖延。实践证明，缺少审前程序的民事诉讼程序是不健全的。实现审前程序与庭审程序的功能分离，利用审前程序分流案件，减轻法院的审判负担是两大法系国家共同的制度选择。美国的法院附设调解只能在案件进入到正式审理前适用，案件进入到庭审程序就不能再次进行调解，日本的调解制度也被设计成审判前的预置程序。

建立审前调解制度面临的首要问题就是调解人的选择。既然是

---

① 江伟主编：《中国民事诉讼法专论》，中国政法大学出版社 1998 年版，第 419 页。

在调审分离理念支撑下建立审前法院调解，那么调解人既要求是法官，又不能与审理法官同一。这是实现审前调解程序分离的更为务实的选择。加拿大的审前调解可由非法官的个人、与法院有关的组织和法官进行。当由法官主持调解时，在调解法官与审理法官是否为一人的问题上，各省的做法不一。在阿尔伯塔省，普遍的做法为调解法官不再审理该案。而在英属哥伦比亚省，《民事诉讼规则》第 35（8）条允许在双方当事人同意的情况下调解法官继续审理案件。许多学者认为，调解法官审理案件有损司法公正，因为调解法官对案件已经有了判断，即使当事人同意，司法公正的宪法价值也受到了损害。①

调解机构的设立主要有以下几种观点：（1）纯法官型的调解机构，调解机构成员由专门法官担任；（2）混合型调解机构，由法官和调解员共同组成调解机构，法官担任调解机构的主任；②（3）设立法院附设调解委员会；③（4）合议庭成员主持调解，不担任案件的审判长。第一种方案，完全由法官主持容易给当事人一种认识表象：调解类似于诉讼；第三种方案，法院附设调解委员会的设立会增加法院的费用开销，究竟设立在哪个庭室也没有明确；第四种方案，从实质上说并未脱离调审合一模式，有悖于调审分离的精神。笔者倾向于第二种方案，但又有所不同。法院应当在立案庭设立独立的调解机构，不必专门设立调解庭。法院可从立案庭中选择几名调解经验丰富的法官专职调解，成为调解法官，同时培训某些人民调解员成为调解机构成员，并登记造册，供当事人选择。上海市第一中级人民法院就聘请 5 名社会人士担任审前调解员，每

---

① 参见张艳：《加拿大民事诉讼中的审前准备程序》，载《政治与法律》2002 年第 4 期，第 105 页。

② 参见黄娅娟：《中美法院（附设）调解制度之比较与完善构想》，田平安主编：《比较民事诉讼法论丛》（2006 年卷），法律出版社 2007 年版，第 378—379 页。

③ 参见孔令章：《日美法院附设调解与我国法院调解的比较研究》，田平安主编：《比较民事诉讼法论丛》（2005 年卷），法律出版社 2005 年版，第 431 页。

周有2—3天安排接待，平均每天接待6—8件案件当事人，工作成效显著。与第二种方案不同的是，调解员可以由当事人选择，调解法官也可由当事人选择，如果当事人不能就调解与法官协商一致，应由调解机构主任法官指派。法院调解是一种彰显当事人合意的程序技术，应该赋予当事人行使选择权的程序保障。无论是调解员还是调解法官必须具备完全民事行为能力，且与该案无利害关系。调解庭的人数应以三人为宜，包括一名调解法官和两名调解员，调解法官由当事人合意选择或者调解机构指派，由其主持调解程序，当事人各自选择一名调解员。调解法官和调解员必须中立和公正，不能偏袒任何一方当事人，当事人发现调解庭成员与任何一方有利害关系，可申请其回避。

（三）市民社会的生成与程序主体性意识的培育

调审合一模式将调解程序寓于诉讼中，挖空了调解制度的底蕴，造成了调解人与法官的角色冲突。归根结底，调审合一模式忽视了调解程序与诉讼程序两种独具品格的程序之间的内在差异，依凭审判权的方式衡量调解程序，使得两者成为程序进展过程中有序的链条，从而使得调解保密性的建构成为乌托邦。不过，这无法从制度本源上解释调解保密性在中国的缺位。因为我国的人民调解制度不实行调审合一模式，却仍然未确立调解保密性制度。笔者认为，调解保密性缺位的制度根源在于市民社会的不成熟以及程序性主体意识薄弱。

市民社会是在反对国家强权的压制性权威基础上，为追求个人自治而形成的公共规范和良好道德规范的社会模态。国家制定法律，设定了个人与集体行动的界限。在这些界限内，个人与集体的行动或者是自由选择的，或者是依据参与者之间的明确协定而采取的，或者是基于个人或集体利益的考虑而作出的，或者是根据构成集体的规则采取的。正是在这个意义上，市民社会是与国家分离的。[①] 通过与国家的分离，个人获得了对社会的自治性支配地位，可以自由决定自己的事情，并对自己行为负责。市场经济是市民社会健康存续的适当模式。在这种模式中，国民必须遵守共同的法律规范和良好的道德准则，每个人都具有高度的市民认同感和规则依赖感。市民社会是现代法治国家制度建构的前提。

我国正处在剧烈的社会变革期，个人、企业、团体和国家正在进行激烈的利益分割和整合，缺乏市场经济和市民社会所共同接受的法律准则和道德规范，强权性的国家本位主义极大压制和腐蚀市民社会的意义空间，市民社会只能说还处于孕育阶段。市民社会所必需的完善的法律规则体系和自主性机构还未真正建立起来。基于此，特定的利益集团极易打破市民社会的利益平等分配原则和规则之治理念。"权力集团掌握着社会组织资源的再分配权力，因而在社会阶层或集团中处于最高或较高的等级地位。在社会利益分化与冲突面前，本应以公正的协调者出现的国家权力不正当地参与市民社会本身的利益分配，这实际上是一种角色的极端错位。"[②] 角色错位更需要成熟的市民社会的矫正。

调解程序历来松散的根源在于我国的乡土社会特性，而注重规则之治的市民社会的调解程序则相对严谨。市民社会珍视国民的自主参与性，这恰恰是调解程序存续的根基。因而，建构符合国际ADR发展趋势的调解程序必须转换制度基础。市民社会的建构需要国家加强对市民社会力量的支持力度，建立市民社会完善的利益表达机制，促进市民社会自治性的生成与壮大，提升国民对规则的遵守和依赖程度，增进市民社会对法律的信仰。

市民社会的生成，促进了交互主体性伦理关系的确立，赋予当

---

① 参见爱德华·希尔斯：《市民社会的美德》，李强译，载邓正来、[英] 亚历山大：《国家与市民社会》，中央编译出版社 2005 年版，第 33 页。

② 李海青、赵玉洁：《市民社会的利益冲突与调解：法律的平衡价值》，载《探索》2005 年第 5 期，第 185 页。

事人程序主体性意识，使得当事人真正成为独立个体参加诉讼并具有有效的决定意识。程序主体性原则要求程序制度的构思、设计及运作应当符合程序关系人的主体意愿，赋予程序主体一定的程序参与权及程序选择权，同时还应有助于提升程序主体对程序制度内容及其运作的信赖度、信服度和接纳度。① 程序主体性地位增强了当事人对调解程序的控制，当事人可自由决定是否参与调解程序，自主选择调解法官或者调解员，承认对方提出的不利于自己的事实或者证据，提出调解方案或者同意对方提出的调解方案，决定是否达成调解协议。

程序自治权赋予当事人充分的权利控制程序，成为调解程序的真正支配者，排斥法官的不正当干预，这有助于消除法院调解中存在的强制调解以及审判权的恣意运用情形。正当的法官权力行使可以合理分配社会利益，影响市民社会的道德趋向和国民的行为选择。市民社会及其孕育而生的程序主体性意识是现代调解制度蓬勃发展的基础。我国调解保密性必须将其基础置换为市民社会，调解保密性的架构必须充分发挥当事人的程序自治和程序生成机能。同时，市民社会共通的道德准则要求国民必须保持诚信，能够对于自己的行为负责，不能违反自己的承诺。

这就应该反思我国的调解制度普遍存在的送达前反悔权。法院调解和人民调解都要求当事人在调解书上签字才能生效，签字前当事人有反悔权。一旦当事人拒绝在调解书上签字，当事人所达成的调解协议归于无效，法官或者调解员的调解行为归零。按照基本法理，当事人之间已经达成调解协议，调解协议就对当事人有法定的约束力。反悔权的存在使得当事人可以不受自己行为的规制，调解协议的悬置状态反过来降低了当事人程序自治的能力，容易造成有些当事人利用调解程序拖延案件审理以获取更大的诉讼利益。故

---

① 参见江伟：《市场经济与民事诉讼法学的使命》，载《现代法学》1996 年第 3 期，第 4 页。

此，应当在未来修改相关法律或者司法解释时废除当事人的反悔权。

（四）调解保密性的程序结构

构筑我国的调解保密性，首要步骤是在法律中明确规定调解保密性。体系化的调解保密性是实现调解保密性制度移植成功的前提。但是，制度移植过程中必须认真酌量自身的调解文化、法律传统和程序理念等法治语境，不能全盘照抄西方法治国家理性主义基础下的调解保密性。我国浓厚的调解文化历来排斥调解保密性，这更加深了移植调解保密性的难度。换言之，我国在调解保密性的制度移植过程中必须依托于中国的调解文化和调解实践。

1. 调解保密性的适用范围

纽约州法律规定，调解保密性仅适用于成文法创制的社区调解中心，其他州则把保护范围扩大到当事人寻求私人调解人情形。①《统一调解法》则采纳了大多数州的做法，将调解保密性适用于一切调解中，包括家事调解、劳工调解、社区调解、法院附设的调解以及仲裁调解等中。

我国的调解类型多样化，法院调解、人民调解、民间调解、律师调解、劳动调解等调解样式多姿多彩。那么，这些调解类型是否均应遵守调解保密性呢？在决定哪些调解类型适用调解保密性时应考虑两个因素：（1）调解类型有否受成文法律体系的规制；（2）调解机构是否制度化，调解人员是否专业。法院调解以《民事诉讼法》和《关于人民法院民事调解工作若干问题的规定》作为依据，由调解法官和调解员组成调解庭；人民调解以《人民调解法》和《关于审理涉及人民调解协议的民事案件的若干规定》等作为依据，由人民调解委员会专司调解；劳动调解以《劳动争议调解仲裁法》作为依据，由劳动争议调解中心进行调解；律师调解则以

---

① Christopher H. Macturk, Confidentiality in Mediation: The Best Protection Has Exceptions, American Journal of Trial Advocacy, Vol. 19, 423（1995）.

《律师职业道德与执业规范》进行规范，律师的执业纪律性和高度专业性需要调解保密性的保障。民间调解的主体不一，素质参差不齐，没有相关的法律加以规制，也无法进行明确规范。所以，调解保密性的规制对象应当包括法院调解、人民调解、律师调解和劳动调解等，而民间调解则不应适用调解保密性。

2. 明晰调解保密性的含义

在我国，有些调解要求程序秘密进行，有些则公开调解，至于调解信息的保密性则基本上未受到重视。我国在移植调解保密性过程中不能只注重调解程序的保密性，更要注重调解信息的保密性。调解保密性应从调解程序保密性和调解信息保密性两个层面予以明确规定。调解保密性，是指调解程序秘密进行，调解过程中披露的信息具有保密性，不得作为后续法律程序中对其不利的证据，当事人和调解人不得向外泄露调解信息，调解人也不得作为证人在后续程序中披露调解信息。尤其应予强调的是调解信息的保密性，当事人、调解人以及其他的程序参与者不得披露调解过程中公开的信息，法官也不能强迫作为中立方的调解人出庭作证。

我国在未来制定统一调解法或相关法律时，应明确规定调解保密性。如果调解法未予涵盖，劳动调解的保密性应由《劳动争议调解仲裁法》予以规定，律师调解保密性可由《律师职业道德与执业规范》来规定，但是这两种方案调整对象都不包含法院调解，法院调解的保密性建议由最高人民法院通过司法解释全面细致地规定。

3. "调解信息"的界定

调解保密性制度建构中核心的关注点是"调解信息"的范围。"调解信息"的界定直接关涉开示的范围以及法官获知信息的程度。因此，国际调解规则和各调解法都对"调解信息"有明确的规定。《联合国国际贸易法委员会国际商事调解示范法》第10条第1款规定，调解程序的一方当事人或任何第三人，包括参与调解程序的行政工作的人在内，不得在仲裁、司法或类似的程序中以下列事项作为证据、将之作为证据提出或提供证言或证据：（1）一方当事人关于参与调解程序的邀请，或者一方当事人曾经希望参与调解程序的事实；（2）一方当事人在调解中对可能解决争议的办法所表示的意见或提出的建议；（3）一方当事人在调解程序过程中作出的陈述或承认；（4）调解人提出的建议；（5）一方当事人曾表示愿意接受调解人提出的和解建议的事实；（6）完全为了调解程序所准备的文件。美国仲裁协会《商事调解规则》第12条规定，在调解过程中，当事人或证人向调解员披露的机密情况，调解员不应泄露。调解员对在任职期间收到的所有记录、报告或其他文件应当保守秘密。在任何辩论式的程序或法院诉讼中不应强迫调解员泄露这类文件或强迫调解员对于调解出庭作证。当事人应维护调解的机密性，并且不应在任何仲裁、司法或其他程序中援引或引证：（1）另一方当事人就可能的争议和解方案所发表的意见或提出的建议；（2）另一方当事人在调解过程中所作的承认；（3）调解员提出的建议或发表的意见；（4）另一方当事人已经或没有表示过愿意接受调解员所提出的和解建议的事实。美国《统一调解法》采纳近乎绝对的保密性保护方式，规定调解过程中披露的一切信息都具有保密性。法国法学家则根据保密级别将调解信息分为初级保密调解信息和高级保密调解信息，前者是指所有与调解有关的信息，后者则指初级保密信息过渡来的禁止在诉讼程序中披露的信息，包括调解程序中的信息、方案或承认以及调解程序中的笔录等。① 不过法国学者仍然无法准确界定高级保密信息的范围。

调解保密性建构过程中"调解信息"的激烈交锋远未尘埃落定。2006年3月颁布的《电力争议调解暂行办法》第22条规定，任何一方当事人不得泄露其在调解过程中获知的、可能损害他人利益的信息。电力监管机构不得向任何人泄露在调解过程中获知的可

---

① 参见周建华：《司法调解的保密原则》，载《时代法学》2008年第5期，第75—76页。

能损害他人利益的信息。该条将"调解信息"界定为"可能损害他人利益的信息"。但是"可能损害他人利益的信息"本身就是一个宽泛而模糊的界定，法官考量是否适用保密性必须运用自由裁量权，这就使得调解保密性因法官认知的差异而变化不定。有学者借助"法律事实"和"法律行为"概念将调解信息分为调解事实信息和调解行为信息。① 在法理上，法律事实包括法律事件与法律行为，与法律行为相对的是法律事件。该学者的划分混淆了"法律事实"和"法律行为"的关系而使得该标准丧失了存在前提。况且这种根据是否形成于调解程序和行为人意思表示效果而辨识调解信息的方式过于绝对，一份与调解标的直接相关的欠条因形成于调解程序之外就不适用于调解保密性可能会打击当事人参与调解、提供证据的积极性。

《若干意见》比较全面地界定了"调解信息"的范围。从事调解的机关、组织、调解员，以及负责调解事务管理的法院工作人员，不得披露调解过程的有关情况，不得在就相关案件进行的诉讼中作证，当事人不得在审判程序中将调解过程中制作的笔录、当事人为达成调解协议而作出的让步或者承诺、调解员或者当事人发表的任何意见或者建议等作为证据提出。同时还从反面对三种例外情况做出明确规定，双方当事人均同意的，法律有明确规定的或者为保护国家利益、社会公共利益、案外人合法权益，人民法院认为确有必要的情形下，法官可以刺破调解保密性的限制而在审判程序中适用调解信息。应该说，《若干意见》对"调解信息"的界定比较详尽，不过适用范围仍然相当有限，这就极大限制了"调解信息"的适用空间。我们应当理性透视各种观点，并在此基础上探求更加合理的界定标准。

需要明确的是，处于探索阶段的中国调解保密性仍手握一片苍

---

① 参见周建华：《司法调解的保密原则》，载《时代法学》2008年第5期，第76-77页。

茫，不可能将调解程序披露的一切信息都予以排除，否则只会在亦幻亦真中滋生更多的错案，更可能被有些人当作规避于己不利诉讼后果的挡箭牌。笔者认为，调解信息应限制在与调解争议标的相关的信息，具体包括当事人在调解过程中披露的信息，当事人提出的以达成协议为目的的调解邀请、建议或方案，当事人在调解过程中作出的陈述与承认，调解人提出的调解建议或者方案以及调解程序的进展与结果等。调解保密性的宗旨在于为当事人创造轻松、坦诚的对话氛围，不必担心调解信息可能作为对己不利的证据。调解程序不应成为某些人过滤证据和事实的工具，调解保密性不应也不能成为阻碍实现实质正义的诡辩。与调解标的相关信息的"调解信息"框架界定有助于当事人积极参与调解程序，免受后续诉讼不利后果的困扰，为调解过程和调解信息保驾护航。

4. 调解保密性的例外

调解保密性是调解程序利益与发现真实之间的博弈过程，法官不能因为调解保密性使发现真实和司法公正的孜孜追求湮没于制度的狭方中。在关闭调解通向诉讼的闸门时，又必须合理开放程序闸门而泄流某些调解信息。我国的调解保密性应以普遍保密为原则，确定列举例外为补充。

调解保密性的例外应包括以下情形：（1）当事人双方同意。调解是合意型纠纷解决方式，当事人可以自由处分自己的权利，放弃调解保密性的保护未尝不可。（2）第三人主张的信息。调解协议约束双方当事人，但是对案外第三人不产生约束力。一旦第三人在诉讼过程中提出这些信息，法官就不受调解保密性的约束而可采纳为证据。（3）证明调解协议有无或者履行情形时。在双方当事人就调解协议有无以及调解协议内容发生争执时，如仍遵循调解保密性，当事人证明调解协议的存在及其和调解协议内容就举步维艰。此时突破调解保密性允许当事人提交调解协议或者要求调解人出庭作证就更是发现真实的题中之意。（4）先前存在的调解信息。调解过程中经常会出示事先存在的事实、声明、文件以及其他证据，这些调解信息不经过调解程序也可以获悉，特别是信息是公共记录或者公共文件，此时就没有排除。（5）关涉公共利益的调解信息。调解信息涉及当事人意图犯罪或者有害行为，或者正在进行的犯罪或有害行为，如果仍然适用调解保密性，就会纵容犯罪或者有害行为的发生，导致公共利益受到侵蚀。法官可以将关涉公共利益的信息采纳作为证据。当然，调解保密性必然涉及法官的裁量权行使。对于中国这样公权力极度张扬的国度而言，法官的权力应予极大限缩，对于调解保密性而言更是如此。"为了避免调解员与审理案件的法官沟通过多造成对调解保密性的破坏，各地法院可以指定专门机构或人员负责与调解组织和调解人员之间的信息沟通，在审理案件的法官和调解者之间形成一个缓冲带。"① 但是对某些特定案件，法官必然要运用自由裁量权权衡调解程序利益与发现真实的优劣而作出选择。但法官对于调解保密性的裁量权应压缩到最低，抑或是最后的手段。

5. 调解保密性的权利人

既然规定了调解保密性，就要厘清调解保密性的权利人，即哪些人可以主张调解信息应予排除。《统一调解法》是很好的借鉴样板。纠纷当事人有权主张调解中的信息保密，并且阻止其他人公开调解信息；调解人有权主张关涉自身的调解信息保密，法官不能强制调解人出庭作证，阻止其他人公开调解人的调解信息，其他程序参与人有权主张自身信息或者作证的特权，阻止任何其他人公开这些信息。其他程序参与人是指当事人和调解人以外参与调解的人，包括证人、朋友、当事人律师和其他参与调解的人。当事人、调解人和其他程序参与人都有权主张调解保密性。

我们可以通过一起案件来剖析调解保密性的权利人以及对调解保密性违反时的制裁。

---

① 蒋惠玲、李邦友、向国慧：《进一步完善人民法院调解工作机制》，载《中国审判》2009 年第 9 期，第 14 页。

2006 年 5 月，律师张某某因竞价排名合同纠纷与百度对簿公堂，后双方达成和解，并签下合同，约定百度给张某某优惠。但是后来由于百度擅自涨价和点击欺诈等问题，北京市京博律师事务所以律师张某某为首的百度用户于 2006 年 6 月又以"百度对竞价排名单方面涨价"为由起诉百度。百度认为网站已于 5 月中旬在系统中公布了调价信息，尽到公示义务，同时双方合同中约定百度有自主调价的权力，网站自身并无过错。此后，双方在庭外调解，张某某表示希望向百度提供法律咨询服务，换取百度竞价排名的优惠，于是双方达成保密性协议，张某某撤诉。

但张某某撤诉后，不仅频繁接受媒体采访，透露出保密性协议的相关内容，更是涉嫌以不实之词对百度竞价排名进行攻击。为此，百度对张某某提起诉讼，并停止与其的竞价排名合同。12 月 20 日，海淀区法院判决被告张某某败诉，并判处张某某赔偿百度 50 万元以及相关费用。在百度起诉后不久，张某某也在海淀法院对百度提起新的诉讼，向百度索赔 70 万元人民币。

海淀区人民法院开庭审理了此案。法庭最终认为，张某某"明显违反诚实诚信原则"，其行为"给百度公司试图通过和解方式解决相关争议问题的全部努力造成严重损害，合同目的已不能实现，属根本违约"。为此，法院一审判决"驳回张某某的诉讼请求"，并承担全部 12065 元的诉讼费用。①

不难看到，张某某与百度公司达成保密协议，就应受到调解保密协议的约束，但是张某某却违反调解保密协议披露了调解协议的内容，严重违反了调解保密性的制度性要求。根据调解保密性，纠纷当事人百度公司有权主张调解保密性，并对张某某违反调解保密

① http://net.chinabyte.com/238/3023738.shtml，最后访问日期：2016 年 12 月 15 日。

性进行法律制裁。令人欣喜的是，海淀区人民法院判决很好地维护了调解保密协议的效力。尽管法院并未根据调解保密性对张某某进行制裁，但是此案的判决却带有很强的调解保密性色彩，这也是中国司法实践凝眸于调解保密性而开拓调解远景的重大进步。

（五）调解保密性与证据交换制度的衔接

审前调解程序有助于实现案件繁简分流，却引发了与审前准备程序的冲突：两者到底是分别设立还是融于一体呢？程序分别设立极易导致程序的繁杂，审前调解—审前准备程序—庭审程序，既未提高纠纷解决效率，又增加法院的成本支出。程序融合亦会形成矛盾：调解程序追求保密性，而审前准备程序的目的在于为庭审程序整理争点和固定证据，公开争点和证据是最基本的要求。因此，审前调解与审前准备程序的价值指向悖逆，但是两者时空维度的同态性也为两者的融合提供了基础。两者关系的调和应根据案件类型具体分析。案件立案后，立案庭对某些特定类型案件可征求当事人意见决定是否调解，当事人同意后，由调解法官会同调解员组成调解庭进行调解，调解成功的，当事人可以撤诉，也可由法院制作调解书。调解不成的，开展审前准备程序，决定调解信息是否受到调解保密性的保护。当事人不同意调解的，案件直接进入审前准备程序，在法官主持下，当事人进行证据交换，法官整理案件争点。当事人交换完证据，摸清对方当事人掌握证据的优劣后，法官可进行审前调解。调解成功的，当事人可以撤诉或者由法院制作调解书；调解不成的，直接进入庭审程序。法官在庭审程序中决定调解保密性的规制范围。

美国90%以上的案件不进入到正式审判程序，缘由就是发达的发现程序和审前和解会议制度。两者均以达致和解为指向，"证据开示程序不仅可以使各方当事人得以了解对他们有利而在另一方

当事人手中的全部事实，而且可以使他们了解有利于其对手的那些
事实"。① 信息交流后当事人可以理性分析主张的合理性以及证据
的优劣性，以及诉讼可能产生的后果，参加审前和解会议的可能性
更高。然而，美国的证据发现程序不适用于中国。证据发现程序与
美国的陪审制诉讼文化以及集中审理模式休戚相关。陪审制仍是英
美法系诉讼制度大厦的根基，这正如梅特兰所言，我们已经埋葬了
诉讼形式，但它们仍然从坟墓里统治着我们。② 我国缺乏个人本位
的价值观、陪审制的诉讼文化以及司法集中审理模式，不具有移植
证据发现程序的制度基础。尽管如此，我们仍可借鉴证据发现程序
的合理制度内核。

我国已经明确规定证据交换制度。《最高人民法院关于民事诉
讼证据的若干规定司法解释》第 37 条规定，经当事人申请，人民
法院可以组织当事人在开庭审理前交换证据。人民法院对于证据较
多或者复杂疑难的案件，应当组织当事人在答辩期届满后、开庭审
理前交换证据。但是我国的证据交换与美国的发现程序有根本的差
异。肖建华教授用图表形象地阐释了两者的差异：③

美国：防止突然袭击→设置证据交换制度→防止滥用证据交
换→增加举证时限的内容

中国：强化当事人举证责任→要求当事人限期举证→重大复杂
案件交换证据

显而易见，中国的证据交换制度是举证时限的组成部分，美国
发现程序先于举证时限。正是这种根本性的差异导致了我国的证据
交换制度忽视了整理争点和交换案件信息的核心功能，当然也没有

---

① 宋冰：《读本：美国与德国的司法制度与司法程序》，中国政法大学出版社
1998 年版，第 424 页。
② ［英］梅特兰：《普通法的诉讼形式》，王云霞等译，商务印书馆 2009 年版，第
34 页。
③ 参见肖建华主编：《民事证据法理念与实践》，法律出版社 2005 年版，第 223-
224 页。

与审前调解程序联系到一起。

建构中国的调解保密性必须把审前调解与证据交换融于一体，并对证据交换制度进行根本性改革。证据交换制度必须压缩法官的权力，扩张当事人的权利，力求当事人成为证据交换的主体，同时必须回归证据交换的本位：整理争点、固定证据和促进和解。美国的自动强制开示制度对我国有着重要的启示作用。当事人在诉讼初期，进行正式开示前，无须对方请求即应主动地开示若干主要的关键证据。自动强制开示制度有助于抑制当事人利用证据交换制度摸清对方当事人证据底细的作用，减少证据交换制度中的当事人投机的可能性，同时也极大增强了当事人交换证据的可能性。

调解法官在审前调解中，必须紧密结合证据交换制度。通过证据交换，双方当事人对彼此的案件事实、证据、争点、立场以及强弱都有一定程度的了解，当事人对纠纷的处理结果有一定的可预见性，使得当事人能够妥善地评估调解方案的可接受性。调解不成时，法官可将证据交换过程所作的笔录和信息作为证据提交法庭，保障诉讼程序的高效进行。应予注意的是，法官开庭审理时，应排除与调解争议标的相关的调解信息。

# 第六章　被告撤诉同意权

　　保障民事私权免受侵犯或褫夺之私权自治的法律品格延伸和释放到民事诉讼程序之中，转变为民事诉讼的支撑性理念——处分权主义。当事人不仅被赋予处分民事实体权利的自由，而且被扩张性地赋予选择与舍弃诉讼程序的权利。作为表征双重形态的处分权主义的程序装置，民事撤诉制度为现代民事诉讼法典所普遍地确立，我国亦不例外。然而，我国的撤诉制度始终未能像起诉制度那样在程序安排上达到较为精细的程度，所构筑而成的法院独享撤诉审查权的制度规范在运作过程中滋生相当严重的利益失衡与制度失序。为此，《关于适用〈中华人民共和国民事诉讼法〉的解释》（以下简称《民事诉讼法解释》）第238条适当引入被告撤诉同意权，孕育而成被告同意与法院终局裁量的二阶性的程序构造，进而在相当程度上推进民事撤诉制度的重大变革。不过，该司法解释关于被告撤诉同意权的制度安排并未实现权利纯化，反而有限制其同意权的不当倾向，确有反思与矫正之必要。

## 一、被告撤诉同意权之确立

　　撤诉，是指原告于起诉后向法院表示撤回全部或者部分诉讼请求，不再要求法院继续为本案终局判决的诉讼行为。就其本质而言，撤诉是当事人于诉讼系属中行使处分权主动终结诉讼程序的具有综合性的诉讼行为和制度装置。所谓综合性，意指撤诉制度是兼具程序内容和实体内容的法律技术。程序性是撤诉制度的主要品格，无论是制度安排，还是法律效果，一般不会引起民事实体权利义务关系的变动。一旦原告撤回起诉，即将终结法院的审判程序，恢复至未起诉前的法律状态。于特定情形下，撤诉制度亦会产生中断诉讼时效的法律效果，[①] 引起民事实体权利义务关系的变动，进而表现为实体性法律技术。

基于此，我国民事诉讼法典明文规定撤诉制度，并在相当长时间内保持不变。尽管如此，法院单向度地裁量决定撤诉正当性的法律规范越发为人所诟病，反思和变革民事撤诉制度成为民事诉讼制度现代化的重要课业。在这一法律背景下，撷取和引入两大法系民事诉讼法典普遍确立的被告撤诉同意权成为基本的学术共识，并为《民事诉讼法解释》所正式确认。引入被告撤诉同意权已经在一定程度上改变了民事撤诉制度的运作模式，[②] 使得我国民事撤诉制度发生颠覆性的变化、取得长足性的进步。

（一）撤诉制度的名与实：单边裁量与利益共谋

《民事诉讼法》第 145 条是民事撤诉制度的实在法依托。该条第 1 款承继旧《民事诉讼法》第 131 条的内容，"宣判前，原告申请撤诉的，是否准许，由人民法院裁定"。透视第 145 条之规定，可以清晰地发现民事撤诉制度的运作逻辑：原告申请撤诉→法院裁量撤诉。这至少隐含着三方面的含义：第一，原告享有撤回诉讼请求的程序选择权，却不能单向性地决定程序结果。第二，法院是原告撤诉行为正当与否的判断者和决策者，垄断地拥有撤诉制度的终极裁量权。第三，被告在撤诉制度的程序推进和利益衡量过程中处于缺位状态，完全被挤压出撤诉制度框架体系。一言以蔽之，就规范层面而言，我国民事诉讼法所采纳的法院单向裁量的撤诉模式渗透和表露出非常浓厚的法院职权干预民事诉讼的色彩。

单向裁量的撤诉模式，乃是法院对原告的撤诉请求进行实质审查，并且独占性地行使撤诉裁量权。采用这种立法模式的主要目的

---

① 参见霍海红：《撤诉的诉讼时效后果》，载《法律科学》2014 年第 5 期，第 90-100 页。

② 其实，这里隐含着利用司法解释改变上位法内容的立法技术问题。本书对此不作探讨。

是确保原告撤诉目的的正当性，消减因原告撤诉而不当侵蚀国家利益或者他人合法权益。① 这意味着被告在撤诉程序中完全丧失表达观点的机会，却在客观上便利法院形成准许撤诉的裁定。一旦这样的便利与司法实践中法官普遍抱持的撤诉偏好紧密地结合起来，势必激发有机的化学反应，合力催生出畸高的撤诉率。据统计，2014年全国法院共计审结民事一审案件 8010342 件，撤诉案件为 1895743 件，撤诉率为 23.67%，② 广东省法院近六年民事一审案件的撤诉率基本维持在五分之一上（见表 3），重庆万州区法院近三年民事一审案件的撤诉率亦是如此，其中 2013 年为 20.94%，2014年为 22.41%，2015 年为 24.21%。③

表 3　广东全省法院 2010—2015 年民事一审案件撤诉率④

| 年份 | 结案数量（件） | 撤诉数量（件） | 撤诉率 |
|---|---|---|---|
| 2010 | 488366 | 115026 | 23.55% |
| 2011 | 432036 | 102513 | 23.73% |
| 2012 | 460331 | 115543 | 25.10% |
| 2013 | 499553 | 108829 | 23.68% |
| 2014 | 496995 | 109769 | 22.09% |
| 2015 | 538976 | 107446 | 19.94% |

　　持续走高的撤诉率映衬出来的法官强烈的撤诉偏好是多重因素综合作用的结果。一方面，作为法院正式承认的结案方式，撤诉具

---

　　① 参见廖永安：《民事诉讼理论探索与程序整合》，中国法制出版社 2005 年版，第 297 页。

　　② 参见《中华人民共和国最高人民法院公报》2015 年第 3 期。

　　③ 参见卢伟、范京川：《做好"加减乘除"破解案多人少难题》，载《人民法院报》2015 年 12 月 16 日第 8 版。

　　④ 数据来源于广东法院网，http://www.gdcourts.gov.cn/ecdomain/framework/gdcourt/ejgfpmhlabbmbboelkeboekheeldjmod.jsp，最后访问日期：2016 年 8 月 16 日。

有判决或者调解等其他方式所无法比拟的优势。无须繁杂的事实认定和法律适用过程，即可生成撤诉裁定，加之制作撤诉裁定比较简单，大大减轻了法院的工作负担。更为重要的是，当事人无权就撤诉裁定提起上诉，使得法院免受上诉审查和被纠正错误的可能，进而不必承受错案责任追究的法律风险。另一方面，撤诉率是复杂的法院绩效考核指标的重要内容，它就像指挥棒一样督促或迫使各级法院的法官采用各种手段使得原告接受撤诉结案的结果，从而达到或者超额完成法院所设定的撤诉率。

毋庸置疑，单方裁量的撤诉模式为法官多方追逐撤诉提供了良好的条件，进一步营造出法官鼓励撤诉或者动员撤诉的司法氛围。热衷于撤诉的法官已经不满足于原告申请撤诉后的被动性的裁量，而是运用多种手段主动出击，动员或者强迫原告行使撤诉权。有时，当要件事实处于真伪不明，必须采用证明责任判决时，法官却动员原告撤诉以便规避证明责任判决；有时，法官在事实认定不清或者证据不足时，以判决驳回诉讼请求为威胁变相强迫原告撤回诉讼请求，① 这样的情形不一而足。如此一来，撤诉制度的运作逻辑被异化为：法院动员撤诉→原告申请撤诉→法院准许撤诉（这已经在很大程度上背离了不告不理的民事诉讼程序机理），导致法院很少驳回当事人的撤诉声请。与其说法院对原告的撤诉行为的正当性加以实质审查，不如说法院对原告的撤诉行为只进行简单的形式审查而已。

无论是正常的撤诉制度逻辑，还是被异化的撤诉运作逻辑，其间均是法院与原告之间多次的利益交涉与博弈过程。更确切地说，在实然的制度运作层面上，撤诉制度妥适地实现了制度支配者与被支配者之间的利益共谋。在正常的撤诉制度逻辑下，一旦原告提出撤诉声请，规避败诉风险也好，造成被告讼累也好，抑或其他选择

---

① 参见霍海红：《论我国撤诉规则的私人自治重构》，载《华东政法大学学报》2012 年第 4 期，第 113-114 页。

性退出诉讼战场的原因也好，均迎合于法院追逐撤诉率的欲望。故此，作为制度决策者的法院基本不会驳回原告的撤诉声请。此为法院与原告之间在客观的撤诉效果上所达成的利益共谋，但其实起着支配性作用的反而是被支配者的原告。在异化后的撤诉运作逻辑中，法院在追逐高撤诉率的利益驱使下运用各种手段鼓励或者动员原告撤诉，在大多时候会契合原告的撤诉心理（不可否认，有时亦会违背原告续行诉讼的意愿）。共同的撤诉意愿促成法院与原告之间在主观上形成撤诉的利益共谋。不同的是，作为制度支配者的法院在其间发挥着主导性和决定性的作用。

（二）确立被告撤诉同意权之必要性

民事诉讼是原告、被告和法院协同共治而成的角色分配体系和权利救济渠道，各项子制度均应致力于保障三方诉讼主体之间妥适的程序安排以及当事人权利与法院权力的适度平衡。管窥我国民事撤诉制度的静态法律规范和动态运作过程，其间充斥着原告申请撤诉权与法院裁量权的单向控制和利益共谋，却始终没有为被告预留任何的程序角色，当然无法建构出被告制约原告的横向控制脉络。正是因为撤诉制度中被告的角色缺位及其程序利益遭受严重漠视，导致"诉讼主体在撤诉中程序控制力配置的失衡"。[①]

众所周知，原告拥有开启和关闭民事诉讼程序的主动权，而被告基本上处于被动的防御状态，立案登记制的全面推行更是扩大了被告被动地卷进民事诉讼中的可能性。被告在诉讼系属后势必会就原告的诉讼请求与攻击要点，在事实问题、证据问题、法律问题或者程序问题上进行必要的防御性准备，并且生成透过胜诉判决确定纠纷解决基准的期待利益。倘若原告不经被告同意而单方面撤回起诉，不仅彻底地忽视被告的程序主体性地位，而且严重抹杀被告所作的多方努力和成本付出。更为关键的是，撤诉裁定不生既判力，

---

① 李潇潇：《我国民事一审撤诉的程序设计研究》，载《中南大学学报》（社会科学版）2016年第2期，第52页。

法律又未明定撤诉次数，这意味着原告在撤诉后可以再行起诉，被告将被迫陷入二次或多次的诉讼防御和费用支出的困境。缺乏必要的费用补偿制度，进一步恣意引发原告利用撤诉制度实现打击被告或毁损名誉等不正当目的的可能性，从而使得撤诉制度被异化为原告达到非正当性目的的制度性工具。我国往往习惯于将撤诉制度的困境归结于法院绝对化的撤诉裁量权，[①] 却在一定程度上忽略原告滥用撤诉权所导致的制度异化。其实，困扰着民事撤诉制度的主要困境是没有妥当地建立针对原告与法院的规制机制，[②] 缺乏精细化与可视性的程序运作规则。

就此，正视被告的程序主体性地位，赋以被告就原告撤诉声请的同意权成为普遍性共识，并被正式嵌入到民事撤诉制度中。《民事诉讼法解释》第 238 条第 2 款规定："法庭辩论终结前原告申请撤诉，被告不同意的，人民法院可以不予准许。"《民事诉讼法解释》第 338 条亦有二审程序中原审原告撤诉须经原审被告同意的类似规定。毫不讳言，被告撤诉同意权已为民事撤诉制度所正式吸收，在不同维度上保障原告撤诉权和法院裁量权的正当使用。

被告撤诉同意权，是指被告就原告的撤回起诉请求享有的同意与否的程序性权利。于我国而言，这是一项制度变革者经由司法解释创设的新型权利，应当对其权利面相予以多方位的呈现。被告撤诉同意权的最直观面相是程序性权利。原告于判决确定前撤回起诉，表明其不想透过判决形式来确定讼争法律关系的实体裁断基准，更希望尽快终结诉讼程序，进而溯及性地消灭诉讼系属。被告在诉讼过程中同意原告的撤诉请求，意味着诉讼两造已就"未在程序上确立纠纷解决基准之前提下就终结诉讼"问题形成高度共识，期待利用撤诉裁定书终结诉讼程序。相反，被告拒绝原告撤诉

---

① 参见许少波：《关于我国民事撤诉制度的立法建议》，载《人民司法》2007 年第 13 期，第 65-68 页。

② 参见王福华：《正当化撤诉》，载《法律科学》2006 年第 2 期，第 113 页。

的请求，只是表明被告希望民事诉讼程序继续进行，与被告获得胜诉判决是截然不同的问题。概言之，被告撤诉同意权基本不牵涉原告的权利主张是否具有法律正当性、要件事实有否充足证据加以证明等民事实体权利义务关系的判断问题。尽管《民事诉讼法解释》第 338 条第 2 款确立原审原告于二审程序中撤回起诉后禁止再行起诉原则，亦未改变被告撤诉同意权的程序性权利的品性。究其原因在于，该条主要是提升诉讼效益和保障被告利益的平衡结果，而非确定民事实体权利义务裁断基准的一般既判力机理。

被告撤诉同意权在运作逻辑上表征为选择性权利。被告已就本案为实质性防御或者言词辩论后，对受诉法院形成以本案判决确定民事私权纠纷解决基准的期待利益。一旦原告撤回起诉，这种期待利益不可能成就。基于外现为地位平等、机会平等和风险平等的武器平等原则，实有赋予被告就原告撤诉请求表达意见的实质性机会的必要。就原告的撤诉请求，被告拥有被告撤诉同意权和被告撤诉拒绝权这样两种维度的权利可供选择。就前者而言，被告选择同意原告的撤诉请求，终结民事诉讼程序；就后者而言，被告选择拒绝原告的撤诉请求，续行民事诉讼程序。被告有权运用被告撤诉同意权，亦有权行使被告撤诉拒绝权，到底选择何项权利由被告自主决定。可见，被告撤诉同意权的实质是法律赋予被告的同意原告撤诉请求的程序选择权。在司法实践中，大多数被告倾向于选择被告撤诉同意权，避免烦琐诉讼程序的持续滋扰，削减诉讼成本的扩张性消耗。不过，被告亦须承受原告再行起诉而滋生的权利不安定风险。在少数案件中，尤其是原告利用撤诉制度来逃避败诉判决或者重新收集证据等情形，被告可能运用法律赋予的被告撤诉拒绝权阻截原告不当的功利性请求。于被告而言，更为妥当的程序选择是续行民事诉讼，透过终局判决确定民事纠纷的解决基准并截断原告再行起诉的渠道。

被告撤诉同意权的核心面向的是实质性权利。所谓实质性权利，指称三重内容：一是被告撤诉同意权已经跃升为法律规范层面，成为具有坚实法律依托的实在性权利。二是被告撤诉同意权是一种不必受制于法院撤诉裁量权的终极规制，能够独立地支配撤诉效果的法律权利。三是规范意义上的被告撤诉同意权的法律效果在实践层面上以正当的方式适时地表现出来。就其表现样态而言，可将第一层面和第二层面的权利概括成静态意义的实质性权利，将第三层面的权利归纳为动态意义的实质性权利。被告撤诉同意权的完整的实质性权利面向的是静态意义的实质性权利与动态意义的实质性权利的相互融合与交互作用，某一权利面相的缺失都将破坏实质性权利的完整性，减损被告撤诉同意权的制度效能。

独立支配原告撤诉的法律效果是被告撤诉同意权的实质性的最重要表征，亦是被告撤诉同意权的独立性的核心要旨。原告撤诉申请权与被告撤诉同意权是一对组合型权利，前者指涉撤诉权利的开启，后者指向撤诉权利的闭合。这不可避免地造成被告撤诉同意权呈现出被动态势，没有原告撤诉申请权的现实利用，就无法启动被告撤诉同意权。原告撤诉须同时符合形式要件与实质要件才能真正生效，被告运用被告撤诉同意权而同意原告撤诉是撤诉行为的主要的实质性生效要件。当原告撤诉行为具备其他要件时，若被告同意原告的撤诉请求，法院应准许原告撤诉。被告撤诉同意权的实质性权利面貌得以充分展现。需说明的是，被告同意撤诉仅是撤诉的生效要件，不影响原告撤诉行为的发生。"撤诉毕竟是原告单方向法院的意思表示，即使需要征得对方当事人的同意，它仍属于原告的单方行为，被告同意仅是撤销效力发生之要件而已。"根源在于，现代民事诉讼法典均将撤诉归结于原告的意思自由，原告有权依诉讼情境与自身情况等因素自主决定撤回起诉，撤诉是能够直接产生诉讼法上效果的有效性诉讼行为。被告撤诉同意权展露权利实质性的过程亦交织反映着这种权利的独立性。原告撤诉行为在符合主体要件与时间要件的前提下，一旦被告同意撤诉即直接产生撤诉的法律效果，不必再经法院的撤诉裁量。可见，独立性品格妥适地理顺了被告撤诉同意权与法院裁量权的彼此关系。

将被告撤诉同意权嵌入民事撤诉制度中，亦是我国撤诉制度走向规范化和现代化的关键步骤。一旦原告提出撤诉声请，法院不再像以往那样单边裁量撤诉，而应征得被告的同意。显而易见，被告撤诉同意权透过建立横向控制力来约束原告的非正当化撤诉，透过纵向控制力限制法院撤诉裁量权的恣意性和绝对化。于前者言之，当被告发现原告基于正当理由提出撤诉，同意原告撤诉将使其免予冗繁诉讼的持续困扰，彰显出实质性参与撤诉的过程。若原告的撤诉是基于规避不利诉讼结果或恶意损害、拖垮被告等不当事由，被告拒绝原告撤回起诉将沉重打击原告滥用撤诉权的行为。于后者而言，在原告申请撤诉权与法院裁量权之间嵌入被告撤诉同意权这一中间渠道，将会大大抑制法院动员撤诉或者强制撤诉的欲望，缩减法院与原告利益共谋的空间，促使法院适时适度地行使撤诉裁量权。概言之，重视被告撤诉同意权必然加深被告在民事撤诉制度中的主体性地位，矫正撤诉制度中诉讼主体权利/权力配置的失衡，构建诉讼主体之间更加平衡的关系结构。

## 二、被告撤诉同意权之不当限制

制度化被告撤诉同意权有效地改变了原告过分滥用撤诉权以及法院与原告利益共谋提升撤诉率的现实，改变着被告主体地位与程序利益遭受严重漠视的局面，改变着民事撤诉制度中的角色分担与关系结构。却不得不承认，这种改变事实上是很有限的，绝非根本性的制度变革。主要原因在于《民事诉讼法解释》引入被告撤诉同意权的过程中并未课予其独立支配撤诉效果的绝对性地位，亦未摆脱法院职权的后续性规制和终极性决策。被附加不正当条件后，被告撤诉同意权在规范层面与实践运作中难免遭遇限制性适用的窘境。这反映出民事撤诉制度中被告撤诉同意权的规范异化与权利变形。

被告撤诉同意权在规范层面上缺失实质性地位与独立性品格，致使这种新型权利在司法实践层面亦未得到充分的认可和广泛的适用。笔者调研访谈了十多位在基层法院从事一线工作的办案法官，绝大多数法官竟然不知道第 238 条 "原告撤诉原则上须经被告同意" 的法律规定，更谈不上对被告撤诉同意权的全方位了解。只有两位法官知悉司法解释引入了被告撤诉同意权，却表示在司法实践中基本不会实践这种权利。这种说法亦在民事撤诉裁定书中得以全面印证。

为一窥被告撤诉同意权的实施情况，笔者在 "中国裁判文书网" 上随机抽取了 2015—2017 年的 150 份民事撤诉裁定书。尽管无法全面反映被告撤诉同意权的运作全貌，但是基本上可以展现出司法实践对被告撤诉同意权的接受度和利用率。在这 150 份民事撤诉裁定书中，只有 6 起案件原告撤诉案件征得被告的同意，实践被告撤诉同意权的案件所占比重仅为 4%。有的案例简单表述为，"原告……自愿撤诉，并经被告同意认可" 或者 "原告以被告同意此事就此了结为由"，有的案例表述得非常细致，"原告自愿撤诉，且两被告同意原告撤诉，符合法律规定，应予准许" 或者 "原告自愿申请撤回起诉，业经被告同意，且没有违反法律的行为需要依法处理，符合法律规定，可以准许"。

有 25 起为和解撤诉案件，但是当原告申请撤诉后，法官未征求被告意见直接准予撤诉。与此形成鲜明对比的是，采用被告撤诉同意权的案件有 2 起和解撤诉后法官再次征求被告的意见。在刘某某诉被告保定某塑业有限公司民间借贷纠纷案中，撤诉裁定书明确写明 "本院认为，原告以已经与被告达成和解为由向本院提出撤诉申请，并无违反法律规定，经征询被告意见，被告同意原告撤诉……故对原告撤诉申请，可予以准许"。在成都某实业有限公司诉大连某商贸有限公司和某钟表珠宝商贸（上海）有限公司特许经营合同纠纷案中，撤诉裁定书显示，"本案在判决宣告前，原告以其与被告已达成庭外调解为由，于 2015 年 12 月 7 日向本院申请撤回对二被告的起诉，并经二被告同意认可"。可见，法院在和解撤诉案件中没有征求被告同意，亦没有采用被告撤诉同意权。

其余 124 起案件由法院裁量撤诉，没有依照法律规定征求被告的意见。有的裁定书简单表述为，法院认为，原告申请撤诉，不违反法律规定或者系其真实的意思表示，应当准许撤诉。有的裁定书则淋漓尽致地反映了公共利益判断标准。例如，江苏某种业股份有限公司诉赣榆区班庄镇某农资经营部侵害植物新品种权纠纷案的撤诉裁定书明确写明"本院认为，原告江苏某种业股份有限公司有权在法律规定范围内处分自己的民事权利和诉讼权利，其撤诉申请符合有关法律规定，并不损害国家、集体及其他人的合法权利，应予准许"。在郑州某电缆有限公司与岳某侵害商标权纠纷案，撤诉裁定书亦表述为"本院认为，郑州某电缆有限公司自愿撤回起诉是其真实意思表示，且未损害国家利益、社会公共利益及其他第三人的合法权益，符合法律规定，予以准许"。其他的很多案件亦有相同或者类似的表述。

不容否认，被告撤诉同意权在我国司法实践很少被现实地利用。换言之，被告撤诉同意权在司法实践上基本没有表现出实质性权利的基本属性，反而在相当程度上呈现出权利弱化或权利虚化的不当走势。

（一）后推被告撤诉同意权的适用时间

梳理《民事诉讼法》第 145 条与《民事诉讼法解释》第 238 条之规定，可知被告撤诉同意权仅仅适用于法庭辩论终结后至法院宣判前的有限时间段，而在法院立案受理至法庭辩论终结前的大部分时间段，是否准许原告的撤诉仍然取决于法院裁量权，无须被告同意。可见，作为制度变革者的法院借由《民事诉讼法解释》第 238 条引入被告撤诉同意权试图打破法院裁量权支配民事撤诉制度的局面，与此同时，对被告撤诉同意权的制度尝试却是慎之又慎的。我们应当肯定法院制度变革的美好意愿，亦应意识到人为划定适用界限必然割裂或限制被告撤诉同意权的正当适用，侵蚀民事诉讼程序的完整性。

原告于法庭辩论终结后至法院宣判前申请撤回起诉，考虑到被告已为本案支出相当大的有形成本和无形成本，在制度设计上赋予被告撤诉同意权是相当明智的。那么，被告撤诉同意权是否只能适用于这么有限的时间呢？不然。在维持《民事诉讼法解释》第238条的前提下，笔者以适用时间为标准，将第一审程序的撤诉细分为诉讼系属后至被告答辩前的答辩前撤诉、被告答辩后至法庭辩论终结前的答辩后撤诉和法庭辩论终结后至法院宣判前的宣判前撤诉。接下来就需要审视答辩前撤诉和答辩后撤诉在法理上是否需要被告撤诉同意权的保障。

在现有制度安排上，答辩前撤诉须经法院同意方能发生法律效果。尽管在司法实践中法院很少会拒绝原告的撤诉声请，但是在制度机理上仍有法院职权吞噬原告撤诉权的危险。原告于诉讼系属后被告答辩前申请撤诉意味着原告期望在被告尚未进行答辩前尽快退出诉讼战场，免予持续性地消耗不必要的人力、物力以及无形成本。对于法院而言，应当充分尊重原告对于私权的程序处分，不应人为地为原告撤诉设定诉讼障碍。对于被告而言，可能刚刚收到起诉状副本尚未弄清原告的请求要点或者整理出实质性的答辩要点，其为诉讼所投入的精力异常有限，不经被告同意即可撤诉更利于保护原告撤诉权。更何况，有时被告可能尚未收到起诉状副本根本无法知悉民事诉讼，要求原告撤诉须经被告同意更属程序不能。[①] 故此，答辩前撤诉无须法院裁量权的制约，亦无须被告撤诉同意权的制衡。《德国民事诉讼法》第269条第1款、《法国新民事诉讼法典》第395条第2款、《日本民事诉讼法》第261条第2项、《韩国民事诉讼法》第266条第2款、我国台湾地区"民事诉讼法"第262条第1款以及《美国联邦民事诉讼规则》第41条对此均予以确定。

依照现有制度安排，被告同意并非答辩后撤诉的生效要件。其

---

① 参见李潇潇：《民事一审撤诉的类型化研究》，载《华东政法大学学报》2015年第4期，第100页。

实，一旦被告为诉讼答辩或者言词辩论，就意味着被告已为本案的实质性防御支出相当的人力、物力、财力以及时间等，并且产生获得胜诉判决解决私权纷争的期待利益。"尤其原告之诉于未经本案终局判决而撤回者……视同未起诉，原告得另行起诉。为求程序之平等，自有尊重被告意思之必要。"① 基于此，采用被告撤诉同意权限制原告撤诉权以增进诉讼两造之间的实质平等成为必然的制度选择。两大法系国家和地区均将被告撤诉同意权的适用时间限定于被告已为诉讼答辩或言词辩论等实体性防御之后。② 我国却将被告撤诉同意权的开启时间后推到法庭辩论终结后，致使答辩后撤诉无法与被告撤诉同意权有机地对接起来，从而大大缩减被告撤诉同意权的调控空间，弱化被告撤诉同意权的制度功能。

综上所述，原告于被告答辩或者言词辩论后提起撤诉，均须经被告之同意，《民事诉讼法解释》第 238 条后推被告撤诉同意权的适用时间是一种割裂被告撤诉同意权的狭隘做法。

（二）被告撤诉同意权受制于法院裁量权

即使仅就宣判前撤诉而言，被告撤诉同意权仍然无法单独决定撤诉的法律效果。依照《民事诉讼法解释》第 238 条第 2 款之规定，若被告同意原告撤诉，且不违反法律规定，法院可以准许；若被告不同意，法院可以不予准许。③ 采用"可以"这样具有选择性指向的术语表明制度变革者不愿被告撤诉同意权直接决定撤诉效果，其实还是更加相信法院职权的终极控制权。不妨这样理解前条规定：若被告同意原告撤诉，法院于必要时可以不予准许；若被告拒绝原告撤诉，法院认为撤诉正当合法的，可以准予原告撤诉。笔者将这种被告撤诉同意权辅以法院裁量权的撤诉体例称之为二阶性

---

① 姜世明：《民事诉讼法》（下册）（修订三版），新学林出版股份有限公司 2015年版，第 218 页。

② 参见王福华：《正当化撤诉》，载《法律科学》2006 年第 2 期，第 115 页。

③ 参见沈德咏主编：《最高人民法院民事诉讼法司法解释理解与适用》（上），人民法院出版社 2015 年版，第 617 页。

撤诉模式。在此模式下，新增设的被告撤诉同意权的程序要件并未真正撼动法院在撤诉制度中的主导者地位，它就像一道不受自己控制的程序闸门，由法院决定最终的闭闸或者泄洪。

被告撤诉同意权依附于或受制于法院裁量权的制度设计昭示出法院未予摒弃长期奉行的法院本位主义，站在制度运营者的单一视角观察问题和设计制度。不愿舍弃终极裁量权的主要目的是保证法院对撤诉制度的绝对控制权，并将其以显明或隐形之方式用以提升撤诉率。在这种功利性目的的驱使下，法院更倾向于通过终极裁量权来约束或者压制被告撤诉同意权。若被告同意原告撤诉的，因其契合法院所追逐的撤诉率利益，易于为法院所接受，不必动用终极裁量权。如若被告行使拒绝权而法院认为符合撤诉要件，在法院看来，续行诉讼将会背离法院的自身利益，更会浪费有限的司法资源，可能准予原告撤回起诉。"只要私人还没有将官方标准变成自己的标准，国家就需要保留对政策实施渠道的最终选择权。"① 动用终极裁量权改变被告的选择结果成为我国法院更为可能的选择。

诚如新堂幸司所言，"对于这种从制度设立、运营者立场出发的合理化路线，应当从（通过民事诉讼来保护权利的）利用者立场出发，经常予以严厉的批评和反省。国家不能在效率化的名义下，拒绝提供保护权利之服务或缩减服务的内容，进而使民事诉讼制度沦为无法利用的腐朽制度"。② 一味张扬法院终极裁量权势必造成被告撤诉同意权缺乏直接决定撤诉效果的独立性，甚至在根本上被吞噬。任何一项实在权利均应具有独立决定其运作逻辑和权利效果的特性，被告撤诉同意权概莫能外。如果不进行根本性的改变，赋以被告撤诉同意权以独立性与实质性，那么被告撤诉同意权继续呈现出可有可无的弱化态势，既无法有效地保障被告的程序利

---

① ［美］达玛什卡：《司法和国家权力的多种面孔》，郑戈译，中国政法大学出版社 2004 年版，第 230 页。

② ［日］新堂幸司：《新民事诉讼法》，林剑锋译，法律出版社 2008 年版，第 8 页。

益与实体利益，也无法有效地制衡原告滥用撤诉权。

依比较法视角观之，现代民事诉讼法的通例是以被告撤诉同意权作为原告撤诉之生效要件，排斥法院终极裁量权的运用。缺少法院终极裁量权的后续性规制，被告撤诉同意权切实成为独立地决定撤诉效果的实在权利。这也在一定意义上反证我国目前所采行的二阶性撤诉模式有着相当大的不合理性。

（三）被告撤诉同意权被附加不同条件

原告撤诉权适用于第一审程序，亦可延伸适用于第二审程序。然而，司法解释在规定第二审程序的撤诉时，却采用了比第一审程序的撤诉更为严格的程序要件。《民事诉讼法解释》第338条第1款规定："在第二审程序中，原审原告申请撤回起诉，经其他当事人同意，且不损害国家利益、社会公共利益、他人合法权益的，人民法院可以准许。准许撤诉的，应当一并裁定撤销一审裁判。"可见，第二审程序的撤诉的生效要件除了被告撤诉同意权和法院裁量权之外，又增加了对公共利益或他人利益的判断项。尽管有时公共利益或他人利益可作为法院裁量时的选择项，但是，法院裁量撤诉考量的因素多种多样，加之司法解释将其明确列出，将公共利益或他人利益作为独立要件更为合理。故此，笔者将司法解释所采行的第二审程序的撤诉立法例称为三阶性撤诉模式。

相较于二阶性撤诉模式，三阶性撤诉模式额外增设公共利益或他人利益的除外事由，适用要件更为严苛。究其原因在于，无论何方当事人启动第二程序，一审法院的终局判决即处于尚未确定的状态，唯有依赖二审法院的审理与裁判才能最终确定纠纷解决的实质性基准。不仅二审法院须为此耗费相当多的司法资源，而且其他当事人（包括原审被告）亦须为此消耗更多的司法成本。原审原告于第二审程序声请撤回起诉，事实上否定了一审法院已经生成的终局判决以及为此所耗费的司法资源，使得原审被告所进行的两级法院审判参与和支出的司法成本化为徒劳。更有甚者，原审原告可能将撤诉制度作为规避二审法院终审败诉风险的合法性工具。为此，在第二审程序中，为原审原告撤诉设置比第一审程序的原告撤诉更为严苛之条件似乎显得合情合理。[①] 在我国这样高度推崇国家利益与社会公共利益的司法语境下，将保障公共利益或他人利益吸收为第二审程序的撤诉要件亦不足为奇。

在被告撤诉同意权之上附加额外要件会有效地事先预防公共利益或他人利益遭受不当侵蚀，但却犯了以例外代替原则的逻辑错误，进而增加了原审原告撤诉的难度，削减被告撤诉同意权本就不大的独立性。在规范出发性诉讼理念中，透过解决民事纠纷保障国民的私权是建构现代民事诉讼制度的根基，民事诉讼中大多出现的均是不会关涉公共利益或者他人利益的零碎的私人之间的争执。尽管近年来，涉及不特定多数人利益的公益诉讼案件越来越多，仍无法改变其在整个民事诉讼中处于极少数地位的客观现实。将极少数案件涉及的公共利益或他人利益上升为普适性的法律要求，必然出现以例外代替原则或者以偏概全的逻辑错误。再者，即使原审原告的撤诉损害到公共利益或他人利益，完全可以通过事后损害赔偿诉讼予以救济，没有必要因噎废食地事先堵死当事人撤诉的渠道。

基于此，两大法系民事诉讼均普遍认可，原告可在诉讼系属后至判决确定前的任何阶段撤回起诉，没有单独规范第二审程序的撤诉。这意味着第二审程序的撤诉适用与第一审程序的撤诉相同的生效要件——须经被告同意，根本未将公共利益、他人利益以及法院裁量权纳入进来。不过，它们却为第二审程序的撤诉建立事后性的程序规范机制，以此来妥适地保障原告、被告与法院的利益。具体做法有两种：一种是费用赔偿规则，如德国民事诉讼法规定，原告于终局判决后撤诉的，可以再行起诉，但被告可以抗辩"原告还没有偿还被告因为撤诉而产生的费用"，原告拒不履行偿还费用的

---

① 参见占善刚：《关于撤诉的几个问题》，载《法学评论》2003年第4期，第122页。

义务，将导致诉因不合法而被法院驳回的结果。[①] 另一种是禁止再诉规则，如日本和韩国等国民事诉讼法均规定，原告在终局判决后撤回起诉的，不得就同一事件再行起诉。

### 三、被告撤诉同意权之程序保障

被告撤诉同意权出现规范异化与限制适用表明作为制度变革者的法院在指导理念与程序安排上有着重大的偏差。在矫正与重构被告撤诉同意权的过程中，亟须改变法院的诉讼理念，设计理性的制度安排，唯其如此，才能彻底地改造被告撤诉同意权，建构起原告、被告与法院之间稳固的诉讼结构。在笔者看来，就撤诉制度的诉讼理念而言，应当适度扩张制度利用者视角下当事人的利益表达，缩减制度运营者视角下法院的作用空间，妥善地推进制度利用者视角与制度运营者视角的共生与平衡。若将这种诉讼理念凝化为实在的制度安排，亟须适度拓展被告撤诉同意权的适用区段，赋予被告撤诉同意权独立决定撤诉效果的特性，废除法院的终极裁量权，实现法院权力由实质性控制权向程序性控制权的深刻转变。

（一）伸展被告撤诉同意权的适用时间

现有规定将被告撤诉同意权的适用时间局限于法庭辩论终结后至法院宣判前的狭窄区段，严重弱化被告撤诉同意权约束原告滥用撤诉权增进诉讼两造实质平等的功能。随着司法实践不断加强已为实在样态的被告撤诉同意权的重视，伸展被告撤诉同意权的适用时间将成为必然趋势。借鉴两大法系民事撤诉制度的通例，并结合我国的客观现实，可将被告撤诉同意权的适用时间界定为被告实质性防御后至判决确定前。

对于被告实质性防御的时点，应做弹性的理解：若被告已就原告的起诉进行书面答辩，以被告提交书面答辩状的时间作为适用被

---

① 参见［德］穆泽拉克：《德国民事诉讼法基础教程》，周翠译，中国政法大学出版社 2005 年版，第 156 页。

告撤诉同意权的起始时间。若被告未就原告的起诉进行答辩，直至言词辩论才参加诉讼的，以被告参加言词辩论时作为适用被告撤诉同意权的起始时间。之所以未像很多国家整齐划一地界定为被告答辩时，是因为在我国有相当多的被告不作书面答辩，很难甄别他们是否已为本案进行必要的付出。统一界定为被告答辩时，可能不当提前被告撤诉同意权的适用时间，保障被告程序利益的同时可能贬损原告撤诉权的行使，实非妥当的处理方法。当然，在被告未作书面答辩或者参加言词辩论之前，原告可以自主择定撤诉，无须被告同意，亦无须法院裁量。

被告已为实质性防御，直至判决确定前，不问诉讼进展到何种程度，原告提起撤诉均受被告撤诉同意权之约束。所谓判决确定，意指当事人已处于不能再通过常规的程序来对提交法院解决的纠纷进行争议的状态或地位。① 判决确定意味着法院已经最终确定解决纠纷的实质性基准，于此之后，原告不能声请撤回已解决之诉讼。对于判决确定之时点，亦应区别不同情形加以确定：一审法院为终局判决，当事人未在上诉期间提起上诉的，期间届满时判决即行确定；当事人就一审判决提起上诉的，二审法院宣告终审判决时判决即行确定。当然，不能提起上诉的一审判决，一经宣告即已确定。

只要判决尚未确定，无论诉讼进展到第一审程序，还是推进到第二审程序，原告均可以撤回起诉。正如尧厄尼希所言，"诉可以在判决发生既判力之前的诉讼程序的任何状态被撤回，也可以在审级之间或者在高一审级撤回"。② 这也反映出一个事实：第一审程序的撤诉与第二审程序的撤诉应当适用同样标准：原告撤回起诉须经被告同意。无须为第二审程序的撤诉设置更为严格的条件，法院终极裁量权也好，公共利益或他人利益也好，应予一并摒弃。但

---

① 参见王亚新：《对抗与判定：日本民事诉讼的基本结构》，清华大学出版社2002年版，第336页。

② ［德］奥特马·尧厄尼希：《民事诉讼法》（第27版），周翠译，法律出版社2003年版，第228页。

是，为避免法院的诉讼努力付诸东流，妥适地保障被告的利益，防止原告利用撤诉规避可能出现的不利后果，有必要借鉴日本和韩国等国的做法，采纳原告在终局判决后撤诉不得再行起诉的规则。

（二）保障被告撤诉同意权的独立性与实质性

毫不讳言，我国民事撤诉制度因为法院裁量权过大，致使被告撤诉同意权缺乏独立支配撤诉效果。笔者认为，应当解除法院裁量权的终极性规制，赋予被告撤诉同意权自主决定撤诉效果的功能，推进被告撤诉同意权的独立性与实质性。于制度安排上，原告在被告实质性防御后至判决确定前的任何阶段提起撤诉，均须经被告同意。若被告不同意撤诉的，受诉法院应当续行诉讼，并妥为本案终局判决。于此过程中，法院不再享有对原告撤诉的终极裁量权。

在法院权力与被告权利的此消彼长的过程中，被告撤诉同意权真正实现了蜕变，具有了独立性与实质性地决定撤诉效果的权利品格。妥当运用被告撤诉同意权有助于提升被告的程序主体地位，保障被告的程序利益或实体利益，制约原告不当滥用撤诉权，在原告与被告之间构建起合理的关系结构。不得不说，架构原告撤诉须经被告同意，推进被告撤诉同意权的独立性与实质性的做法标志着我国民事撤诉制度正在逐步走向理性化、现代化与国际化。然而，被告亦须受到自我责任的规制，承受行使被告撤诉同意权与被告拒绝权所引发的法律风险。在运用被告撤诉同意权时，被告须忍受原告再行起诉之风险；在运用被告拒绝权时，被告须忍受不利判决之风险。

无论是被告撤诉同意权，还是被告拒绝权，均应为被告的真实意思。亦即被告应在能够自主认知与甄别权利内容、权利效果以及可能产生的不利风险并且不受外界不当干涉的情况下为之。唯其如此，才能真正发挥法律所预设的权利功效。须注意的是，原告撤诉为有效性诉讼行为，原告向法院为撤回起诉之意思表示时即已成立，不依赖于被告的意思。被告的同意行为，仅为原告撤诉的生效要件，而非原告撤诉的成立要件，故此，被告的同意仅系意思通知而非意思表示。① 在我国法院对撤诉率抱有强烈偏好的浓厚氛围下，更须注意法院职权对被告真实意愿的不当影响，纯化被告撤诉同意权。在任何情形下，法院都无权强迫被告行使同意权促成撤诉，原告亦不得利用欺诈、胁迫等方式强迫被告同意其撤诉，形成于其有利之结果。

被告可以书面方式或口头方式向法院陈述同意或拒绝的意思。书面方式表现为书面的同意书或者拒绝书，可以单独为之，亦可附于其他文件之中。口头方式即被告在言词辩论过程中直接向法院为同意或拒绝的意思。如若被告以口头方式为同意或拒绝原告撤诉的意思，法院应将该意思明确记录于庭审笔录之中。有些国家还采用默示同意的方式，如韩国和日本等国就规定，被告若在收到撤诉书的两周内未提出异议的，视为被告同意原告撤诉。② 笔者认为，我国不宜采用此种做法。原因在于，有些被告根本不懂法律或者法律水平不高，在没有采纳律师强制代理制度的情形下，很难在两周时间内理性决策是否行使同意权，更难判断被告撤诉同意权给自己带来的法律风险。如此一来，采纳默示同意方式无异于对被告施加不当的法律制裁。

（三）保障法院妥当行使程序性控制权

废除法院的终极裁量权并不意味着法院在民事撤诉制度中不应行使任何职权，无所作为的法院反而不利于发挥被告撤诉同意权的现实功效，阻碍民事撤诉制度的良性发展。法院权力应当适时适度地加以利用。这要求应当在民事撤诉制度中推动法院权力的现代化转型，将法院权力由实质性控制权转变为程序性控制权。所谓程序控制权，是指法院享有的关于诉讼程序的开启、进展和终结等事项的法定职权。这种权力具有广泛的指涉性，就民事撤诉制度而言，

---

① 参见陈计男：《民事诉讼法论》（下），三民书局股份有限公司 2011 年版，第101 页。

② 参见［韩］孙汉琦：《韩国民事诉讼法导论》，陈刚审译，中国法制出版社2010 年版，第 288-289 页。

主要透过形式审查权和法院阐明权表征出来。

现行撤诉制度赋予法院全面的实质审查权，必然与作为发展趋势的被告撤诉同意权有所抵牾。但是，我国不可能全部祛除法院对撤诉事项的裁量权，只能弱化或者限制法院的裁量权。基于此，改造法院裁量权的基本手段是采行形式审查权。形式审查权是法院就撤诉成立要件与生效要件是否合法进行审查的权力。这些事项包括原告是否具有提起撤诉的诉讼能力、原告撤诉是否出于真实的意思表示、诉讼代理人是否具有提起撤诉的特别授权、原告是否在判决确定前提起撤诉、被告是否同意原告的撤诉以及被告同意的意思是否出于真实意愿等多重程序要件。在审查过程中，法院可开展必要的职权调查。若撤诉合乎法律规定，应当裁定准许撤诉；若撤诉有缺少成立要件或者生效要件的不合法情形，应当不予准许撤诉，续行本案原有的诉讼程序。在任何情况下，法院都不能为追求撤诉率而强迫原告提起撤诉或者迫使被告同意撤诉。

将阐明权嵌入民事撤诉制度中亦是构筑独立的被告撤诉同意权和改造法院裁量权的重要渠道。原因在于，我国不像德国那样建立起律师强制代理制度，又没有培育出国民良好的法律水平与精致的诉讼技巧，当事人很多时候并不知悉提起撤诉或者同意撤诉所必须承受的诉讼风险。尤其是被告有时并未意识到原告撤诉后可能再行起诉需要重复支付诉讼成本的不利风险。阐明权透过课以法官协力进行必要的信息发问义务或者晓谕义务，有助于帮助当事人认清自己的诉讼行为及其法律后果，促使当事人妥适运用撤诉申请权和撤诉同意权，进而确保当事人程序利益的正当实现。

按照大陆法系的传统观点，阐明权的适用范围限定于事实主张和证据资料，现已逐步拓展到法律观点，并不包含着诉讼程序。但是，对于诉讼程序进行阐明和实施诉讼指挥，本就是法院裁量的范围，属于阐明权不言自明的内容。法院在运用阐明权时不得消极或者专断地行为，通过对当事人必要的协助，尽可能容易地、迅速地、完美地实现诉讼目标。在民事撤诉实践中，法院于必要时可向原告行使阐明权，亦可向被告阐明必要事项。

当原告提起撤诉，法院应谕知其撤诉的法定程序以及法律后果，由原告自主择定是否坚持撤诉。在《民事诉讼法解释》第338条已经堵死再行起诉渠道的现实下，若原审原告于第二审程序申请撤回起诉，法院应明确谕知其必须忍受不得再行起诉的不利风险，由原审原告自主择定是否撤诉。若原告选择撤回起诉，法院应当继续进行本案的诉讼程序。当然，更为重要的是法院阐明权对被告撤诉同意权的协力。当原告在诉讼系属过程中提起撤诉，法院在征求被告意见时应妥为行使阐明权。一方面，应当谕知被告行使撤诉同意权，将面临原告再行起诉而自己需要再次支付诉讼成本的风险；另一方面，应当谕知被告行使撤诉拒绝权，可能遭受不利判决并且承担诉讼费用的风险。到底选择何种权利，仍由被告自主决定，法院不得僭越。

原告在开庭期间以口头陈述方式提出撤诉，到庭参加诉讼的被告未就撤诉请求为同意或拒绝的表示，法院可依阐明权当庭询问被告的意见，以期生成合理的判断。若被告仍未有明确的意思表示，法院不应拟制被告同意撤诉，而应继续进行诉讼程序。若被告未到庭参加诉讼的，法院须将撤诉申请书或者庭审笔录送达给被告，并征求被告对原告撤诉请求的意见。在此过程中，法院应依阐明权告知被告所享有的选择权利以及各自所附带的诉讼风险。若被告在一定期间内仍未有同意与否的明确表示，法院应当继续进行本案的诉讼程序。但是，被告撤诉同意权或者被告撤诉拒绝权不得被异化为被告拖延诉讼的工具。否则，被告将因该种行为而遭受妨害民事诉讼强制措施的惩治。

## 结　　语

被告撤诉同意权在我国司法制度正式确立，已经在一定程度上改变了民事撤诉制度的面貌，表明作为制度变革者的法院探索全新路径推进民事诉讼制度现代化的决心与勇气。然而，被告撤诉同意权的制度设计存在不合目的性之处，被告撤诉同意权的适用区段过窄以及被告撤诉同意权受制于法院终极裁量权而无法单独决定撤诉效果等缺陷严重限制了被告撤诉同意权的效能发挥。在矫正与重构被告撤诉同意权的过程中，应当秉承制度利用者视角与制度运营者视角有机融合的诉讼理念。于制度利用者视角而言，亟须推进被告撤诉同意权的独立性与实质性，适度扩大被告撤诉同意权的适用时间。于制度运营者视角而言，应当废除法院的终极裁量权，促使法院权力由实质性控制权逐步转变为程序性控制权，透过形式审查权与法院阐明权来保障法院司法裁量权力。这种思路契合两大法系关于加强当事人的程序性合意机制之同时加强法院的程序性控制权的趋势，可以成为我国民事诉讼制度现代化进程中借鉴的思路。

# 第七章　第二审程序的反诉

## ——兼评《民事诉讼法解释》第 328 条

为确保诉权的平等性和对抗的实质化，现代国家于制度安排上在确保原告享有起诉权的同时，往往对称性地赋予被告反诉权。反诉制度透过同一法院采行同一诉讼程序，利用本诉程序中呈示出来的诉讼资料与证据资料，旨在实现诉讼经济，避免造成矛盾判决，进而一次性地解决民事纷争，并谋求诉讼两造间的实质正义。基于此，在相对广泛的程序空间内利用反诉制度成为多部民事诉讼法典的共同做法，不仅在第一审程序中准许提起反诉，而且在第二审程序中亦准许提起反诉。第二审程序提起反诉的诉讼要件、特别要件和程序机制在其中亦有细致的规定。就我国而言，第二审程序提起反诉在现行民事诉讼法典中处于缺位状态，《关于适用〈中华人民共和国民事诉讼法〉若干问题的意见》（以下简称《民诉法意见》）第 184 条与《关于适用〈中华人民共和国民事诉讼法〉的解释》（以下简称《民事诉讼法解释》）第 328 条在一定程度上弥补了该制度缺漏。然而，司法解释在程序设计、逻辑结构和指导理念上多有不当或者矛盾之处，致使第二审程序的反诉遭受严重压制和束缚，事实上并未从根本上改变制度阙如的境遇。本章拟检讨我国民事第二审程序的反诉的制度缺陷，进而指明其合理的发展路径，并对其中蕴含的民事诉讼理念的变迁加以阐述。

## 一、反诉制度嵌入第二审程序的正当性

第二审程序的反诉，是指在民事第二审程序中，第一审程序中

的被告以第一审程序的原告或者其他程序主体为被告，提出的旨在对抗其诉讼请求，并具有相对独立性的诉讼请求。这是一个适用面和指向性都较为广泛的概念。顾名思义，第二审程序的反诉只能发生于第二审程序之中，且只能以原审被告作为反诉原告。[①] 反诉被告或是原审原告，或是就诉讼标的必须合一确定之人，[②] 或是未参与诉讼的第三人。[③] 我国并未顺应反诉主体扩大化的趋势，仍将反诉被告限定于原审原告。[④] 故此，在我国，第二审程序的反诉，仅指原审被告对原审原告所提起的反诉，是将反诉制度嵌入到第二审程序，在第二审程序发挥反诉制度机能的程序装置。

当原审被告在第二审程序中提起反诉，实际上在第二审程序中的本诉之上诉之外新增一个反诉。该反诉实为一种"诉讼中之诉"[⑤]，却不丧失独立之诉的属性，缘由在于反诉"既不是攻击手段也不是防御手段，而是攻击本身"[⑥]。然而，这种独立之诉的制度属性因其建筑于本诉之上无法单独构成反诉而自然地遭到一定的削弱，致使反诉显现出相对独立之诉的品格。当然，第二审程序的反诉无法享有像第一审程序的反诉那样的独立性，反而会受到更多程序要件的羁束。例如，第二审程序的反诉，不仅须具备一般的诉讼要件和反诉要件，而且须满足第二审程序的反诉的特别要件。

---

① 之所以未采用"被上诉人"的说法，是因为在具有上诉利益时，原审被告亦可提起上诉而成为上诉人，况且有些案件中原审原告和原审被告均提起上诉而共同成为上诉人。

② 参见台湾地区"民事诉讼法"第 255 条。沈冠伶教授更是将反诉被告从固有必要共同诉讼人，延伸到类似必要共同诉讼人。参见沈冠伶：《反诉之被告》，载《月旦法学教室》2006 年第 5 期，第 18-19 页。

③ 参见［德］穆泽拉克：《德国民事诉讼法基础教程》，中国政法大学出版社 2007 年版，第 205-206 页。

④ 参见《民事诉讼法解释》第 233 条和第 328 条。

⑤ 新堂幸司教授语。参见［日］新堂幸司：《新民事诉讼法》，林剑锋译，法律出版社 2008 年版，第 534 页。

⑥ ［德］奥特马·尧厄尼希：《民事诉讼法》（第 27 版），周翠译，法律出版社 2003 年版，第 245 页。

须注意的是，原审被告于第二审程序提起反诉，虽于程序外观上为本诉之第二审程序，但就反诉而言实为第一审程序。第二审程序的反诉相当于抽减了一级民事诉讼法所确立的审级构造，使得当事人无法就第二审程序的反诉妥适地行使上诉权。无论是对于原审被告而言，还是对于原审原告而言，他们所极为珍视的审级利益均有遭受侵蚀之虞。将反诉制度嵌入到第二审程序之前，必须慎重地权衡和保障当事人平等享有的诉权利益和审级利益，并能运用合理的程序机制缝合发生冲突的利益。若是对某种利益弃之不顾或有所偏颇，第二审程序的反诉将失去其制度正当性。正当性有别于合法性，合法性依赖于客观的实在法规范实现其确定性，正当性则依托于超验的法律理念追问制度的论辩性与彻底性。① 因此，在拷问第二审程序的反诉的正当性时，既应深刻剖析现行的民事诉讼法规范，亦应透过这些实在法规范探求背后所隐藏的法律理念。

《民事诉讼法解释》第 328 条是第二审程序的反诉的实在法规范依托。该条第 1 款承继《民诉法意见》第 184 条的内容，"在第二审程序中……原审被告提出反诉的，第二审人民法院可以根据当事人自愿的原则就……反诉进行调解；调解不成的，告知当事人另行起诉"。第 2 款为新增内容，"双方当事人同意由第二审人民法院一并审理的，第二审人民法院可以一并裁判"。

透视第 328 条之规定，可以发现其所作的逻辑安排表面合理实则矛盾：一方面，准许原审被告在第二审程序中提起反诉；另一方面，将调解设定为第二审程序的反诉的必经程序，若是调解失败或者当事人拒绝签署调解协议，即从程序源头上截断第二审程序的反诉，要求当事人诉诸完全独立之新诉。这其中隐含着非常强烈的否定第二审程序的反诉的意味。其实，如此矛盾的制度安排倒是直观地透露了制度设计者的纠结心态和权衡过程：若是立足于保障当事

---

① 参见刘杨：《正当性与合法性概念辨析》，载《法制与社会发展》2008 年第 3 期，第 19-20 页。

人的诉权利益，应准许原审被告在第二审程序中提起反诉。如此一来，势必剥夺当事人的上诉权，缩减当事人的审级利益。为合理平衡诉权利益与审级利益，才从本土化的法治资源中拣选出调解制度作为中间缓冲地带。当调解制度失去效用时，制度设计者经过利益衡量后选择保障当事人的审级利益，进而拒绝第二审程序的反诉。① 这样多层级的相互矛盾的态度导致是否承认第二审程序的反诉多有歧义，② 从而严重影响了对第二审程序的反诉的认同和利用。

客观地说，利用存在背反关系的现行实在法规范否认和摒弃第二审程序的反诉有失妥洽。在高扬程序主体性和制度开放性的法治背景下，不断扩张和延伸反诉制度，承认第二审程序的反诉是契合制度发展和现实需要的必然选择。完全否认或者有限承认第二审程序的反诉无异于人为地割裂程序的持续性和完整性，无疑是错误的，应予矫正。换言之，第二审程序的反诉具有坚实的正当性根基。然而，在论证第二审程序的反诉的正当性过程中，应当跳出现行实在法的逻辑窠臼，探求有着普遍共识的深层次的制度理念，既兼顾到原审被告与原审原告的各自利益，亦应着眼于法院的审判视角。在笔者看来，能够实现多种利益平衡和视角融合的程序选择权和纠纷解决一次性是第二审程序的反诉的主要的正当性基础。

（一）程序选择权

程序自治理念被广泛采信为反诉制度以及诉的合并制度的法理根基。③ 作为程序自治的表现样态，程序选择权在我国更受青睐，④

---

① 参见赵晋山主编：《最高人民法院民事诉讼程序司法观点集成》，法律出版社2015年版，第72页。

② 既有肯定说，亦有否定说，还有折中说。详见毕玉谦：《试论反诉制度的基本议题与调整思路》，载《法律科学》2006年第2期，第124页。

③ See Oscar Chase, Helen Hershkoff, Linda Silberman, et at. Civil Litigation in Comparative Context. Thomson/West.2007, p.371.

④ 参见邱联恭：《程序选择权》，三民书局股份有限公司2000年版，第25—77页。

亦被用以论证第二审程序的反诉的正当性。所谓程序选择权，是当事人于适法情形下自主地选择纠纷解决方式以及纠纷解决过程中有关程序事项的权利。亦即当事人被赋予透过合意的方式自主决定纠纷解决方式的程序启动、程序推进以及程序终结的过程与样式的权利，进而凸显当事人的程序主体性地位与程序自治性理念。这意味着程序选择权在充溢公权的诉讼空间为当事人划定出准许其自由处分的领地，促使当事人所追求的正义在呈现稳定的刚性正义的同时适当添入富有弹性的柔性正义。因此，民事诉讼法以及其他法律规范亦在持续地扩大程序选择权所指涉的内容。①

程序选择权是证成第二审程序反诉的重要理论。正如前述，反诉在本质上为相对独立之诉。在第二审程序中，原审被告有权选择利用反诉一并解决纷争，亦有权采用完全独立之新诉分别解决纷争，到底采用何种方式委诸原审被告自由择定。倘若原审被告在第二审程序中提起反诉，就意味着原审被告选择由第二审法院利用本诉的上诉程序一次性解决纷争，并且主动放弃法律所重点保障的审级利益。不过，这种程序选择权不独为原审被告所享有，亦为原审原告所共同享有。若为保障原审被告的程序选择权，仅凭原审被告的意思表示即于第二审程序中启动反诉，实质上剥夺了原审原告的程序选择权，销蚀了原审原告享有的通过两级法院审理案件的审级利益。为此，大陆法系国家巧妙地构思出原审被告于第二审程序提起反诉应经原审原告同意的程序安排："在控诉审中，只要经对方当事人的同意也可以提出反诉。"②

原审原告同意原审被告在第二审程序提起反诉，等于与对方当事人共同放弃审级利益，进而很好地弥补原审原告的审级利益未受保障的程序漏洞。故此，这种精细的程序安排不但有助于实现程序

---

① 参见傅郁林：《新民事诉讼法中的程序性合意机制》，载《比较法研究》2012年第5期，第55-66页。

② ［日］中村英郎：《新民事诉讼法讲义》，陈刚等译，法律出版社2001年版，第137页。

选择权在诉讼两造间的平等分配，而且有助于妥适地达致当事人的诉权利益与审级利益的合理平衡。上述论证过程显现出，程序选择权是维系当事人的诉权利益与审级利益正当平衡的不可或缺的中介物。

（二）纠纷解决一次性

随着复合式和集群性的民事纠纷大量滋生，在诉讼经济原则的催生下，透过同一程序统合性或者一次性解决纠纷成为重要的程序诉求。纠纷解决一次性，是指法院在适法情形下尽可能利用同一诉讼程序一次性地彻底解决同一纠纷，避免重开另一道程序，有效节约司法资源和提升程序实际效用的诉讼理念。以事实出发型诉讼为主要表征的英美法系长期将纠纷解决一次性理念视作推动民事诉讼发展的重要动力。不仅如此，奉行规范出发型诉讼的大陆法系亦将纠纷解决一次性理念逐渐注入现代民事诉讼法典之中，进而引起民事诉讼理论的跨越性进步。新诉讼标的以及既判力的扩张（尤其是争点效）等重要理论均以推进纠纷解决一次性理念的有序运行为主要导向。

第二审程序的反诉亦是奠基于纠纷解决一次性理论之上。我国台湾地区于 2000 年修正"民事诉讼法"时，扩大第二审程序的反诉的实践运用，所秉持的主要理论即是纠纷解决一次性。"为扩大诉讼制度解决纷争之功能，避免当事人就同一诉讼数据另行起诉，而浪费法院及当事人之劳力、时间、费用，于无害于保障当事人之审级利益及对造防御权行使之前提下，有放宽当事人于第二审提起反诉之必要。"[1]

原审被告于第二审程序提起反诉，实则不愿开启新的诉讼程序，反而期望第二审法院利用本诉之上诉程序所呈示出的诉讼资料与证据资料共同解决本诉与反诉之纷争。对于法院而言，若是由第二审法院采用同一程序一次性解决本诉与反诉的纷争，既能充分发

---

[1]　许士宦：《新民事诉讼法》，北京大学出版社 2013 年版，第 136 页。

挥第二审程序的实际效用，亦能防止生成抵牾的前后判决，更能节省很多不必要的人力、财力和时间，达致诉讼之经济。倘若第二审法院不予受理反诉，而谕知原审被告重新提起一独立之新诉，势必由新的法院采用新的一审程序予以审理，法院须经冗长的诉讼程序重审与整合当事人提交的诉讼资料与证据资料，当事人亦无法利用本诉程序所呈示的诉讼资料与证据资料。就其实质而言，再行起诉等于就同一纷争开启两道截然不同的程序（第二审程序与第一审程序），不仅浪费了本就有限的司法资源，更可能导致前后判决出现龃龉，进而无法在根本上解决纷争。正是在此意义上，美国法禁止未予提起强制反诉的被告再行后续诉讼。① 基于此，纠纷解决一次性理论牢固支撑起第二审程序的反诉的制度展开。

## 二、利益失衡、程序断裂与制度错位交织存在——《民事诉讼法解释》第 328 条之省思

客观地说，《民事诉讼法解释》第 328 条所作的程序安排未能达到正当化的第二审程序的反诉应当具备的基准。认真检视《民事诉讼法解释》第 328 条的内容，笔者发现，该条存在利益失衡、程序断裂与规范错位的三大主要问题。

（一）利益失衡

第二审程序的反诉是交织的多元利益不断博弈的产物。《民事诉讼法解释》第 328 条却未能合理平衡这些多元的利益，造成很强的利益失衡。具体表现为两个层面：一为凸显原审被告的程序利益，漠视原审原告的程序利益；二为重视审级利益，忽视诉权利益和纠纷解决一次性。两个过程似有矛盾之处，却又在实用主义理念的驱动下巧妙地结合在一起。

依照《民事诉讼法解释》第 328 条之规定，原审被告自主放弃审级利益而于第二审程序中提起反诉，符合民事诉讼法规定的诉

---

① See Kevin Clermont. Principles of Civil Procedure. Thomson/West.2005,p.374.

讼要件与反诉要件的，第二审法院应予受理；不符合一般诉讼要件或者反诉特别要件的，第二审法院不予受理。可见，第二审程序的反诉的启动过程实是一种单向度的程序流程，没有赋予原审原告参与该程序的机会。这意味着原审原告的程序选择权遭受褫夺，其审级利益未获实质性的保障。程序选择权是诉讼两造共同享有的程序利益，① 不应对任何一方有所偏袒。原审被告有选择在第二审程序中直接提起反诉的权利，原审原告对等性享有同意在第二审程序中直接提起反诉的权利，亦享有拒绝接受的权利。尤其是第二审程序的反诉有使反诉面临只有一级法院审理而缩减审级利益的风险时，原审原告实质性参与第二审程序的反诉的启动过程并行使其应有的程序选择权即显得尤为必要。

　　第二审法院在裁定是否受理原审被告提起反诉的过程中未能充分地保障原审原告的审级利益。吊诡的是，在反诉的审理过程中，审级利益又被第二审法院视作相当重要的考量因素。一方面，第二审法院显然已经意识到第二审程序的反诉将在实质上缩减当事人的审级利益，进而采用以二重合意②为根基的调解制度来化解二者之间的冲突。然而，当调解成为第二审程序的反诉的必经程序，不可避免地沾染上一定的强制性成分，可能削弱调解制度的正当性根基。同时，调解制度实行一调终局，当事人无权就调解书提起上诉。因此，调解制度能否成为调和诉权利益与审级利益的缓冲物存在很大的疑问。另一方面，当调解制度无法有效地解决第二审程序的反诉时，第二审法院却将第二审程序的反诉弃之不顾，反而谕知原审被告再行起诉。

---

① 参见邱联恭：《程序利益保护论》，三民书局股份有限公司 2005 年版，第 73 页。

② 参见［日］棚濑孝雄：《纠纷的解决与审判制度》，王亚新译，中国政法大学出版社 2004 年版，第 46-73 页。

这种制度安排的确有助于维护当事人的审级利益,[①] 却可能造成当事人的诉权利益与纠纷一次性解决的利益受到侵犯。对原审被告来说,其于第二审程序提起的反诉未能得以适当的满足,亦未于第二审程序中将反诉与本诉之上诉一并解决。对原审原告而言,其已为第二审程序的反诉耗费了一定的时间、劳力与成本,原审被告若再行起诉,势必重新耗费原审原告必要的时间、劳力与成本。基于此,有些原审原告并不希望重开一道程序,反而更倾向于利用第二审程序一次性终局地解决反诉纷争,维持诉讼程序的安定性,发挥司法资源的实效性。

(二) 程序断裂

《民事诉讼法解释》第 328 条第 1 款未对原审被告于第二审程序提起反诉增设特别要件,亦即原审被告提起的反诉符合一般诉讼要件与反诉要件的,第二审法院即应予受理。受理反诉后,第二审法院即应展开反诉的审理程序,透过对当事人提交的诉讼资料与证据资料的多次剪裁、加工与整合,依据既定的实在法规范生成终局之裁判,作为对原审被告所提起的反诉的正式回应。概言之,完整的第二审程序的反诉须经程序启动、案件审理与终局裁判三大主要程序。

维系程序的完整性、连续性和不可逆性是基本的诉讼机理,亦是法院不可推卸的重要职责。反观《民事诉讼法解释》第 328 条之规定,其却存有人为割裂第二审程序的反诉的完整性与持续性而产生程序断裂的危险。具体而言,原审被告于第二审程序提起反诉,第二审法院将调解作为解决反诉的必经程序,[②] 以缓和原审被告的诉权利益与原审原告的审级利益之间的冲突。调解成功的话,

---

① 参见毕玉谦、谭秋桂、杨路:《民事诉讼研究及立法论证》,人民法院出版社 2006 年版,第 708-709 页。

② 这有可能与调解程序的二重合意相冲突。况且,《民事诉讼法》第 9 条确立的调解原则适用于的诉讼全过程 (包括第二审程序),是否有必要再次明确规定第二审程序的调解,也不无疑问。

反诉程序的完整性与持续性得以有效维持，本无问题。问题是，若是法院调解失败或者当事人反悔而拒签调解协议书，调解制度已经无法就反诉问题提供有效的解决渠道，第二审法院的态度就很值得玩味。它不是在诉讼制度框架内采用判决方式尽快解决纠纷，转而利用非制度化生存①的方式将案件强行推送出去，要求原审被告重新起诉加以救济。对于未能解决的第二审程序所提起的反诉，第二审法院基本不作制度性的回应，既不利用本诉之上诉程序进行审理（第2款情形除外），更不给出法律上的处理结果。如此一来，第二审程序的反诉始终处于悬而未决的状态。可见，第二审法院引入再行起诉制度实质上人为地割断了有序推进的反诉程序，阻碍案件审理与终局裁判两大程序的正常运行，严重阻隔反诉程序的连续性与完整性。与此同时，作为现代民事诉讼建构基本原理的法官不得拒绝裁判原则遭受严峻的挑战，② 甚至是被漠视。

　　法官不就待决的反诉案件予以正式回应，真正的原因是：法官在鼓励原审被告再行起诉的同时，已经关闭了反诉的程序渠道。换言之，第二审法院从源头上切断第二审程序的反诉，从根本上否定第二审程序的反诉的启动。可以看出，在我国，第二审程序的反诉具有相当大的不确定性和可逆性。就前者而言，若是调解成功，第二审程序的反诉即可完整地走完全部的程序流程，并生成正式的法律裁判；若是调解失败或者当事人拒签调解协议，反诉程序视同从未启动，第二审法院更不会直接同意或者驳回原审被告的诉讼请求。原审被告并不一定能从第二审法院获得反诉案件的审理结果。就后者而言，第二审法院谕知原审被告再行起诉，事实上已经否定反诉程序的自始启动。所隐藏的是，第二审法院以调解结果作为衡量反诉案件是否予以受理与审理的主要标准，以程序结果来逆推程

---

① 孙立平教授语。参见孙立平：《权利失衡、两极社会与合作主义宪政体制》，载《战略与管理》2004年第1期，第4页。

② 参见占善刚：《关于二审程序中反诉问题的一点思考》，载《河北法学》2000年第6期，第139页。

序启动的处理方式。然而，这种本末倒置的处理方式必将严重背离程序不可逆性①的基本要求。

若原审被告接受法院的谕知再行起诉，就会造成同一当事人就同一纷争提起两个完全相同的诉——第二审程序的反诉与第一审程序的诉，直接违反禁止二重起诉原则。按照禁止二重起诉原则之要求，"在原本可以提起反诉的请求中，当请求与本诉具有共通的争点时，出于禁止二重起诉原则之考虑，那么不应当允许被告提起另诉，并禁止其提出与本诉程序并行审理及判决之要求"。② 因此，第二审法院既已受理原审被告提起的反诉，原审被告不能再行提起新诉。后诉法院查实确有反诉的，应以诉不合法为由驳回后诉。

综上所述，《民事诉讼法解释》第328条第1款存在极大的逻辑错误。

（三）规范错位

《民事诉讼法解释》第328条第2款开辟了调解与再行起诉之外的第三种处理方式：原审被告与原审原告被赋予选择由第二审法院继续审理反诉案件的权利，第二审法院经过审理，可以采用合一裁判的方式回应原审被告的利益诉求。检视考察第1款与第2款之间的逻辑关系，可以得出结论：第二审法院无法利用调解制度妥适地解决反诉纷争，有继续采用本诉的上诉程序与谕知再行起诉两种选择。若原审被告与原审原告同意继续适用本诉的上诉程序合并审理③反诉纷争，第二审法院可以合并审理本诉之上诉与第二审程序的反诉，并可采用合一裁判的方式作为最终的结果。当原审被告与原审原告无法形成合并审理本诉之上诉与反诉的合意时，第二审法

---

① 参见陈桂明：《程序理念与程序规则》，中国法制出版社1999年版，第4-5页。

② 参见［日］新堂幸司：《新民事诉讼法》，林剑锋译，法律出版社2008年版，第534页。

③ 《民事诉讼法解释》第328条和第329条采用"一并审理"的表达方式，《民事诉讼法》第140条与《民事诉讼法解释》第233条则采用"合并审理"的表达方式。为理解的方便，本章在同等意义上使用"合并审理"与"一并审理"两个术语。

院将会谕知原审被告再行起诉。

显然，法院系统已经意识到当事人再行起诉可能引发的诸多缺陷，并试图利用近年来在我国被普遍认可的程序选择权来架构第328条第2款的内容。[1] 新增的第2款在某种程度上消减了原审被告再行起诉的适用情形，矫正了第1款所显现出的侵蚀当事人程序选择权和破坏程序安定性的弊端。对于法院系统直面问题勇于改变的做法，应当予以积极的肯定。然而，又不得不承认，《民事诉讼法解释》第328条错误利用了程序选择权，将不能用程序选择权解释的反诉案件的审理方式强行利用程序选择权进行阐释。

正如前述，第二审程序的反诉主要包括程序启动、案件审理与终局裁判三大阶段。程序选择权所指向的对象是反诉的程序启动，而反诉案件的审理程序与终局裁判阶段均不在程序选择权的射程范围之内。原因在于，反诉案件的审理程序，亦即反诉案件到底是采用合并审理，还是分别审理/分别辩论，属于法院诉讼指挥权规制的范围，[2] 法国更是明确地将诉讼合并的决定作为司法行政措施。[3] 第二审法院享有就第二审程序的反诉是否应与本诉之上诉合并审理的最终决定权，当事人可就应否合并审理发表意见，对法院却不产生约束性效力，法院于必要时甚至可以依职权直接宣告合并审理。[4]

就第二审程序的反诉而言，程序选择权不是没有适用的法律空间，却当且仅对于反诉案件的程序启动时才有效。这也是现代大陆法系国家和地区的普遍做法。在德国，"只有当对方当事人同意或

---

① 参见沈德咏主编：《最高人民法院民事诉讼法司法解释理解与适用》（下），人民法院出版社2015年版，第869页。

② 参见［韩］孙汉琦：《韩国民事诉讼法导论》，陈刚审译，中国法制出版社2010年版，第189页。

③ 参见新《法国民事诉讼法典》第368条。参见《法国新民事诉讼法典（附判例解释）》（上册），罗结珍译，法律出版社2008年版，第387页。

④ 参见［法］让·文森、塞尔日·金沙尔：《法国民事诉讼法要义》（下），罗结珍译，中国法制出版社2005年版，第1035页。

者控诉法院根据自己的裁量认为反诉有助于查明事实时，并且除此之外它仅以控诉法院根据第 529 条作出裁判，反正都要依据的事实为基础（第 533 条第 2 项），才允许在控诉审中提出反诉"。① 我国台湾地区"民事诉讼法"第 446 条第 2 款规定："提起反诉，非经他造同意，不得为之……"

笔者相信，法院系统制定《民事诉讼法解释》第 328 条第 2 款的本意是，透过程序选择权准许双方当事人自主决定是否开启第二审程序的反诉。不过，从条文所呈现出来的规范内容，恰恰不是上述意思。可能的解释是，将应否启动反诉程序与反诉应否合并审理混为一谈，或者将反诉应否合并审理作为决定应否启动反诉程序的决定性因素②。无论何种理由，均是错误的。反诉的程序启动是反诉应否合并审理的前提。第二审法院受理反诉后，原则上应将其与本诉之上诉利用第二审程序加以合并审理。不过，反诉案件并非必须合并审理，于特定情形下亦可分别审理。③ 即使第二审法院合并审理本诉之上诉与反诉，终局裁判亦包括合一判决、部分判决和中间确认判决三种，④ 而非仅有合一判决一种形式。换言之，反诉案件的合并审理与合一判决之间不具有必然的因果联系。

综上所述，《民事诉讼法解释》第 328 条第 2 款存在严重的规范错位问题。

### 三、第二审程序反诉的有序化与弹性化建构

对于《民事诉讼法解释》第 328 条程序安排所引起的利益失

---

① ［德］罗森贝克、施瓦布、戈特瓦尔德：《德国民事诉讼法》（下），李大雪译，中国法制出版社 2007 年版，第 697-698 页。

② 参见王慧灵：《对我国反诉制度中平衡性机制缺失的反思与理念重构》，载《广西政法管理干部学院学报》2008 年第 1 期，第 104 页。

③ 参见陈计男：《民事诉讼法论》（修订五版），三民书局股份有限公司 2011 年版，第 268 页。

④ 参见张晋红：《诉的合并之程序规则研究》，载《暨南学报》（哲学社会科学版）2012 年第 8 期，第 7-8 页。

衡、程序断裂与规范错位等主要问题，应当予以正视并透析其中的成因。究其本源在于民事诉讼法司法解释制定过程中充溢着浓厚的法院本位主义。在法院本位主义看来，事实发现、证据采用、法律适用与程序推进均以法院利益为主要出发点，当事人可在其间适当地发表意见，对法院却不具有绝对的约束力。《民事诉讼法解释》第 328 条即是法院本位主义的当然产物。第二审法院是否应予受理第二审程序的反诉、是否合并审理本诉之上诉与反诉以及采用何种裁判样式均秉承于法院的意旨。当第二审程序的反诉无法借由调解制度加以解决时，第二审法院不顾当事人的诉权利益以及程序安定性的需要，单方面切断有序开展的反诉程序而谕知原审被告再行起诉，很少关照，甚或有意或者无意地漠视当事人（尤其是原审原告）的利益。

法院本位主义的程序观引发第二审程序的反诉在制度安排上滋生利益失衡、程序断裂与规范错位等异化现象。因此，应当检视与反省法院本位主义的弊端。须知，一部良好的法律应当遵循制度设计者、制度运营者与制度利用者的角色分立并于必要时促进制度运营者与制度利用者的视角融合的原则。然而，在民事诉讼法司法解释制定过程中，法院既是制度设计者，又是制度运营者，由法院所作的制度安排重点关注法院利益而充溢法院本位主义亦不足为奇。缺少了对制度利用者的当事人利益的适当关注，势必产生前述的异化现象。正如新堂幸司教授所言，"对于这种从制度设立、运营者立场出发的合理化路线，应当从（通过民事诉讼来保护权利的）利用者立场出发，经常予以严厉的批评和反省。国家不能在效率化的名义下，拒绝提供保护权利之服务或缩减服务的内容，进而使民事诉讼制度沦为无法利用的腐朽制度。"[①] 因此，实现法院本位主义向当事人本位主义的转变，妥当地实现制度利用者视角与制度运

①　参见［日］新堂幸司：《新民事诉讼法》，林剑锋译，法律出版社 2008 年版，第 8 页。

营者视角的有机融合是建构有序化与弹性化的第二审程序的反诉的总体指导思路。

以此为基点，设计精细化的逻辑自洽的制度安排成为接下来的主要课题。这需要在立足本土的法治资源基础上，深刻剖析与适当撷取法治发达国家与地区有关第二审程序的反诉的成熟的立法体例。以比较法视角观之，英美法系采用适用要件非常宽松的反诉制度，① 与我国第二审程序的反诉制度有着相当的紧张关系。无论从制度谱系、智识资源，还是从运作模式上，大陆法系的第二审程序的反诉均与我国更加亲近。故此，应将关注焦点放置于大陆法系的第二审程序的反诉之上。

依据已掌握的资料，笔者将有代表性的大陆法系国家和地区有关第二审程序的反诉的立法体例提炼为四种模式。

一是当事人合意模式，日本采用此种立法例。《日本民事诉讼法》第 300 条第 1 款规定："一、于控诉审中提起反诉应征得对方当事人同意……"②

二是当事人合意模式为主，法院强制模式为辅，德国采用此种立法例。"在控诉审中，反诉只有当其建立在可以考虑的事实基础上此外还得到对方当事人的批准或者法院宣告反诉适切时才合法。"③

三是当事人合意模式为主，例外规定为辅，我国台湾地区采用此种体例。我国台湾地区"民事诉讼法"第 446 条明确规定，在控诉审提起反诉，非经他造当事人同意不得为之。但就中间确认法律关系、就同一标的有反诉利益或者抵消请求余额而于控诉审提起

---

① 参见沈达明：《比较民事诉讼法初论》，中国法制出版社 2002 年版，第 506-510 页。

② 《日本民事诉讼法》，段文波译，载陈刚主编：《比较民事诉讼法》（2006 年卷），中国法制出版社 2007 年版，第 350 页。

③ 参见［德］奥特马·尧厄尼希：《民事诉讼法》（第 27 版），周翠译，法律出版社 2003 年版，第 247 页。

反诉，无须对造当事人同意。韩国民事诉讼法典在形式上未采用此例，却与此异曲同工。《韩国民事诉讼法典》第 412 条第 1 款规定：“在未危害对方审级利益或者经对方同意时，可以提起反诉。”[①] 在解释时，亦将提起中间确认之诉的反诉或与本诉请求相同的反诉涵盖进来，无须征得对方当事人的同意即可成立。[②]

四是概括规定模式，法国采用此种体例。新《法国民事诉讼法典》第 567 条规定：“反诉，在上诉审亦可得到受理。”[③] 若将其与第 70 条联系起来，在上诉审中提起反诉亦应遵循“新诉可受理性”的基本要求，但是法院无须依职权审查反诉的可受理性。[④]

在这四种模式中，法国的概括规定模式过于抽象，不适合我国亟须精致制度安排的现实需要。前三种模式具有共同的特性：均要求在控诉审提起反诉须经对方当事人的同意。不同点在于，我国台湾地区与德国在此之外还规定无须对方当事人同意启动第二审程序的反诉情形，但是它们的做法亦有不同：德国民事诉讼法准许法院自主判断原审被告提起的反诉的适当性，我国台湾地区“民事诉讼法”以列举方式明确不经对造当事人同意而提起反诉的情形。

日本采用的当事人合意模式未注意到原审被告的反诉无害于原审原告审级利益的情形，可能无法维持控诉审中诉讼双方之间的公平。[⑤] 为此，日本在实务上从宽解释控诉审的反诉要件，并发展出

---

① 《韩国民事诉讼法典》，陶建国、朴明姬译，载陈刚主编：《比较民事诉讼法》（2004—2005 年卷），中国人民大学出版社 2006 年版，第 309 页。

② 参见 [韩] 孙汉琦：《韩国民事诉讼法导论》，陈刚审译，中国法制出版社 2010 年版，第 439 页。

③ 参见《法国新民事诉讼法典（附判例解释）》（上册），罗结珍译，法律出版社 2008 年版，第 624 页。

④ 参见《法国新民事诉讼法典（附判例解释）》（上册），罗结珍译，法律出版社 2008 年版，第 136-137 页。

⑤ 参见许士宦：《新民事诉讼法》，北京大学出版社 2013 年版，第 145 页。

一些无须对方当事人同意即可提起反诉的情形，[①] 已在事实上与我国台湾地区的做法相趋同。德国的立法模式较能妥善地回应司法实践中的各种状况，但需要法官具有公正无私的品格与熟练的平衡裁断能力以及社会成员的高度信任。我国的客观司法现实并未达致此种程度，无法采用此种模式。我国台湾地区的例外列举模式明确规定不须原审原告同意而提起反诉的具体情形，适当扩张适用了第二审程序的反诉，适度限制了法官的恣意性和专断性，具有适合于大陆地区的第二审程序的反诉的改造中的标本意义。概言之，在变革第二审程序的反诉的过程中，采用当事人合意为主，例外列举为辅的立法模式既可以适应制度有序性的需求，亦可增进制度弹性化的空间。

保障原审被告与原审原告共同的程序选择权，利用当事人合意机制来启动第二审程序的反诉是推动第二审程序的反诉走向有序化的最重要的步骤。这是克服在第二审程序的反诉启动过程中原审原告的缺位及其所导致的利益失衡、程序断裂与规范错位等问题的主要机制，更是化解保障原审被告的诉权利益与褫夺原审原告的审级利益尖锐冲突的最佳选择。在制度安排上，原审被告于第二审程序中提起反诉，须经原审原告的同意。

当原审被告选择在第二审程序中提起反诉，就意味着原审被告牺牲审级利益换取在第二审程序中行使程序选择权。程序选择权是诉讼两造共同享有的程序利益，原审原告亦是此项权利的重要主体。为免审级利益遭受褫夺，原审原告有权妥当地行使程序选择权，决定是否同意于第二审程序中解决反诉纷争。原审原告同意原审被告于第二审程序提起反诉的，实是诉讼两造透过合意的方式达成共同舍弃一个事实审理的审级利益的诉讼契约，亦应承担起不能

---

① 参见魏大喨：《第二审上诉制度之研究》，鼎教印刷股份有限公司 2005 年版，第 147 页。

提起上诉的自我责任[1]。诉讼两造的程序合意奠定了开启第二审程序的反诉的正当基础。反之，原审原告拒绝原审被告于第二审程序提起反诉的，法院在原则上不应启动第二审程序的反诉。

诉讼两造于第二审程序提起反诉的程序合意有明示合意与默示合意两种。一般而言，原审原告应以明确的方式告知法院同意原审被告于第二审程序提起反诉，无论是明确的书面形式，还是明确的口头形式均可。日本新民事诉讼法与韩国民事诉讼法均承认，对造当事人未就反诉表示异议并进行辩论视为同意控诉审的反诉。[2] 这是一种以默示合意的方式同意在第二审程序提起反诉，可以为我国提供可资借鉴的模板。况且，我国民事诉讼法已经承认以默示合意的方式行使程序选择权[3]，未尝不可将其延伸运用到第二审程序的反诉之中。亦即原审原告不对原审被告的反诉表示异议并且应诉答辩的，视为同意第二审程序的反诉。

诉讼两造合意选择适用第二审程序的反诉确实有利于尊重当事人的程序选择权，保障当事人的诉权利益，却在某种程度上不利于纠纷的一次性解决以及当事人之间的实质正义。为此，有必要引入弹性的机制弥补当事人合意模式的弊端。正如前述，我国台湾地区的例外列举模式更加适合于大陆地区建构弹性化的第二审程序反诉的需要。采用例外列举模式，第二审法院于法定情形下无须原审原告同意即可裁断启动第二审程序的反诉。因此，应予适当考虑原审原告的审级利益及其平等的防御权。长期以来，我国对第二审程序的反诉秉持的否定态度致使缺乏生动案例的积累以及成熟模式的探索，不宜过多地规定第二审程序的反诉的例外情形。[4] 例如，在德

---

① 参见李浩：《民事诉讼当事人的自我责任》，载《法学研究》2010 年第 3 期，第 120—133 页。

② 参见新《日本民事诉讼法》第 300 条与《韩国民事诉讼法》第 412 条。

③ 参见《民事诉讼法》第 127 条第 2 款。

④ 廖中洪教授总结了五种例外情形。参见廖中洪：《反诉立法完善若干问题研究》，载《西南政法大学学报》2008 年第 6 期，第 60 页。

国和我国台湾地区，针对原审被告就抵消请求剩余部分有提起反诉利益的，第二审法院在无须对造当事人同意时即可启动控诉审的反诉。这种例外规定就不应采用，因为我们缺乏抵消抗辩产生既判力的明确规定，更因司法实务部门排斥诉讼上的抵消而要求再行起诉的做法。在笔者看来，第二审法院无须原审原告同意即可开启第二审程序的反诉的情形包括两种：一是作为反诉基础的法律关系为本诉裁判的先决法律关系的；二是本诉与反诉的诉讼请求基于同一法律关系的。

重新设计第二审程序的反诉的制度安排时，亦应将阐明权与反诉制度妥适地结合起来。我国台湾地区"民事诉讼法"于 2000 年修订时增设法官阐明权充实赋予当事人活用反诉制度的实质意义。① 在反诉制度中引入阐明权的宗旨在于借由法院协力提供必要的信息，便利诉讼两造更加妥当地行使程序选择权，避免程序利益受到不当的损害。这种阐明权不仅指向于原审被告，而且指向于原审原告。其实，不能想当然地认为原审被告在第二审程序中提起反诉就舍弃了审级利益，因为不少原审被告受制于教育程度以及经济状况等无法清楚地知道这种严重后果。为此，有必要适当引入阐明权制度。当原审被告在第二审程序提起反诉时，法院应当运用阐明权告知无权提起上诉的行为结果，由原审被告自主择定。原审被告放弃提起反诉的，法院告知其再行起诉。原审被告坚持在第二审程序提起反诉的，应当征得原审原告的同意。法院同样应当告知原审原告同意在第二审程序进行反诉会带来的审级利益被剥夺的法律后果，由其自主择定。原审原告同意原审被告在第二审程序提起反诉的，第二审法院应予受理。当然，第二审法院在审理反诉过程中，针对某些事实问题或者证据问题亦应适当地行使阐明权。

---

① 参见黄国昌：《民事程序法学的理论与实践》，元照出版有限公司 2012 年版，第 416—417 页。

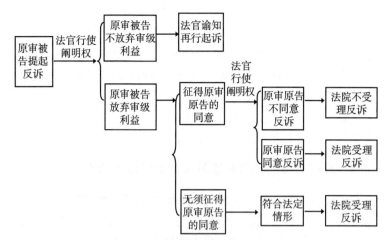

图 2　第二审程序的反诉的启动程序

　　还有一个问题：上诉人撤回本诉的上诉，是否导致第二审程序的反诉灭失？日本通说认为，反诉仅为利用上诉程序的便宜措施，具有从属性，本诉被撤回，反诉当然消灭。亦有学者认为，控诉审的反诉具有独立性，上诉人撤回本诉，反诉不予消减。① 笔者认为，第二审程序的反诉攸关当事人的审级利益，为此特设诉讼两造共同合意的特别要件，法院于必要时亦应妥为阐明。若此种严格要件存续前提的第二审程序已经消灭，继续要求诉讼两造承受该严格要件的规制并承担审级利益被褫夺的不利后果，实在过于严厉。因此，上诉人撤回本诉的上诉，第二审程序的反诉亦归于消灭。

　　综上所述，在未来修改民事诉讼法或民事诉讼法司法解释时，可以考虑就第二审程序的反诉作下述规定：

　　提起反诉，应征得对方当事人的同意。但有下列情形之一者，

---

　　① 参见［日］右田尧雄：《反诉之提起》，载铃木正裕、铃木重胜编：《注释民事诉讼法》，有斐阁 1998 年版，第 147 页。转引自魏大喨：《第二审上诉制度之研究》，鼎教印刷股份有限公司 2005 年版，第 162 页。

不在此限：

（1）反诉与本诉的诉讼请求基于同一法律关系的；

（2）作为反诉基础的法律关系为本诉裁判的先决法律关系的。

对方当事人没有就反诉表示异议并进行应诉辩论的，视为同意提起反诉。

在必要时，法院应当适当加以阐明。

上诉人撤回本诉，反诉归于消灭。

## 四、程序主体的协同共治与民事诉讼理念的变迁

在建构有序化与弹性化的第二审程序的反诉的过程中，适度糅合当事人合意机制与法院阐明权实现二者之间的共同生长是理性的制度安排与合理的发展思路。两条看似平行并无关联的建构主线却悄然而精妙地结合起来，统合两者的共同理念是程序主体在协同合作中公正高效地解决民事纠纷。只不过，当事人合意机制谋求的是诉讼两造之间的横向合作，而法院阐明权塑造的是法院与当事人之间纵向的信息沟通与程序对话。将合作理念适当注入民事诉讼的再制度化过程中，势必颠覆传统民事诉讼塑造的诉讼两造积极对抗而法官消极裁判的诉讼格局，进而将深刻改变民事诉讼结构及其未来发展路向。

传统民事诉讼构筑于诉讼两造平等对抗的基础上。"对抗是指诉讼当事人的双方被置于相互对立、相互抗争的地位上，在他们之间展开的攻击防御活动构成了诉讼程序的主体部分。"[①] 作为民事诉讼的结构性要素，对抗渗透到诉讼的各个支脉，清晰地勾勒出当事人与法院的诉讼地位及其相互关系，发展而成诉讼结构的"最佳化配置"[②]。诉讼对抗主义已经内化为高度普适性的现代法治理

---

① 王亚新：《对抗与判定——日本民事诉讼的基本结构》，清华大学出版社 2002 年版，第 57 页。

② 参见黄国昌：《民事诉讼理论之新开展》，北京大学出版社 2008 年版，第 12 页。

念，并随着法律殖民和法律移植的浪潮而为很多国家共同采纳。然而，这种诉讼结构采行一维的观察视角，"误将民事纠纷解决片面地理解为当事人之间的对抗和竞争，而没有考虑协商甚至合作的可能性和必要性"，① 使得制度修补仍然围绕着对抗要素展开，造成严重的民事诉讼正当性危机。

为克服这些诉讼困境，英美法系与大陆法系都在积极寻求促使民事诉讼结构性变革的合理路径。主要做法是强化法官权力的适当介入与妥适运用，扩大基于合意机制的 ADR 的利用程度。英美法系，尤其是沃尔夫勋爵主导的英国民事司法改革，用以矫正传统民事诉讼弊端的重要手段是提升法官的程序控制权与案件管理权，不再将诉讼程序交由当事人自由支配。美国亦推行管理型法官，"在任何诉讼中，法院可以以其自由裁量权命令双方当事人的律师或无代理的当事人出席为下列目的而举行的一次或多次审理前会议：……"②大陆法系采取的方式是鼓励法官适度行使阐明权以及证据调查权等司法职权，法官于必要时妥当利用司法职权协助当事人发现案件真实，或者保障当事人陈述法律意见的机会，力求当事人在实质平等的基础上展开对抗。

制度变革者不囿于在诉讼制度框架内探求民事诉讼现代化路径，还在诉讼制度之外努力挖掘克服民事诉讼危机的其他渠道。现代 ADR 透过当事人的自主合意以及程序参与实现柔性正义的多重优势，进而为两大法系所广泛采用。现代 ADR 有着多样化的形态，法院之外的 ADR 与法院附设的 ADR 交相辉映，分流化解绝大多数的民事案件，在现代法治社会起着不可替代的泄洪作用。其中，非常注重法官对于现代 ADR 的推动与保障，并将有些 ADR 镶嵌于民事诉讼制度之中，从而很好地对接起现代 ADR 与诉讼制度。正如

---

① 韩德明：《竞技主义到商谈合作：诉讼哲学的演进和转型》，载《法学论坛》2010 年第 2 期，第 75 页。

② 《美国联邦民事诉讼规则证据规则》，白绿铉、卞建林译，中国法制出版社 2005 年版，第 36 页。

美国学者所言，"ADR 是与诉讼一起并且是在诉讼的投影下运作的。审判是 ADR 解决方案的指南，私人谈判经常是在诉讼和审判的影子下进行的"。①

适度运用法院阐明权以及证据调查权等司法职权，目的在于促进法院与当事人之间纵向意义上的信息共享与协同共治，广泛利用现代 ADR 的意义是张扬两造当事人之间横向意义上的共识生成与主体对话。不仅如此，很多法治发达国家确立了案外第三人协助法院发现案件真实与探求法律真意的多种措施，如德日等国的第三人文书提出义务②以及美国的法庭之友③等。有学者富有洞察力地将程序主体在诉讼过程中在多向度上开展的协同共治概括提炼成合作原则④。绝大多数民事诉讼法典透过具体的诉讼制度间接地体现合作理念，澳门地区《民事诉讼法》则以直接的方式在第 8 条明确而全面地规定了合作原则。随着合作主体走向多元化和合作向度呈现集群化，合作理念正在推动着民事诉讼制度的现代化变革与结构性调整，深刻改变着法院、当事人、其他诉讼参与人以及案外第三人等多元程序主体之间的关系建构。

就我国而言，民事诉讼亦镌刻着较为鲜明的合作印记。事实层面、法律层面和程序层面均有相当程度的多元程序主体协力合作，不仅追求程序主体之间形式上的合作，更是追求他们之间实质上的合作。法院调解、协议管辖、法院依职权调查证据等多种制度均为合作理念在民事诉讼中的具体落实。在民事诉讼制度变革过程中，合作理念所支配的空间进一步扩展，如新民事诉讼法扩大协议管辖

---

① ［美］史蒂文·苏本、玛格瑞特（绮剑）·伍：《美国民事诉讼的真谛》，蔡彦敏、徐卉译，法律出版社 2002 年版，第 227 页。

② 参见占善刚：《第三人之文书提出义务初探》，载《华中科技大学学报》（社会科学版）2008 年第 3 期，第 29-33 页。

③ 参见唐玉富：《法庭之友：发现真实的扩展与限制》，载《西南政法大学学报》2011 年第 2 期，第 53-61 页。

④ 参见［法］洛伊克·卡迪耶：《法国民事司法法》，杨艺宁译，中国政法大学出版社 2010 年版，第 388-409 页。

的适用范围、确立鉴定人合意选择机制以及民事诉讼法司法解释新设的文书提出义务等。然而，合作理念毕竟只是一种新兴的诉讼理念，并未深植于我国民事诉讼之中，亦未能根本改变其在某些领域受到抑制或者漠视的客观现实。合意的贫困化与职权的无序性是掣肘合作理念持续性推进的两大主要问题，亦是第二审程序的反诉所要解决的核心问题。为此，撷取两大法系民事诉讼制度优化的共性因素，适度拓展当事人合意的适用空间，合理规制法院阐明权以及证据调查权等司法职权，既是重构第二审程序的反诉的基本路径，也是在根本上变革现代民事诉讼的核心脉络。

　　尽管合作正以新兴诉讼理念的姿态深刻地改变着现代民事诉讼，这绝非颠覆对抗在民事诉讼结构中的基础地位。对抗设定了多元程序主体的权限范围和行为边界，程序主体只能在此基础上展开适度的合作，合作的旨趣在于促进当事人在实质平等的基础上进行对抗或者形成纠纷共识。对抗离不开合作，合作离不开对抗。唯有促进对抗与合作的有机融合与共同生长，才是推动现代民事诉讼未来发展的根本路径。

# 第八章　上诉审程序中的利益变动

民事诉讼程序的启动是以利益纷争的存在为前提的，诉的利益是整个诉讼程序的基点。在许多国家和地区的民事诉讼中，是否有诉的利益决定着诉讼案件的实体审理程序开启以及法院是否作出实体裁判；上诉人上诉后，是否有上诉的利益决定着法院是否作出本案判决。上诉案件审理进程中，当事人诉的利益的变动不但决定当事人的胜负，而且是否允许变动实质性地规制着诉讼结果。上诉程序不但以上诉的利益为基点，还以双方当事人利益变动为主线，制约着相关制度的构造。我国的上诉审程序未要求以上诉利益为上诉要件，没有不利益变更禁止原则、利益变更禁止原则及附带上诉制度。本章拟从诉的利益的动态视角考察外国民事诉讼上诉审程序利益的变动，并从比较法的视角来分析、探讨我国民事诉讼上诉程序中存在的问题。

## 一、诉的利益与上诉利益

在外国民事诉讼中，原告起诉时应当具备诉的利益，若无诉的利益而提起诉讼将会被驳回。当事人不服法院裁判提出上诉时应当有上诉的利益，若无上诉利益其上诉将会被法院驳回。

诉的利益是大陆法系民事诉讼理论中极其重要的概念。作为诉权要件的诉的利益是当事人能够使其诉讼请求获得法院裁判的前提。所谓诉的利益，是指当事人所提起的诉求中所应具有的，法院对当事人的诉讼请求作出判断的必要性和实效性。"并非所有的争议都能够凭借主体的起诉行为而当然地进入到国家司法评价的领域，而是在制度上预先设置一道关口，使得那些符合某种要求的诉请才得以能够获得法院的确定判决。"① 而这种"关口"就是诉的利益。如果原告的起诉不具有诉的利益，其诉讼请求就不会得到法院的受理。诉的利益使得法院建立了一种利益的筛选机制。这种利益筛选机制不但划定了当事人行使诉权的范围，而且界定了法院权力运作的边界。只有通过这种筛选的民事争议才能获得法院的裁判。相反，一些民事争议却被限制在法院之外而不能进入法院的诉讼轨道。

诉的利益不仅关乎诉讼的启动，而且在一定程度上发挥着权利形成的功能，特别是当现代型诉讼大量涌现时，既有的实定法的局限性更加突出，这就要求法院根据具体的事件斟酌以使纠纷便利地进入诉讼程序，认可当事人的正当性权利。现代化的民事诉讼已非完全的封闭化的诉讼空间，诉讼的开放性渐获优位。正如谷口安平所言，"诉的利益的概念不仅是掌握着启动权利主张进入诉讼审判过程的关键，而且也是通过诉讼审判后而创制实体法规范这一过程的重要开端"。② 诉讼的权利形成功能为"形成中的权利"和将来的不确定利益提供了诉讼空间。换言之，诉讼的开放性扩张了诉的利益的范围。

诉的利益从本质上说是当事人的权利和法院的权力之间的利益衡量。民事诉讼的公力性和强制性使得法院控制着权力的话语空间。在这种利益衡量中，法院的国家优位明显彰化，原告提起的诉讼是否有诉的利益由法院依职权审查。但是，随着当事人权利意识的膨胀和接近司法正义的利益诉求的增长，当事人的权利话语空间不断扩大。当事人的诉讼行为对法院产生了一定的制约作用，法院在进行利益衡量时必须考虑到诉讼者的利益。这不仅包括提起诉讼一方的利益，而且包括被拉进诉讼的另一方的利益，以此避免诉权

---

①　常怡、黄娟：《司法裁判供给中的利益衡量：一种诉的利益观》，载《中国法学》2003 年第 4 期，第 79 页。

②　[日] 谷口安平：《程序的正义与诉讼》，王亚新、刘荣军译，中国政法大学出版社 1996 年版，第 151 页。

的不正当行使。笔者认为，当事人权利的张扬和法院的权力限制之间并不一定存在正相关的关系。也就是说，诉的利益的扩张可能同时意味着当事人权利的张扬和法院权力的扩张，如曾经的"日照权"，如今的"受教育权"，不但使得当事人实体权益扩张而且也在一定程度上扩大了法院的审理范围。

给付之诉、确认之诉和形成之诉都具有各自不同形态的诉的利益。就一般意义而言，在给付之诉和形成之诉中，诉的利益与成为请求权的实体利益具有同一性。但是在确认之诉中，诉的利益和实体利益却发生分化。如果不对可以请求确认的对象以法律明文加以特别的限制，当事人对于任何事项都可向法院提出诉讼请求，这不仅造成当事人诉权的滥用，而且还造成对法院权威的挑战。因此，必须通过法律对诉的利益的规定，来限制确认之诉的对象，也就是说，诉的利益是确认之诉中诉权的要件之一。

不仅诉讼形态的不同使得诉的利益有着不同的样态，而且程序的不同也使得诉的利益带有具体程序的色彩。在一审程序中诉的利益为常态，在上诉审程序中体现为上诉利益，在再审之诉中则变为再审之诉的利益。

诉讼当事人在第一审程序终结后，对一审法院作出的判决有权向上级法院提起上诉，请求上级法院废弃或变更。上诉制度的目的在于为受到一审不利判决的当事人提供救济手段，使法院的裁判最大限度地接近正义，上诉审程序同时发挥着实现适用法律的统一性作用。如果第一审程序使得当事人的利益得到满足，当事人就没有提起上诉的必要，这样的当事人就没有上诉的利益，没有上诉利益的当事人不得向法院声明不服，以防上诉权的滥用，损害上诉人的利益及浪费法院的诉讼资源。

上诉利益又称不服利益，是指原审法院作出的于当事人不利的裁判，当事人请求上级法院予以救济的必要性和实效性。"上诉人对裁判不服而提起上诉者，须该裁判对于上诉人有不利益之场合始得为之。因而法院仅对于具有上诉利益之上诉为本案判决，对于无上诉利益之上诉，则将其驳回，而不为本案判决。"① 原审裁判否定了当事人在一审中应当获得的利益或部分利益，为了使这些利益获得救济，法律设定了上诉程序，为当事人提供救济机会。上诉利益是诉的利益在上诉审程序中的体现，是上诉人上诉的要件。上诉利益是上诉审程序启动的枢纽，有上诉利益者应当允许其上诉，法院对其上诉的案件应当进行审理后作出本案判决；无上诉利益者不应当允许其上诉，或者法院因此直接驳回其上诉。两大法系对上诉利益都有规定或者类似的判例。

上诉利益是实体法和程序法共同作用的"场"，上诉审程序需要这个场域的程序审查和利益判断。在这种意义上，上诉利益实质上是法院的过滤和排除机制，甚或法院在上诉审的启动上行使了一定的审判功能。因此可以说，上诉利益不仅决定着上诉人的利益诉求能否进入上诉审法院的诉讼救济轨道，而且直接关乎着上诉人的命运。

下列几个大陆法系国家的民事诉讼法都将上诉利益作为上诉审程序启动的诉讼要件或有效条件之一。

新《法国民事诉讼法典》第 546 条规定："于其中有利益的任何当事人，只要没有舍弃上诉权，均享有上诉权。非讼案件，受判决通知的第三人也可对判决向上诉法院提出上诉。"② 上诉利益是上诉人应当具备的条件，而且是实质条件。"上诉人应当证明其享有提起上诉的利益。在一审诉讼中，如果法官没有满足当事人所有的诉讼请求，或者当事人在一审诉讼中败诉，在此程度上，上诉人即属于享有提起上诉的利益；在一审中完全胜诉的人，不得向上诉

---

① 刘春堂：《上诉利益之研究》，载杨建华编：《民事诉讼法论文选辑》（下），台湾五南图书出版股份有限公司 1984 年版，第 795 页。

② 《法国新民事诉讼法典（附判例解释）》（上册），罗结珍译，法律出版社 2008 年版，第 577 页。

法院提起上诉。"①

日本民事诉讼法要求控诉（第二审上诉）的法律构成要件为："（1）对第一审终局判决提起上诉；（2）控诉必须在控诉期间提起；（3）控诉必须由控诉利益人（控诉权人）提起。……控诉利益产生于第一审中败诉的当事人。全体败诉时，原判决的全体便是控诉利益人；部分败诉时，败诉的部分人便是控诉权人。……控诉利益因当事人之间达成不控诉合意，或拥有控诉利益者放弃控诉权而消灭"。②"控诉必须由控诉利益人（控诉权人）提起"，即指无控诉利益者——无上诉利益者——的上诉不符合上诉（控诉）要件。不符合控诉要件而提起控诉者，法院将作出驳回控诉的裁判。

在德国的民事诉讼中，上诉利益是上诉行为合法的要件之一。只有当上诉人声明不服的原审裁判加重了上诉人的负担时，上诉才合法。"不服是作为权利保护利益的特殊表现形式，是法律未普遍提及的上诉的合法性要件之一（以及再审的合法性要件之一）。……不服要件有两项要求：其一，被加重负担、被承担不利的当事人自己决定是否提起合法的上诉。其二，只有当用上诉来追求消灭上诉人的不服为目的时，上诉才合法。是否有不服理由，在审查上诉是否有理由时才显示出来。"③

英美法系国家的民事诉讼中没有诉的利益的概念，但是并不意味着上诉的启动不需要实质的上诉利益。在这些国家里，程序至上受到推崇。他们认为没有救济就没有权利，因此相关的救济程序设计不但精致而且具有可操作性。但是因为英美法系实行陪审团的审判，陪审团对事实进行认定，法院负责法律的适用，除非需要对证

---

① ［法］让·文森、塞尔日·金沙尔：《法国民事诉讼法要义》（下），罗结珍译，中国法制出版社 2005 年版，第 1189 页。

② ［日］中村英郎：《新民事诉讼法讲义》，陈刚等译，法律出版社 2001 年版，第 266-267 页。

③ ［德］奥特马·尧厄尼希：《民事诉讼法》，周翠译，法律出版社 2003 年版，第 367 页。

据是否充分作出合理裁决的有限考虑，否则法官无权重新审理陪审团的裁决。因此，英美法系上诉审程序的启动一般是由于当事人对法律的适用产生不确信。英国实行上诉许可制度，其上诉状实际上就是上诉许可的申请书（上诉通知书），上诉通知书要求其主要内容应指明下级法院裁决具有明显错误的理由，或者下级法院进行的诉讼程序中有严重的程序违法或其他违法行为，从而导致裁判不公的理由。[①] "美国的上诉必须由对初审判决不服的当事人提出。"[②]由此可知，英美法系国家的上诉审都要求上诉人对初审裁决认为适用的法律有错误或者不适当而提起，这类似于大陆法系的上诉利益理论。一言以蔽之，不论是在大陆法系，还是在英美法系，上诉利益或者类似上诉利益的理论是启动上诉审实体裁判的闸门。

我国的民事诉讼法上没有关于上诉利益的规定，上诉利益不作为民事诉讼上诉人上诉的要件。关于上诉的要件，我国民事诉讼理论界通说认为包括实质要件和形式要件两种。实质要件是指哪些判决和裁定是可以上诉的判决、裁定；哪些判决和裁定是不可以上诉的判决、裁定形式要件是指：（1）应当有合格的上诉人和被上诉人。（2）判决在15日内提起上诉，裁定在10日提起上诉。（3）应当提交上诉状。（4）缴纳诉讼费用。这些要件均未涉及上诉利益问题。与上述国家的上诉要件相比，我国的上诉条件是比较宽松的，当事人在很大的程度上控制着上诉程序的启动。正是上诉利益的缺位，造成了我国上诉审程序缺乏必要的限制以及上诉权滥用的情形，使一些本无上诉利益的当事人得以提起上诉，利用上诉程序拖延时间、转移财产、逃避债务或者消耗对方当事人以达到种种的不正当目的，从而使上诉审程序发生异化。上诉审程序异化的不良后果是：（1）当事人上诉权的滥用，削弱了当事人对上诉审程序的信任和期待，一审法院裁判的正当性可以随意受到当事人的质

---

① 常怡：《比较民事诉讼法》，中国政法大学出版社2002年版，第628页。
② 常怡：《比较民事诉讼法》，中国政法大学出版社2002年版，第620页。

疑。（2）在一定程度上，程序变成一种负面的过程，不但延长了诉讼审理期限，而且增加了上诉审法院的工作负荷，造成了法院司法资源的浪费。（3）为某些人在制度外规避法律和为不正当利益利用法律程序提供了条件。基于对这种异化的忧虑，我们认为，上诉利益的确立有着现实的必要性。但是，如何把握上诉利益的界限，需要作认真细致的研究，界限太严必然会妨碍当事人行使上诉权。

## 二、上诉利益的界定

如何判断上诉人的上诉是否具有上诉利益，与上诉审的类型问题相关。上诉审的类型不同，上诉利益的界定标准也就不同。上诉审的类型又被称为上诉审结构，是指上诉审审理与第一审法院审理之间的关系。上诉利益与上诉审的类型相关，准确地说是与第二审的类型相关。因为在实行三审制的国家，其第三审为法律审，其上诉利益问题容易统一判断，而其第二审的上诉利益由于其第二审程序的类型不同会产生不同的判断结果。

第二审上诉程序的类型，因各国或地区民事诉讼法的规定有所不同。学理上通常划分为以下三种：（1）复审制。复审制是指在第二审程序中，一切诉讼资料，均由第二审法院重新调查，就事件进行全面的审理，对于当事人新事实之主张及新证据之提出，全无限制，即可于第二审汇集与第一审全无关系之诉讼资料，而且基于此资料，得变更原裁判之制度。（2）事后审制。此种第二审上诉制度系与复审制相对立的诉讼制度，是指第二审不就事件的本身审理，仅就第一审之判决内容及诉讼手续是否有谬误、缺陷重加检讨，其妥当者维持之，其不妥当者发回之，因而一切诉讼资料，均以第一审原有之资料为依据，不许提出新诉讼资料。（3）续审制。续审制是指第二审审判纵然是以第一审判决之审查为目的，然而此项审查系第一审之继续。从而第二审之诉讼资料并不限于第一审原有的诉讼资料，于第二审亦得为新诉讼资料之搜集。当事人在第一审所为之诉讼行为，于第二审仍然有效力，同时并须在第二审提出新的攻击或防御方法。[1]

判断上诉人是否有上诉利益，民事诉讼理论界有实体不服说、形式不服说和折中说三种学说。实体不服说认为，"第二审法院为第一审法院之续审，当事人于第二审言辞辩论终结前得提出新诉讼资料，并得为诉之变更追加。上诉是否有利益，应以第二审言辞辩论终结时，为其判断之基准时，如上诉人於第二审言辞辩论终结时，能获得较第一审判决更有利之判决者，即为有上诉之利益"。[2] 形式不服说认为，"上诉人提起上诉，是否有上诉利益，应于其提起上诉之时，为形式上之判断。其判断标准，应以原告在第一审之起诉声明与第一审之判决对照以观，起诉之声明全部未经第一审判决容许者，全部有上诉利益，一部未经容许者，一部有上诉利益。第一审法院已就原告起诉之声明，为全部容许之判决者，原告即无提起上诉之利益"。[3] 折中说认为，"原告之上诉利益，应以形式不服说为标准。但被告在第一审并无起诉之声明，其所为驳回原告之诉之声明，乃为诉讼上之声明，非为裁判之对象。故被告之上诉利益，应依实体不服说，以第二审言辞辩论终结时之诉讼资料，判断其上诉利益之有无"。[4]

续审制兼具有复审制的特性，一方面当事人第一审所为之诉讼行为于第二审仍然有效，另一方面当事人在第二审中仍然可以提出新的诉讼资料、新的攻击或防御方法。持形式不服说者着眼于其续审的性质，主张上诉利益之有无应于提起上诉之际为形式判断，依

---

① 刘春堂：《上诉利益之研究》，载杨建华编：《民事诉讼法论文选辑》（下），台湾五南图书出版股份有限公司1984年版，第795-796页。

② 杨建华：《问题研析——民事诉讼法（二）》，台湾三民书局有限公司1987年版，第226页。

③ 杨建华：《问题研析——民事诉讼法（二）》，台湾三民书局有限公司1987年版，第226页。

④ 杨建华：《问题研析——民事诉讼法（二）》，台湾三民书局有限公司1987年版，第226页。

原告起诉之声明是否为判决全部或部分允许而判断是否有上诉利益。但此说对被告是否适用不无疑问，即形式不服说对上诉条件划定了清晰的界限，但是对于被上诉人的利益却缺乏应有的保护。例如，原告请求法院判决被告给付 50 万元，但是被告主张原告和被告之间不存在原告所主张的买卖合同关系，而且主张原告应给付前次买卖价金 25 万元，法院认定原告和被告之间合同关系存在，判决被告给付原告 50 万元，但是原告应当同时给付被告价金 25 万元，最后判决被告给付原告 25 万元。从形式上看，判决书认定的 25 万元与当事人声请的 50 万元不一致，因此原告还有 25 万元的上诉利益。但是该判决实质上是以被告的 25 万元价金作为抵消的。按照形式不服说，因被告在一审中没有提出诉讼请求，所以其没有上诉利益，也就不能提起上诉。这实质上剥夺了被告的上诉权。

持实体不服说者着重于第二审续审之复审性质，主张当事人在上诉程序中可提出新事实、新主张、新证据，法院给予重新调查，全面审理。因此，主张上诉之利益之有无应以第二审言词辩论终结时，上诉人能够获得较原判决更为有利的判决时则为有上诉利益，反之则无上诉利益。但依照此说，在第一审获得全部胜诉判决者，为获得更有利之判决亦可提起上诉，有庇护原告的可能。例如，原告在一审中主张 50 万元的胜诉利益，而且法院在判决中满足了原告的诉讼请求，但是，原告认为其上诉能够较一审判决多获得 10 万元的胜诉利益，因此对一审被告主张 10 万元的上诉利益。上诉人是否真正拥有 10 万元的上诉利益，只能在二审言词辩论结束后才能作出判定。这种理论建立在二审程序是对一审程序的复审的基础上，因此有导致上诉权滥用和上诉程序虚置的倾向。这对被告显然是不公平的。

折中说兼采了上述两种不同学说之所长，对原告上诉利益之有无的判断采形式不服说，对被告之上诉利益之有无采实质不服说。但此说并非因此而被广泛采用。因为，采形式不服说者为弥补该学说之不足这样解释："原告与被告在诉讼程序中系居于对立之地位，对原告有利者，即为对被告不利；对原告不利者，即为随被告有利，原则上仍不难就起诉之声明与判决结果，以判断原判决对被告是否不利。"[①] 德国、日本和我国台湾地区均采形式不服说为原则，以实质不服说为补充和例外。

### 三、上诉不利益变更禁止与利益变更禁止

上诉利益并不是一个恒量，而是一个变量。上诉审程序是一个交融着上诉利益的限制和扩张的过程。换言之，上诉利益在上诉审程序中是变动的利益。这种变动有两种不同的表现：形式上的上诉利益变动和实质上的上诉利益变动。形式上的上诉利益变动主要是指上诉利益在上诉审程序中的不同样态。在程序的发动上，上诉利益是上诉审程序启动的要件，即上诉利益关乎当事人的上诉行为能否纳入国家的二次司法评价体系中；在上诉案件的审理范围上，上诉利益决定着上诉审法院的审理权限，而且上诉人和被上诉人的言词辩论也受到上诉利益的规范。因此，形式上的上诉利益变动内化为上诉不利益变更禁止原则和上诉利益变更禁止，二者限定了上诉利益，事实上也是对上诉利益的一种制度性保障。实质上的上诉利益变动是指在上诉审程序中，既有的上诉利益的界限受到突破而引起的利益变动，在上诉审程序中外现为附带上诉制度。

考察历史发现，无论是上诉不利益变更禁止原则、利益变更禁止原则，还是附带上诉制度，都是为了克服上诉共通原则的弊端而发展起来的。所谓上诉共通原则，是指若一方当事人提起上诉，纵使被上诉人未提起上诉，也可以在上诉程序中声明其不服原判决，上诉审法官亦应依职权考虑被上诉人的不服声明，只需实体真实有利于被上诉人，即应将原判决变更。换言之，一方当事人的上诉，

---

① 杨建华：《问题研析——民事诉讼法（二）》，台湾三民书局有限公司1987年版，第228页。

其利益及于对造当事人。① 上诉共通原则虽然充分重视实质真实的发现，却忽略了当事人的自主意志，忽视了当事人的处分权。为充分尊重当事人的程序利益和主体地位，尊重当事人的处分权，同时也为了对未上诉方以公平保护，确立了上诉不利益变更禁止原则、上诉利益变更禁止原则。而上诉共通原则在上诉利益变更禁止原则、上诉不利益变更禁止原则存在的前提下经过修正发展又生成了附带上诉制度。因此说，上诉不利益变更禁止原则、上诉利益变更禁止原则和附带上诉制度有着共同的源流。它们是上诉共通原则在私权自治的环境下变更、发展的生成之物。

上诉利益变更禁止原则，是指当事人对原判决未声明不服之部分，若对方未上诉或未附带上诉时，即使原判决有不当，上诉法院亦不得对上诉人为更有利之判决。上诉不利益变更禁止原则，是指在只有一方当事人上诉的情形下，上诉审法院不能作出比第一审裁判更不利于上诉人的裁判。上诉不利益变更禁止原则所约束的是上诉人不服而上诉的范围，又称为"上诉不加重"，它所维护的是上诉人的利益，体现了对上诉人处分权的尊重。上诉利益变更禁止原则所约束的是上诉人未声明不服，即未上诉的范围，它所维护的是未上诉当事人的利益，同时也体现了对上诉人处分权的尊重。

上诉不利益变更禁止原则、利益变更禁止原则是大陆法系主要国家和地区民事上诉审程序中重要的一对原则。《日本民事诉讼法》第304条规定："撤销或变更第一审判决，只在声明不服的范围内可以进行。"这条规定是指撤销或变更第一审判决的范围，包含了上诉不利益变更禁止原则和利益变更禁止原则。日本民事诉讼法学者对此解释："撤销或变更原判决的范围，原则上只限于根据控诉或附带控诉提出不服申请的范围之内。因此即使原判决不当，控诉审不触及控诉人没有提出不服主张的败诉部分，也就是说不得

① 参见陈计男等：《不利益变更禁止原则》，载民事诉讼法研究基金会：《民事诉讼法之研讨（七）》，三民书局有限公司1998年版，第298页。

作出比原判决更有利于控诉人的判决（禁止变更有利于原判决）。控诉的范围仅限于不服的申请，因此对控诉人来说，最坏的情况也不过是驳回控诉而已，不会受到比原判决更不利益的判决（禁止变更不利于控诉人的判决）。……但是，法院应依职权调查的诉讼要件欠缺或诉讼程序上有瑕疵时作为例外，不管不服申请的范围如何，根据情况可以撤销全部原判决。例如，欠缺诉讼能力或违反专属管辖"。① 《德国民事诉讼法》第 536 条规定："对于第一审的判决只能在申请变更的范围内变更之。"此规定意味着上诉审法院"对合法的控诉和未以裁定驳回的控诉作出的判决，即不允许超过控诉申请的范围，也不允许为使控诉人不利而变更声明不服的判决"。② "就上诉手段而言，对被声明不服的裁判的变更不允许与上诉人的申请不同。因此对上诉人而言，不能发生比他的上诉失败更不利的事儿；相反，鉴于上诉不能为使上诉人不利而变更判决：存在上诉不加重。"③ 我国台湾地区民事诉讼中也有此类规定。这一对规则不仅制约着上诉审法院的审理范围，规制着上诉人和被上诉人言词辩论的边界，而且决定着上诉裁判可触及的范围，是对当事人上诉权的原则性保护。

我国的民事诉讼制度中也有体现上诉利益变更禁止原则的内容。《民事诉讼法》第 168 条"第二审人民法院应当对上诉请求的有关事实和适用法律进行审查"在相当程度上限定了二审法院的裁判范围。《民事诉讼法解释》第 323 条进一步强化了这一理念，但也确立了几项例外。第 323 条规定："第二审人民法院应当围绕当事人的上诉请求进行审理。当事人没有提出请求的，不予审理。

---

① ［日］兼子一、竹下守夫：《民事诉讼法》，白绿铉译，法律出版社 1995 年版，第 233 页。

② ［德］奥特马·尧厄尼希：《民事诉讼法》，周翠译，法律出版社 2003 年版，第 380 页。

③ ［德］奥特马·尧厄尼希：《民事诉讼法》，周翠译，法律出版社 2003 年版，第 327 页。

但一审判决违反法律禁止性规定，或者损害国家利益、社会公共利益或者他人合法利益的除外。"这就含有上诉利益变更禁止原则的因子，同时其既有原则又有必要的例外。根据此条解释，在上诉人上诉请求范围之外，裁判若有错误，纠正此错误可以使上诉人获得利益的，法院亦得审查纠正。由此可见，《民事诉讼法》第 168 条以及《民事诉讼法解释》第 323 条的规定实质上确定了利益变更禁止原则。同时例外是必要的，利益变更禁止原则的适用并非绝对的，当民事诉讼中涉及有公共利益时，就应以公共利益优先而排除私权意义上的利益变更禁止原则。

在我国民事诉讼制度中，没有上诉不利益变更禁止原则的规定。我国是否要确立上诉不利益禁止变更原则，尚值得探讨。若重视裁判实体真实性或者追求所裁判事项的真实性，即应当奉行上诉共通原则；若重视当事人之意思自治，遵从处分权主义，则应设立不利益变更禁止原则及利益变更禁止原则。多数人认为，民事诉讼多系私权之争，与公益关系较少，制度上适宜尊重当事人之意思。我国现行民事诉讼法的规定与司法解释确立了在当事人上诉请求范围内审理的原则，就体现了诉讼观念的改变，即实现了从公共利益至上、漠视其民事纠纷私权性的审判方式，到重视当事人民事纠纷私权性的审判方式的变革，体现了利益变更禁止原则的精神。在此前提下，我们认为也需要借鉴德国、日本等国家民事诉讼立法经验和实践操作模式，在我国的民事诉讼中确立上诉不利益变更禁止原则。

其依据主要有以下两个方面：

第一，避免对上诉人的突袭性裁判。诉的利益的本质是当事人权利和法院权力的利益衡量，既是当事人权利扩张的权力保护，又是当事人权利对法院审判权的制约。其中，法院的审判权处于明显的优位。上诉利益是法院审判权对当事人权利的制度约束和筛选机制。上诉利益一旦在上诉请求中得到确定，当事人和上诉审法院的诉讼行为就受到约束，即上诉利益恒定。上诉人和被上诉人必须在上诉利益的范围内进行辩论，法院也必须在上诉利益的范围内作出裁判。如果法院加重对上诉人的不利判决，就超出了诉的利益的限制，违背了上诉人上诉的旨意，代行了未上诉方当事人的权利，这实质上是上诉的利益的不正当扩张。正是这种不正当的扩张引发了上诉审法院审判权的滥用，导致突袭性裁判的产生。上诉不利益变更禁止原则是确保上诉利益得以维系的适格原则，亦契合当事人权利扩张和法院审判权限制的机缘，因而在制度上加以确定有着现实的必要性。

第二，实现当事人处分权的要求。处分原则是民事诉讼法的根本原则之一，是指当事人有权在法律规定的范围内自由处分自己的实体权利和程序权利。基于民事诉讼法调整对象的私权的平等性，当事人在程序的运作中发挥着实质性的作用。"不仅诉讼程序的开始和审理对象的内容只能由当事者（尤其是原告）来决定，而且关于诉讼标的的变更和诉讼的终止，当事者也有决定权。"[1] 处分权是当事人的一种基本权利，当事人有权自主地决定权利的正当行使，也有权放弃权利，同时承担权利放弃而带来的风险。当事人不提起上诉，就意味着其已经放弃了请求变更原裁判的权利，这种权利既包括程序权利，也包括通过程序权利所实现的实体权利。当事人是处分权的主体，采用处分原则的目的是要给当事人有平衡追求兼顾实体利益和程序利益的机会，而不仅以系争实体权利的保护为目的。[2] 当事人提起上诉则表明上诉人有着一定的利益诉求，这种利益诉求应当得到制度鼓励。如果上诉审法院的裁判更不利于上诉人，就意味着当事人的上诉就代替当事人行使了处分权，法院兼具了被上诉人和裁判者的双重角色，这不但违反了法官的消极中立地位，而且会导致诉讼公正的丧失。上诉不利益变更禁止与利益变更

---

① ［日］谷口安平：《程序的正义与诉讼》，王亚新、刘荣军译，中国政法大学出版社 1996 年版，第 104 页。

② 邱联恭语，参见陈计男等：《不利益变更禁止原则》，载民事诉讼法研究基金会：《民事诉讼法之研讨（七）》，三民书局有限公司 1998 年版，第 338 页。

禁止原则的理性根据为处分原则。法院审理民事诉讼案件的范围应当受当事人声明的约束，即受当事人诉讼请求或上诉请求的约束，除了法律特别规定外法院不得就当事人未声明之事项审理裁判，言词辩论应在当事人声明的范围之内进行。因此，上诉人未声明不服的部分，即当事人未提出上诉的范围，法院审理时应不予涉及，即使此部分有问题，也不允许变更该判决。从尊重上诉人处分权以及未上诉的当事人处分权的角度，法院均不得随意变更当事人未予主张的请求范围。尤其是对未上诉一方当事人而言，这部分上诉人上诉未涉及，所以法院就不应当主动行使职权予以变更，而使上诉人在其上诉请求之外获得更多的利益，此为上诉利益变更禁止原则产生之缘由。上诉人之所以上诉是为了获得比一审法院裁判多些的利益，而非获得较一审裁判多些的不利益，出于尊重上诉人的意愿，也出于鼓励上诉人上诉的目的；反之也出于尊重未上诉一方当事人的意愿，民事诉讼制度进而确立了上诉不利益变更禁止原则。

上诉不利益变更禁止原则的内容具体体现为：

（1）上诉利益是上诉审程序的启动要件。如果上诉人不能证明自己享有上诉利益，那么上诉审法院不会将其诉讼请求纳入上诉的轨道，也就无所谓上诉不利益的禁止变更的问题。必须予以注意的是，上诉不利益变更禁止原则仅适用于私益事项。也就是说，利益的位阶限制着上诉不利益变更禁止原则的适用，公益事项应予优先保护，涉及公益事项时可不受上诉不利益变更禁止原则的调整。

（2）上诉人于上诉法院遭受的不利裁判，不得大于上诉请求全部被驳回。换言之，上诉人在上诉法院所遭受的最坏结果为其上诉请求被驳回，上诉法院不得以任何理由（包括事实认定错误或法律适用错误）作出比一审判决更不利于上诉人的裁判。

（3）上诉审法院在裁判中所确定的利益必须经过上诉人和被上诉人的言词辩论。未经双方当事人辩论的利益，法院不得对其作出判决。

（4）上诉审法院可以在确保不低于一审裁判所确定的利益的

前提下，变更作出裁判的理由。这种情形不属于不利益变更。

（5）适用上诉不利益变更禁止原则的前提是被上诉人未上诉，也未提出附带上诉。否则上诉法院审理的范围就不限于上诉人上诉不服的范围。在此情形下，上诉不利益变更禁止原则将自然被突破。此外，在上诉人诉讼要件欠缺时也不受上诉不利益变更禁止原则的限制。

### 四、附带上诉

上诉不利益变更禁止原则使得上诉利益保持着样态变化的恒量，但是该原则实施的前提是对方当事人未提出上诉或附带上诉。当一方当事人提起上诉，另一方当事人也提起上诉或附带上诉时，上诉人在上诉程序中的利益就必然会发生变化，而无法获得不利益变更禁止原则的保护。

附带上诉是指一方当事人提起上诉后，另一方当事人针对已经提起上诉的上诉人提起的上诉。"附带上诉者，当事人之一造对于第一审判决不利于己部分提起上诉后，被上诉人亦对原判决声明不服，请求废弃或变更第一审判决不利于己部分，而扩张到有利于己部分之判决之行为也。"[①]日本学者如是认为，"被控诉人趁控诉的机会把控诉审判的范围向有利于自己的方面扩大，并请求审判其主张的申请叫作附带控诉"。[②]

附带上诉制度是许多大陆法系国家民事诉讼法中规定的制度，我国台湾地区相关规定、澳门地区的民事诉讼法中也都规定有附带上诉制度。

《德国民事诉讼法》第 521 条、第 522 条、第 523 条、第 556 条和第 557 条都是关于附带上诉制度的规定。德国民事诉讼中的上

---

① 杨建华：《民事诉讼实务问题研究》，台湾三民书局有限公司 1981 年版，第 359 页。

② ［日］兼子一、竹下守夫：《民事诉讼法》，白绿铉译，法律出版社 1995 年版，第 229 页。

诉分为控诉、上告和抗告，其控诉和上告是指对判决不服提起的第二审上诉和第三审上诉，抗告是指对裁定不服提起的上诉。其附带上诉分为附带控诉、附带上告和附带抗告。附带上诉又分为独立和依附的两种，控诉、上告或抗告被撤回或因不合法被驳回时，附带控诉、上告或抗告失去其效力。被控诉、上告或抗告人在控诉、上告或抗告期间内提出附带控诉、上告或抗告的，这些附带的控诉、上告、抗告视为独立的控诉、上告、抗告。例如，其《民事诉讼法》第 521 条第 1 款规定，"被控诉人即使在舍弃控诉或以逾控诉期后，仍可以提出附带控诉"。第 522 条规定，"控诉经撤回，或控诉因不合法而被驳回时，附带控诉失其效力。被控诉人在控诉期间内提起附带控诉的，视为他独立提起控诉"。[①]

新《法国民事诉讼法典》第 548 条至第 551 条是关于附带上诉制度的规定。根据该法典第 548 条的规定，附带上诉是由被上诉人针对上诉人与其他被上诉人附带提出的上诉。其第 550 条规定，附带上诉得于诉讼之任何阶段提出，即使提出附带上诉的人已经丧失以本诉讼之名义进行诉讼的权利亦同。而且附带上诉人应当证明自己有提起此种上诉的利益，并且没有对一审判决作出认诺。[②] 其第 549 条规定，被上诉人提起附带上诉，既可以针对上诉人，又可以针对其他被上诉人。[③] 对于附带上诉与主上诉的关系，根据新《法国民事诉讼法》第 550 条的规定，"只要是在提出主上诉的有效期间内提出附带上诉，即使主上诉得不到受理，附带上诉仍然可以'嫁接'其上"，但"如果附带上诉是在可以提出主上诉的期间届满之后才提出，那么，其是否可以受理则与主上诉可否受理紧密

---

① 《德意志联邦共和国民事诉讼法》，谢怀栻译，中国法制出版社 2001 年版，第 120、122 页。

② [法]让·文森、塞尔日·金沙尔：《法国民事诉讼法要义》（下），罗结珍译，中国法制出版社 2005 年版，第 1194 页。

③ [法]让·文森、塞尔日·金沙尔：《法国民事诉讼法要义》（下），罗结珍译，中国法制出版社 2005 年版，第 1194 页。

联系；但是，如果附带上诉是在可以提起主上诉的期间之内提出，则同主上诉一样，应当认为它可以自行成立，只不过在形式上具有附带性质，但其本身却是有效的"。①

日本民事诉讼法中的上诉也分为控诉、上告和抗告三种不同类型。日本实行三审终审制，附带上诉仅适用于事实审和法律审的第二审程序，不适用于仅作法律审的第三审，也不适用于抗告，因此与德国不同，其只有附带控诉。附带控诉也分为独立的和依附的两种类型。控诉"是对第一审的终局判决向第二个事实审法院提出的上诉"。② 新《日本民事诉讼法》第 293 条是关于附带控诉的规定，"被控诉人即使其控诉权消灭后，但在口头辩论终结之前，仍可以提出附带控诉。附带控诉在撤回控诉或因不合法而驳回控诉的情况下，失去其效力，但是具备控诉要件的，则视为独立的控诉。附带控诉应根据关于控诉的规定。但是，提起附带控诉，应向控诉法院提出附带控诉状"。③

我国台湾地区"民事诉讼法"中的附带上诉制度与日本基本相同，在第二审程序中，被上诉人于言词辩论终结前，得为附带上诉；附带上诉，虽在被上诉人之上诉期间已满或曾舍弃上诉权或撤回上诉后，也可以提出。其附带上诉也分为独立的和依附的两种类型，上诉经撤回或因不合法而被驳回者，附带上诉失其效力，但附带上诉具备上诉之要件者，视为独立之上诉。在第三审程序中，被上诉人不得提起附带上诉。在对裁定的上诉程序，即抗告程序中也无附带抗告的规定。

我国澳门地区《民事诉讼法典》第 587 条是关于附带上诉制

---

① ［法］让·文森、塞尔日·金沙尔：《法国民事诉讼法要义》（下），罗结珍译，中国法制出版社 2005 年版，第 1198－1199 页。

② ［日］兼子一、竹下守夫：《民事诉讼法》，白绿铉译，法律出版社 1995 年版，第 226 页。

③ 《日本新民事诉讼法》，白绿铉编译，中国法制出版社 2000 年版，第 103－104 页。

度的规定，该条共有五款，其内容包括："（1）双方当事人均有败诉时，如任一方当事人希望裁判中对其不利之部分获变更者，得提起上诉；在此情况下，任一方当事人提起之上诉得为独立上诉或附带上诉。（2）独立上诉须于一般期间内按一般程序提起；附带上诉得于受理他方当事人上诉之批示作出通知后十日内提起。（3）如首先上诉之人撤回上诉或其上诉不产生效力，又或法院不审理该上诉者，则附带上诉失效，而所有诉讼费用均由主上诉人负担。（4）一方诉讼人舍弃上诉权或明示或默示接纳裁判时，只有他方当事人对该裁判提起上诉，其亦得提起附带上诉，但其明示声明不提起附带上诉者除外。（5）凡可提起独立上诉，则亦可提起附带上诉，即使出现争执之裁判对附带上诉不利益之利益值等于或低于作出上诉所针对裁判之法院之法定上诉利益限额一半亦然"。

从上述国家和地区附带上诉制度的法律规定来看，附带上诉具有以下特点：第一，附带上诉人应当有上诉利益。"提出附带上诉的条件类似于对上诉人所要求的条件：附带上诉人应当证明自己有提起此种上诉的利益，并且没有对一审判决作出认诺；此外，只有在存在主上诉的情况下，才能提出附带上诉。"[①] 可见，附带上诉和独立上诉具有同质性，因此附带上诉人也必须具备上诉利益才能提起附带上诉。附带上诉人应当证明自己在一审裁判中受到不利影响，才能享有上诉利益，并且附带上诉人未对一审裁判作出认诺。第二，附带上诉人在主上诉提起后提起，但是附带上诉并不仅限于上诉期间，只要主上诉尚未审结，都可以提出。附带上诉可以于上诉审的任何阶段提出。如果在主上诉期间提出就如同主上诉具有有效性，只是在形式上具有附带性质。但是"在主上诉不能得到受理的情况下，如果上诉人本人不对附带上诉的可受理性提出异议（理由可以是新的理由，并且可以是事实与法律的混合理由），在

---

① ［法］让·文森、赛尔日·金沙尔：《法国民事诉讼法要义》（下），罗结珍译，中国法制出版社 2005 年版，第 1194 页。

以上诉人本人名义采取行动的期间届满后提出的附带上诉仍然可以受理"。① 第三，附带上诉既可以是附带的，又可以是独立的。通常附带上诉以主上诉的存在为前提。如果附带上诉人提起上诉前，主上诉人已经舍弃上诉或者法院驳回主上诉人的上诉，那么当事人不能提起附带上诉。上诉人上诉后，被上诉人提出附带上诉，主上诉人又撤销其上诉或者主上诉被驳回的，附带上诉失效。但是，如果附带上诉是在被上诉人上诉期间提出的，那么即使主上诉人撤回上诉，附带上诉仍被视为独立提起的上诉而存在。第四，附带上诉通常针对主上诉人提出，但是也可以针对其他被上诉人提出，如共同诉讼中，针对本方当事人提出。

在附带上诉制度中，存在两个相悖的上诉利益。当附带上诉的利益较主上诉利益更大时，或者主上诉被驳回或败诉而附带上诉胜诉时，主上诉人有遭受较一审裁判更加不利之裁判的可能性。从附带上诉之角度而言，上诉审自然突破了对上诉人方面的上诉不利益变更禁止原则。这样，随着附带上诉的启动，上诉利益在上诉审程序中得到了扩张。也就是说，上诉利益在这一过程中实现了由限制到扩张的变动。但是，必须注意这种利益的扩张实质上是外在的制度对既有的定量利益的冲击，或者说这种利益的变动不是自发的而是带有被动性质的。这种变动不仅导致了上诉审理范围的扩充（对上诉人而言），而且促使上诉裁判不确定性的增加。

附带上诉制度产生的缘由在于：首先，作为法律赋予被上诉人的特别救济途径，对被上诉人施以公平保护。就一审判决而言均有不服时，双方当事人都可以独立地提出上诉，但是当有一方当事人出于息事宁人之目的，或者为了诉讼经济的缘由，希望双方都不要上诉，或者判断对方当事人无理由上诉而放弃己方上诉时，若对方当事人不肯息讼，不顾一切提起上诉，依据上诉不利益变更原则，

---

① ［法］让·文森、赛尔日·金沙尔：《法国民事诉讼法要义》（下），罗结珍译，中国法制出版社 2005 年版，第 1199 页。

该上诉人之显然处于有利地位，而被上诉人仅能就对方之上诉作出防御而无法攻击。因此立法者为使双方当事人获得平等保护，允许被上诉人在上诉人上诉后提出附带上诉。其次，附带上诉乃利益变更禁止原则、不利益变更禁止原则的伴生产物。在上述国家和地区的民事诉讼中，法院审理上诉案件时，法律规定法院应当在上诉申请的范围内审理调查、在当事人上诉申请的范围内辩论，上诉人的上诉申请是法院裁判的对象，法院不可以在当事人申请范围之外审理裁判。同时禁止上诉利益变更与禁止上诉不利益变更，上诉审法院既不得超过上诉人的上诉请求范围变更初审裁判，使上诉审裁判更有利于上诉人，上诉审法院也不得变更初审裁判而导致上诉人更加不利。例如，德国的民事诉讼实行"上诉不加重"的原则，即不禁止利益变更原则，法院"对于第一审判决，只能在上诉人申请变更的范围内变更"。[①]"就上诉手段而言，对被声明不服的裁判的变更不允许与上诉人的申请不同。因此对上诉人而言，不能发生比他的上诉失败更不利的事儿；相反，鉴于上诉不能为使上诉人不利而变更判决：存在上诉不加重（reformatio in peius）。"[②] 实行这两项原则，特别是不利益变更禁止原则，就要求设置附带上诉制度，以求公平地保护双方当事人，在此情形之下对被上诉人给予救济的手段。反之，如果没有利益变更禁止原则或不利益变更禁止原则，实行上诉共通原则，上诉人与被上诉人在上诉程序中都可以得到救济，就不需要设置附带上诉制度。最后，制裁滥用诉权之当事人。有时，当事人基于对上诉审裁判的不确定性和高昂诉讼成本的恐惧，有可能放弃上诉的机会，但是当另一方当事人提起上诉后以致自己的权益处于比一审裁判更加不利的地位时，特别是"第一审判决一部分败诉之当事人，倘系好讼之徒，对于败诉部分明知无

---

① 参见《德国民事诉讼法》第536条。

② 奥特马·尧厄尼希：《民事诉讼法》，周翠译，法律出版社2003年版，第372页。

理亦欲上诉，徒使繁增讼累而已，今有附带上诉制度，滥行上诉者，将多一顾忌。就此而言，附带上诉制度实有必要"。[①] 如前所述，无论是上诉不利益变更禁止原则、利益变更禁止原则，还是附带上诉制度都是为了克服上诉共通原则的弊端而发展起来的，其产生与发展呈现的是当事人双方利益的协调、平衡，以及诉讼程序的公平。它们是上诉共通原则在私权自治的环境下变更、发展的生成之物。

我国民事诉讼法中没有设立附带上诉制度。1982 年颁布实施的民事诉讼法（试行）对上诉审理的范围如此规定，"第二审人民法院必须全面审查第一审人民法院认定的事实和适用的法律，不受上诉范围的限制"，实质上实行的是上诉共通原则。随着诉讼观念的变革，出于尊重当事人处分权的观念，2012 年修改通过的现行民事诉讼法对上诉案件审理范围的规定要求限于上诉人上诉请求的范围之内，实质上采纳了利益禁止变更原则。但由于没有不利益变更禁止原则的规定，人们并未关注附带上诉制度。根据诉讼实践的客观需求和司法公平理念的现实需要，笔者认为，无论是否有上诉不利益变更禁止原则，都应当在我国的民事诉讼法中设置附带上诉制度，其主要理由如下：

第一，实现诉讼当事人程序公平的要求。如前所述，我国的民事诉讼法在上诉审理范围的问题上，从 1982 年的立法到 2012 年立法的变化、改革，仅考虑了对当事人处分权的重视，根据处分原则规定上诉法院原则上仅在上诉人上诉请求范围内审理裁判，没有进一步考虑被上诉人的利益，造成了诉讼上的不公平。附带上诉制度，可以使没有上诉的被上诉人获得诉讼程序上的公平救济。从德国和日本的学者对此问题的法理分析来看，建立这种制度的重要价值取向是实现当事人双方的诉讼公平。由于附带上诉制度的缺失，

---

① 王甲乙、杨建华、郑健才：《民事诉讼法新论》，台湾广宜印书局 1983 年版，第 387 页。

下列情形在诉讼实践中时有发生：当事人不了解现行民事诉讼法的规定，为避免预交上诉费，企图在对方当事人提起上诉的程序中提出自己的上诉请求，导致其上诉期间届满后才知道其已经丧失提出不服原判决请求的权利。又如，当事人对一审判决基本满意，仅有小部分不满意，但是考虑到上诉的耗费或代价（如律师费的支出、上诉费的交纳、时间的耗费等）而决定不上诉，同时认为对方当事人没有理由上诉，诉讼就此结束。但是，恰恰出乎其判断对方当事人上诉了，第二审程序的进行不可避免，自己一方的律师费的支出与诉讼的时间耗费将不可避免。被上诉人如果意欲对原审判决不满意的部分提出上诉，但上诉期间已经届满，丧失了上诉的权利。上诉法院根据民事诉讼法的规定，仅在上诉人上诉请求的范围内审理，如果上诉人的上诉请求不包括此被上诉人意图上诉的内容，对被上诉人显然不利。我国的民事诉讼有许多并没有实行律师代理，这种情况对被上诉人十分不公。如果我国民事诉讼法设置有附带上诉制度，这些问题即可迎刃而解。

第二，对滥用诉权、拖延诉讼、恶意消耗对方当事人的上诉人予以制裁的需要。例如，甲公司诉请乙公司给付拖欠的各项工程款。一审法院经审理，判决事项有五项。甲公司对第一、二、三项满意，对第四、五项不满意。但是考虑到诉讼的各方面代价，并考虑到对方当事人没有理由提起上诉，因此决定不上诉。乙公司为了拖延诉讼，推迟给付，故意在上诉期届满之前一天对判决无上诉利益的第一、二、三项提起上诉。甲公司得到对方上诉的通知后，其上诉期已经届满，丧失了上诉的权利，想上诉已经来不及了。在日本民事诉讼法中，有对滥用诉权的上诉人制裁的规定，而我国却没有此类制度，滥用诉权者自然肆无忌惮，法院对此束手无策。如果设置有附带上诉的制度，虽然不能产生与制裁滥用诉权的措施完全相同的作用，但一定程度上可以产生相同的效果。前案例中的甲公司就可以提出附带上诉，请求上诉审法院对第四、第五项判决给予改判，以维护和实现本公司应当享有的合法权益，一定程度上达到制裁乙公司恶意上诉的行为。

## 结　语

上诉不利益变更禁止原则内在反向地规制和保障上诉利益，附带上诉制度外在地扩张上诉利益的范围。若一方当事人针对原判决提起上诉，上诉利益变更禁止原则、不利益变更禁止原则自动发挥掣肘作用。在此过程中，对方当事人提起附带上诉，则上诉利益发生一定的扩张。上诉不利益变更禁止原则与附带上诉制度的确立表明：一方面，诉讼是当事人利益博弈的场所，利益的变动不仅规制着诉讼的结局，而且反映着当事人对诉讼走向的主导；另一方面，诉讼不仅是发现实质真实的途径，更是对程序利益的追求和保障机制。在此过程中，当事人是其权利主导者，法院则是利益裁判者。

民事上诉审程序领域，经历了从追求所裁判事项的真实性到重视当事人的意思自治、遵从处分权主义的演变；从上诉共通原则到上诉利益变更禁止原则、上诉不利益变更禁止原则、附带上诉的综合演变。这种历史演变的结果仍然体现着诉讼公平理念，体现着竭力实现真实裁判的愿望。所不同的是使实现公平、实现真实愿望的权利由当事人把握和主导，而非由法院依职权主动审判。我国民事司法改革也在经历着相同的演变。但是，我国目前上诉审程序的改革与民事诉讼法的修改是不完整的，特别是附带上诉制度的缺失，造成上诉程序貌似合理但却有失公平的局面。因此，有必要考察其他国家或地区民事诉讼法的相应规定，在上诉审程序方面进行全面的改革。

# 第九章　民事执行检察监督
# 制度之路径选择

## 一、两种观点的对立与分歧

是否应将检察院的法律监督权扩至民事执行程序，在相当长的时间内存在激烈的争论和迥异的认知。究其本源在于，1991年《民事诉讼法》第14条"人民检察院有权对民事审判活动实行法律监督"中的"审判活动"是否包含"执行程序"法律本身并未给出明确回答，学者之间歧见频生，"执行难"和"执行乱"的严峻形势更是加剧了理论界和实务界对执行检察监督制度的热议。《民事诉讼法》的全面修改和《强制执行法》的单独立法更将民事执行检察监督制度的讨论推向了高潮。

很自然地，出现了两种针锋相对的意见：一种意见认为，民事执行程序中应当引入检察监督制度，这被称为"引入说"；另一种意见则反对检察院介入到民事执行程序中，这被称为"反对说"。检察系统和绝大多数民事诉讼法学者支持"引入说"，并就建立民事执行检察监督制度的正当基础、法理依据、监督范围、监督范式以及启动程序等提出了各种各样的理论或者学说,① 也有学者运用比较法考察后认为，法国和俄罗斯也存在民事执行检察监督制度,② 可成为我国主张建构民事执行检察监督的比较法依据。

"反对说"主要为法院系统所坚持。秉持的理由是，我国法院执行体制已进行深层次的多元改革，法院也加强了对执行案件的内部监督力度，无须引入外在的检察监督，况且检察院无法胜任对民事执行工作的监督，反而会阻碍执行程序的有序运转。③ 针对"引入说"所主张的法国和俄罗斯也存在民事执行检察监督制度的观点，"反对说"详尽剖析了这两个国家相关法律的历史嬗变和条文精义，指出法国检察官对民事执行只有协助义务没有监督权力，俄罗斯原民事诉讼法中涉及的检察长对民事执行的监督权，已被1997 年新通过的执行程序法、司法警察法以及新的民事诉讼法典的有关内容所取代，实际上已失效。俄罗斯现今亦不存在对民事执行的检察监督。④

① 关于是否应该建立执行检察监督制度以及应该如何建构，已经有很多优秀的成果发表。请参见孙加瑞：《检察机关实施民事执行监督之程序设计》，载《人民检察》2007 年第 13 期；鲁俊华：《检察机关对民事执行的抗诉监督》，载《国家检察官学院学报》2010 年第 4 期；陶卫东：《检察机关民事行政案件执行监督正当化分析》，载《政法论坛》2009 年第 6 期；江伟、常廷彬：《论检察机关对民事执行活动的法律监督》，载《中南大学学报》（社会科学版）2007 年第 5 期；彭世忠、郭剑：《民事执行的检察监督》，载《现代法学》2003 年第 5 期；肖建国：《民事执行中的检法关系问题》，载《法学》2009 年第 3 期；廖永安、颜杨：《我国民事执行检察监督的科学定位与制度设计》，载《湘潭大学学报》（哲学社会科学版）2010 年第 6 期等。

② 对于法国和俄罗斯是否都存在民事执行检察监督制度，学者之间也有很大分歧。张海峰在《民事执行检察监督研究》（《辽宁行政学院学报》2009 年第 9 期）一文中认为，法国和俄罗斯都存在民事执行检察监督制度，而黎蜀宁在《论检察机关对民事执行活动的法律监督》（《现代法学》2003 年第 6 期）一文中认为，俄罗斯的确存在民事执行检察监督制度，法国则不存在相应的制度。

③ 赵晋山、黄文艺：《如何为民事执行监督开"处方"》，载《法制日报》2007 年 8 月 14 日第 3 版。

④ 黄金龙、黄文艺：《域外没有民事执行检察监督》，载《法制日报》2007 年 8 月 29 日。

必须承认的是，很难说法治发达国家存在民事执行检察监督的样板或者模型。但是，这不应成为否定我国建构民事执行检察监督的充足条件。法治发达国家不存在相同或者类似制度并不意味着我国就不能建立民事执行检察监督制度，毕竟我国检察监督制度的司法权性质不同于很多国家的行政权定位。问题的关键在于深刻考量中国的民事执行的程序构造和实践样态，透析这种法律监督权嵌入到执行程序的可兼容性、可操作性和实践反馈。如果执行检察监督能够很好地克服我国执行程序的病态运作，那么我们就应该虚位以待这种监督，避免从部门利益的狭隘视角冷视、排斥这种制度的建构。

民事执行检察监督制度的正当性基础与法理依据是非常重要的问题，若脱离民事执行的具体程序构造和实践运作，单纯探讨这个问题的意义不是很大。因为这种思路往往会陷入抽象法理思辨的旋涡中，看似说理透彻，实则缺乏真正具有说服力的逻辑推演和实践资料支撑，给人以隔靴搔痒之感而无法打动立法者，难以获得青睐。更主要的是，"有的时候围绕所谓基本法理或基础理论可能出现的纯粹是价值上的争执，很难仅就不同观点本身的内容就得出孰是孰非的判断；即便明确支持某个观点，但是因理论基础层面的许多命题都非常抽象，从同一的出发点依然可能推导出不同的结论"。① 这里就存在明显的二律背反：一方面，民事执行检察监督的建构一般要明确其正当化基础与法理依据；另一方面，只有与民事执行检察监督范式相结合才能真正洞悉该制度的正当化基础与法理依据。笔者更倾向于通过执行检察监督的运作模式来分析其合理存续的根基。

1991 年民事诉讼法的立法粗疏留下的制度豁口导致了检法两家对执行检察监督制度的迥异态度，这种态度很容易招致检法两家

---

① 王亚新：《执行检察监督问题与执行救济制度构建》，载《中外法学》2009 年第 1 期，第 140 页。

谋取部门利益、权力扩张与限制的遐想和表象。为此，有些地方检察院在司法实践中不断开拓执行检察监督的新型模式，力促检法两家的通力合作。广州番禺区人民检察院创设了"要求法院提供书面执行情况说明"的执行监督范式，检察机关在受理民事执行申诉案件后，以口头或书面形式要求法院就申诉人申诉的问题作出书面解释说明和提供有关执行依据，法院在一定期限内作出回复，检察院再根据答复内容，结合申诉人申诉理由进行全案审查予以监督，并且收到很好的效果。① 如果我们对执行检察监督的界定不至于过分严格的话，这种方式亦可纳入其含蕴的范围。但是这种方式毕竟不是制度化、体系化的运作机制，带有很大的随机性和不确定性。

事实上，更多的法院对检察院的执行监督采取了抵制的态度，最高人民法院先前的态度更为鲜明地排斥这种执行检察监督制度。最高人民法院于 1995 年发布的《关于对执行程序中的裁定的抗诉不予受理的批复》、1996 年发布的《关于检察机关对先予执行的民事裁定提出抗诉人民法院应当如何审理问题的批复》、1997 年发布的《关于对企业法人破产还债程序终结的裁定的抗诉应否受理问题的批复》、1998 年发布的《关于人民法院发现本院作出的诉前保全裁定和在执行程序中作出的裁定确有错误以及人民检察院对人民法院作出的诉前保全裁定和抗诉提出抗诉人民法院应当如何处理的批复》、2000 年发布的《关于如何处理人民检察院提出的暂缓执行建议问题的批复》等规范性文件均对检察院的执行监督采取强烈抵制的态度，检察院不仅不能对执行程序中的裁定提出抗诉，而且暂缓执行的建议也被明确否定。毫不讳言，"检察院始终没有开通进行执行检察监督的程序内道路，当检察院进行程序内监督的尝试

---

① 高斌、马远琼：《"番禺模式"破解执行监督难》，载 http://news.sohu.com/20070826/n251777210.shtml，最后访问日期：2015 年 12 月 10 日。

时，法院却用程序外的手段进行抗拒"，① 即使程序外的手段也遭到了抵制。可喜的是，最高人民法院的态度已经趋于缓和。2011年8月通过的《最高人民法院 最高人民检察院关于在部分地方开展民事执行活动法律监督试点工作的通知》就明确规定，检察院在五种情形下有权对法院的民事执行活动提出检察建议。经过不断的探索和争论，学者之间就建立民事执行检察监督制度逐渐形成共识，加之最高人民法院态度的积极转向，实现民事执行检察监督制度的法律化已成为必然。2012年8月31日新通过的《民事诉讼法》第14条将检察监督的范围扩展到民事执行领域，并在第235条明确地将执行检察监督作为强制执行的基本原则，从而在法律上正式确认民事执行检察监督制度。

民事执行检察监督制度已经成为客观实在。当下的主要任务是如何将检察监督妥适地镶嵌于民事执行程序并达致二者之间的兼容与共生。在这其中，民事执行检察监督制度的范式选择是决定其主体认同和制度实效的关键所在。遗憾的是，新《民事诉讼法》对此问题未予明确，绝大多数的民事诉讼学者和检察官主张采用抗诉方式进行执行检察监督。问题是最高人民法院抵制对执行程序中的裁定进行抗诉的态度在现实中并未发生根本性的改变。笔者困惑的是，此时若是法院执意不受理检察院对执行程序中的裁定的抗诉，检察院应当如何加以选择？换言之，抗诉方式的执行检察监督在中国能否很好地运行呢？它是不是最佳的执行检察监督范式？检察建议是否能够消弭抗诉范式的弊端呢？暂缓执行建议本身就是程序外的手段，检察院在法院不接受时根本就没有制度性救济可作依托。这些问题让笔者深深地怀疑民事执行检察监督制度的运作前景。既然这些执行检察监督范式都有自身的问题，我们是否可以跳出既有的框架，转换思路探求是否有其他更加合理的执行检察监督范式以

---

① 宋朝武：《民事执行检察监督：理念、路径与规范》，载《河南社会科学》2009年第2期，第28页。

供选择呢？

## 二、现行民事执行检察监督方式之反思

一种新路径的探索必是反思性建构，建立在对既有执行检察监督方式的深刻反思基础上。在这场轰轰烈烈的民事执行检察监督的讨论中，学者已经建构出抗诉、检察建议、监督意见、纠正违法通知、暂缓执行建议、现场监督、提起异议之诉、要求说明理由书、执行和解、立案查处执行人员职务犯罪等具有"叠床架屋"式的执行检察监督范式，形成了全方位的多元立体监督架构。尽管如此，仍然未能实现制度外监督与制度内监督的有机互动与合理衔接。究其本源在于，上述的多元执行检察监督范式本身有着很强的脆弱性和虚置性。

抗诉被普遍视为民事执行检察监督的最佳方式，因其具有其他范式不可比拟的优势：抗诉是一种具有强制约束力的制度化的执行检察监督范式。也有学者认为抗诉不宜作为民事执行检察监督的方式，检察院对法院执行行为进行的监督与诉或审判无关，援用"抗诉"的提法不但无法彰显民事执行检察监督与民事诉讼检察监督的不同，而且可能使民事执行检察走入单纯引起审判监督程序的误区。[①] 笔者认为，引发审判监督程序的抗诉针对的是已经生效的判决、裁定或者调解书等，这些已经生效的裁判文书很多已经进入到执行程序。换言之，再审程序与执行程序存在水乳交融的关系，很多情形下是无法截然分割开来的。否认抗诉作为执行检察监督的方式，实质上也在否定抗诉的审判监督范式的正当性。况且，执行检察监督的方式不只抗诉一种，亦不会出现单纯引起审判监督程序的局面。一言以蔽之，抗诉可以作为执行检察监督的方式之一。尽管如此，笔者还是对这种方式的实践效果深表忧虑。

---

① 参见谭秋桂：《民事执行检察监督机制分析》，载《人民检察》2008 年第 22 期，第 14 页。

第一，抗诉真正获得法院受理的可能性极低。法院已经基本堵住当事人对执行程序中的裁定提起抗诉的路径，法院拒绝受理时的救济机制亦处于缺位状态。检察院一味地要求法院受理其对执行裁定提起的抗诉，反而会造成检法两家直接、正面的尖锐冲突，实际上不利于民事执行检察监督制度的正常开展。

第二，既判力的制度刚性压缩了抗诉制度的适用空间。再审程序的启动是对既判力支配的法的空间的限缩，"在西欧法律文化传统下，不同法系或不同国家的民事再审制度尽管规定及掌握的再审事由范围有宽有窄，但在具有维护判决既判力及终局性的明确意识并对再审事由施以不同程度的限制这一点却都是共同的"。① 日本更是对再审事由施加更为严格的限制，每年的再审案件极少。日本各级裁判所每年受理的再审案件，随民事诉讼案件总数的增加呈渐增的趋势，但即使到了最近几年，再审受理件数较少的年份仅为400 余件，受理件数多的年份也不过 500 余件。② 尽管我国有着很多国家所不具有的检察院抗诉引起审判监督程序的制度设计，但是它也要受到作为制度性存在的既判力的严格规制。为此，制度设计者在《民事诉讼法》第 207 条严格地规定了抗诉事由，使得检察院现实地提起抗诉的情形极少。

第三，执行抗诉案件极少，抗诉成功率较低。为更形象地昭示抗诉之艰难，笔者统计出 1993—2010 年全国检察系统依审判监督程序提起的抗诉比率、案件改判率和抗诉成功率进而透视执行抗诉之现状。

从表 4 中可以看出，检察院抗诉率最高的是 1998—2002 年的五年中为 2.96‰，1993—1997 年的五年中抗诉率最低，刚过 1‰，2003—2010 年的八年中，检察院抗诉率基本在 1.5‰左右波动。案

---

① 王亚新：《对抗与判定》，清华大学出版社 2002 年版，第 359 页。

② 参见林屋礼二、菅原郁夫编著：《从数据看到的日本民事诉讼》，有斐阁 2001 年版，第 285 页。转引自王亚新：《对抗与判定》，清华大学出版社 2002 年版，第 365 页。

件改判率更是低得可怜，基本维持在 0.2‰—0.3‰。可见，检察院提起再审抗诉的案件极少。我们再来看检察院依照审判监督程序提起抗诉案件的成功率。

表4　1993—2010 年检察院的抗诉率与案件改判率①

| 年份 | 法院结案数量（件） | 检察院抗诉数量（件） | 法院改判数量（件） | 检察院抗诉率 | 案件改判率 |
|------|------|------|------|------|------|
| 1993—1997 | 22461623 | 24213 | 4341 | 1.08‰ | 0.193‰ |
| 1998—2002 | 29620293 | 87761 | 14956 | 2.96‰ | 0.505‰ |
| 2003—2007 | 42584000 | 78823 | 16597 | 1.85‰ | 0.390‰ |
| 2008 | 9847083 | 14707 | 2273 | 1.49‰ | 0.231‰ |
| 2009 | 10551749 | 15519 | 2017 | 1.47‰ | 0.191‰ |
| 2010 | 11010046 | 17564 | 1928 | 1.60‰ | 0.175‰ |

注：抗诉率＝抗诉案件数量/法院结案数量，案件改判率＝抗诉改判数量/法院结案数量。

在表5 中，抗诉成功率最高的是1993—1997 年的27.59%，也没有超过30%，自2003 年开始一直到2010 年，抗诉成功率基本维持20%的比率，伴有递减之趋势。检察院抗诉四起或五起案件，才有一起获得法院的认可，这对于同样行使司法权的检察院有些偏低。检察院按照规范化方式提起的再审抗诉比率和抗诉成功率都很低，这就不可避免地出现这样的情况：既然作为正规的审判监督方式的抗诉的比率已经如此之低，受到重重限制的执行案件的抗诉的境况更是不容乐观，抗诉成功率也是很低。以2013 年为例，北京检察系统提起民事执行检察监督的比率仅为0.04%，最高值为甘

① 统计数字来源于1998 年、2003 年、2008 年、2009 年、2010 年和2011 年的《最高人民法院工作报告》和《最高人民检察院工作报告》。

肃的 15.20%，有几个省份的民事执行检察监督率未及 1%，① 可以想见，采用抗诉方式提起民事执行检察监督的案件比率更低。因此，在执行检察监督制度建构过程中，抗诉作为正式的制度内的监督范式未能真正地发挥期待的制度实效。

表5　1993—2010 年检察院依审判监督程序抗诉案件抗诉成功率②

| 年份 | 抗诉数量（件） | 改判数量（件） | 抗诉成功率 |
| --- | --- | --- | --- |
| 1993—1997 | 15734 | 4341 | 27.590% |
| 1998—2002 | 66757 | 14956 | 22.404% |
| 2003—2007 | 67853 | 16597 | 24.460% |
| 2008 | 9604 | 2273 | 23.667% |
| 2009 | 9332 | 2017 | 21.614% |
| 2010 | 9749 | 1928 | 19.667% |

　　注：这里所说的抗诉案件既包括民事案件（含民事案件与经济案件分开审理时的经济案件），也包括刑事案件和行政案件，改判案件是指直接改判案件，发回重审案件不在统计范围之内。发回重审案件可能改判，也可能维持原判。由于没有具体的数据，笔者只能选择直接改判案件来透析检察院抗诉案件的改判比率。

　　检察建议亦为检察机关常用的监督方式。作为实践中生长出来的法律智慧，检察建议契合强化法律监督的现实需要，有助于矫正法院审判行为和执行行为中的各种瑕疵。检察建议的重要属性是平和性，这使其更易被法院所接受。自 2013 年 1 月 1 日至 2014 年 7 月 31 日，全国检察系统对民事执行活动进行检察监督的案件共有 45966 件，提出检察建议的有 45487 件，占总数的 98.96%，检察

---

　　① 谷佳杰：《民事执行检察监督的当下境遇》，载《当代法学》2015 年第 2 期。

　　② 统计数字来源于 1998 年、2003 年、2008 年、2009 年、2010 年和 2011 年的《最高人民法院工作报告》和《最高人民检察院工作报告》。

建议被法院采纳的有 41984 件，采纳率达到 92.3%。① 然而，自诞生之日起，检察建议便带有很大的缺陷：本身不具有独立的制度品格，无法对法院产生强制约束力。具体言之，检察建议只具有软性的约束力，能否发挥检察监督功能，很大程度上依赖于法院的积极配合。倘若法院将检察建议弃之一旁，检察院亦无可奈何。因此，检察建议缺乏制度内的法院与检察院的双向沟通与合作，更多地呈现出一种单向的程序指向性，更接近于制度外的执行检察监督方式。监督意见、纠正违法通知、暂缓执行建议与要求说明理由书等程序外监督范式均未作为正式制度镶嵌于民事执行程序，不具有当然的法律效力。现场监督，是对区域内有重大影响或可能引发群体性事件的案件，检察院派员到执行现场，监督法院的执行行为。② 此种范式的缺陷在于：一是适用的案件极为有限；二是全国共计 1 万多人的民行检察官无法担负起对数量众多的案件的现场监督职责。

检察院参与执行和解，旨在依凭检察院的权威帮助当事人之间达成和解协议，其根本不是执行检察监督。作为执行救济方式之一的异议之诉是法律为当事人或利害关系人提供的就违法或者不当的执行行为的救济手段，作为公权力机关的检察院无权提起异议之诉。异议之诉也当然不能成为执行检察监督的模式。至于将立案查处执行人员职务犯罪作为执行检察监督范式实际上混淆了检察机关的侦查权与诉讼监督权。检察院追究民事执行中的滥用职权行为或者违法犯罪行为，行使的是侦查权，不属于诉讼监督范畴的执行检察监督权。故此，检察院参与执行和解、提起异议之诉和立案查处执行人员的职务犯罪行为都不宜作为执行检察监督的模式。

---

① 李婧：《2013 年以来五千余民事案件因检察机关抗诉改变终审判决》，载 http://legal.people.com.cn，最后访问日期：2015 年 12 月 10 日。

② 彭志刚、于伟香：《论基层检察机关民事执行检察监督制度》，载《新疆师范大学学报》2013 年第 6 期。

有学者主张法院的执行行为应向检察机关同步备案。① 这种设想极富新颖性，然而法院可能会对备案的合法性加以诘难。同时，这种备案的效力到底有多大，是否所有案件均须向检察院进行同步备案，检察院是否可以直接启动执行检察监督程序等均处于不明状态，也就自然无法发挥执行检察监督所追求的制约法院公权恣意行使的职能。因此，向检察院同步备案的方式亦不足取。

王亚新教授摆脱前述执行检察监督框架束缚，将执行检察监督视为执行救济的措施之一，他提出，"检察监督的引入还是不引入其实并不是缓解'执行乱'现象的关键或先决问题，这样的关键或先决条件恰恰在于对执行救济制度必须加以规范和完善"。② 可以看到，王亚新教授对建立执行检察监督制度持审慎的态度。那么主要依赖执行救济制度能否实现执行检察监督的目的？依笔者之见，这种具有创见的观点适应了两大法系扩大执行救济的趋势，却不适合于我国。因为立法者在设计执行救济制度的过程中就存在重大的定位错误：由于缺乏理论的系统支持，执行救济被当作拯救审判程序中有欠完善的第三人诉讼制度的程序装置，体现民事审判程序与民事执行程序相互分离性的独立的执行救济制度并未真正形成。③ 执行救济制度自身就有很多问题需要克服，希望借助它来承载执行检察监督的制度功能是不现实的。④ 尤其是对于我国这样公权力色彩浓厚的国家，法院在运用执行权的过程中违法执行或不当执行的行为频生，也不可能主要寄望于法院修正权力行使过程中的各种瑕疵。为此，必须引入外部监督机制，而作为法律监督机关的

① 冯仁强、谢梅英：《民事执行行为检察监督制度论》，载《河南社会科学》2009 年第 2 期，第 32 页。

② 王亚新：《执行检察监督问题与执行救济制度构建》，载《中外法学》2009 年第 1 期，第 142 页。

③ 参见赵秀举：《论民事执行救济——兼论第三人执行异议之诉的悖论与困境》，载《中外法学》2012 年第 4 期。

④ 朱新林：《论民事执行救济制度体系》，载《法律适用》2015 年第 7 期。

检察院是最能担当此项法治重任的正当主体。换言之，民事执行检察监督制度确有存在的必要性。

### 三、建构执行检察监督方式之新思路

现行执行检察监督范式都存在这样或者那样的问题，那么转换民事执行检察监督的思考路径就成为一种可能。问题是，这种路径的制度归宿到底意指何处？这个问题值得我们深刻反思。其中最为关键的是，应当拓宽观察问题的视野，紧密结合我国民事执行的现实语境提出有针对性的建构。通过对诸多制度的梳理、筛选和评鉴，笔者发现，刑事案件的检察院批捕程序和瑞士的执行抗告程序能为我国民事执行检察监督制度的建构提供某些细琐的灵感和启示。

先将视角切换到刑事案件的检察院批准逮捕程序。宽泛地说，刑事案件的检察院批准逮捕程序共有检察院、公安机关、犯罪嫌疑人与被害人或被害人的近亲属四方主体。犯罪嫌疑人与被害人或被害人的近亲属争执的是，是否发生刑事犯罪行为以及如何弥补身体的损害与心灵的创伤，公安机关主动或根据犯罪嫌疑人、被害人、被害人的近亲属或者其他主体的报案启动刑事侦查程序。这种公权力的发动直接关涉犯罪嫌疑人人身自由的限制或者财产利益的褫夺，公安机关认为有证据证明犯罪嫌疑人有刑事犯罪的可能性，就会提请检察院批准逮捕。公安机关、犯罪嫌疑人和被害人或被害人的近亲属之间形成三角的程序构造。检察院接到公安机关的提请批捕材料后，指定办案人员进行严格审查，查阅案卷材料，制作阅卷笔录，最终作出批准逮捕或者不批准逮捕的决定。在这四方的程序构造中，公安机关作出的直接关涉犯罪嫌疑人重大利益的决定必须经过检察院的批准。基于此，法律制度对直接关系犯罪嫌疑人重大利益的决定施加了双重限制：一是要公安机关作出提请逮捕的决定；二是这种逮捕的提请须经检察院的批准。这种双重枷锁的限制引导公安机关的刑事侦查权在正确的轨道上运行，有效避免出现权

力恣意行使、侵犯犯罪嫌疑人正当利益的情形。

在民事执行程序中，申请执行人与法院之间形成申请关系，引起强制执行程序的启动；被执行人与法院之间形成干预关系，即法院依法定程序，强制被执行人履行义务，被执行人负有容忍强制执行的义务；申请执行人与被执行人之间是私权能否实现的执行关系。① 法院启动执行程序或者不启动执行程序均为单向的权力行使，无须当事人的同意。这与公安机关立案或不立案的决定程序极其相似。在执行程序中，法院作出的执行当事人的变更或追加、查封或扣押等执行裁定直接影响着双方当事人的重大财产利益，适用的程序不遵循直接言词原则，亦未赋予当事人适当的攻击或者防御手段，也只是单向的权力行使。这难道不与公安机关作出提请逮捕决定或不提请逮捕决定的程序构造相似吗？有论者会说，这样的相似情况比比皆是，为什么偏偏拿这两者作比较呢？这样相似的情况的确还有一些，却不是所有的情形均能对执行检察监督的建构提供路径展开的新颖思路。

这样相似的程序构造引起笔者的深思：在执行检察监督的范式建构中，检察院是否可以发挥其在刑事案件的批准逮捕程序类似的程序角色？在侦查批捕程序构造中，检察院就公安机关的提请逮捕作出决定进而处于程序的顶端。与侦查批捕程序近似的执行程序构造中可否引进第四方对法院的裁断予以审查呢？这种假设成立的话，何者可充任此种角色呢？我们知道，法院不宜成为这种裁断者。无论是本级法院还是上级法院皆为直接的利害关系者，无法保证生成中立而客观的权威裁断。

这就不得不将视野转向检察院。检察院处于执行程序的顶端是否又与侦查批捕程序极其相似呢？这种思路展开的重要原因是检察院的侦查权与法律监督权可以相互兼容。刑事侦查权旨在打击严重侵犯国家利益与社会公共利益的违法行为，维护国民所共同遵循的

---

① 杨与龄：《强制执行法论》，中国政法大学出版社 2002 年版，第 11–12 页。

社会准则，保护遭受侵害的社会成员的正当利益。法律监督权旨在矫正法院或者其他主体的不当行为或者违法行为，规制其在正常的法律轨道内运行，保障当事人或者利害关系人的合法利益。两者具有共通的法律意旨：保护受到侵害的社会成员的正当利益。这为民事执行检察监督制度借鉴、改造侦查批捕程序奠定了良好基础。为此，笔者提出一个全新的思路：在民事执行检察监督制度建构中，法院作出的关涉当事人或者利害关系人的重大实体利益的执行裁定，应当报请检察院批准决定。一旦法院作出的执行裁定，未能获得检察院的批准，这些执行裁定不能生效，当然就不能继续执行。

这种执行检察监督范式从瑞士的抗告制度同样也能获得某些思想上的启迪。在瑞士，民事执行分别由破产事务局与执行事务局完成，各州设有监督机构监督债务执行及破产事务。除应由法院以诉讼程序解决的其他执行异议（主要类同于实体性执行异议）外，利害关系人对破产事务局或执行事务局的决定或措施不服的可向监督机构提出抗告，由监督机构听取各方意见之后予以裁决。对监督机构的裁决不服的，可在裁决宣告后 10 日内以违反联邦法律或者联邦国际条约或者越权裁决或裁决不当为由，向联邦法院提起上诉。[①] 在借鉴这种抗告的基础上，有论者提出应当赋予当事人向法院提出执行抗告的权利[②]，也有论者主张当事人应向同级检察院提起抗告。在笔者看来，尽管瑞士的抗告制度为我们建构执行检察监督制度提供了有益的启示，但仍有必要对其加以中国化的改造。执行抗告本是法律对法院作出的执行救济的裁定不服提供的救济手段，此时法院既是裁决者又是"利害关系者"，即使由上级法院进行裁决，亦无法切断法院之间的共同利益纽带，使得当事人或者利害关系人的利益无法真正获得实质性保障。"向同级检察院提出抗

---

① 冯仁强、谢梅英：《民事执行行为检察监督制度论》，载《河南社会科学》2009 年第 2 期，第 34 页。

② 张庆东：《构建我国民事执行抗告制度之设想》，载《人民司法》2006 年第 2 期，第 85-86 页。

告"的思路，避免了由法院自己裁判自己的尴尬，但是抗告的事后监督性决定了监督效果的低效性，况且抗告本是一种执行救济机制，能否作为执行检察监督的范式也存有疑问。我们应当立足于中国的法治语境，对瑞士的抗告制度进行合理改造，赋予作为法律监督机关的检察院对法院的重要执行裁定予以审查的权力。这与借鉴检察院决定批准公安机关提请逮捕程序改造而成的路径不谋而合。

此种思路的酝酿提出与我国法院执行权力过大密切相关。执行法官的权力涵盖受理与发出执行通知、采取执行措施、审查执行异议、决定暂缓执行、中止执行、终结执行或执行回转、变更或追加执行当事人以及执行第三人到期债权等多种事项。① 如此众多的权力高度集中于执行法官，加之法律缺乏对执行法官必要的程序规范机制，使得法官在执行过程中常有侵犯当事人或者案外第三人利益的情形发生。典型的是，被执行人无财产可供执行，法官发现与其有法律关系的案外第三人持有财产，在缺乏实体审判过程中，亦未征得第三人同意的情况下，有权直接追加或者变更其为执行当事人。由此导致，一方面，当事人或者案外第三人的实体利益处于不安定状态，程序参与权遭受不当侵夺；另一方面，国民对司法裁判的认同度和法院的信任度遭到很大的侵蚀并在低位不断徘徊。"一个切实可行并有效的法律制度必须以民众的广泛接受为基础，而相当数量的不满和反对现象的存在所标示的则是法律的一种病态而非常态。"② 为保证法官的执行权力在法定边界内运行，就应当建立一种机制，能对法官作出的涉及当事人或者利害关系人重大实体利益的执行裁定予以审查批准。在我国，找不出比检察院更适格的主体来充任审查批准的角色。当然，建构新范式绝不意味着排斥抗诉或者检察建议等既有范式的实践运用。事实上，只有制度内的监督

---

① 童兆洪：《民事执行权的理论构建》，吉林大学 2004 年博士学位论文，第 119 页。

② ［美］博登海默：《法理学：法律哲学与法律方法》，邓正来译，中国政法大学出版社 2004 年版，第 370 页。

范式辅以制度外的监督范式，二者的协同共进才能真正实现执行检察监督的制度实效。

"能动司法"已经成为中国司法改革的时代话语，一般将其与多元化纠纷解决机制紧密结合，发挥法官的司法能动性，[①] 而检察院的能动性却基本未被提及。能动司法应包括法院的能动性和检察院的能动性，特别是法官权力高度集中的执行领域更加需要检察院的能动性的发挥。这种能动性不仅体现为检察院提出抗诉、检察建议、纠正违法通知等事后的检察监督上，而且更应该体现在检察院就法院作出的执行裁定审查批准的事中监督上。确立这种事中监督方式，才能真正彰显检察院对法院权力的有效制约。

客观地说，笔者所建构的这种执行检察监督模式是一种"相对合理主义"[②] 的路径。这种执行检察监督范式本身是一种制度变形的做法，在具体的制度运行过程中可能会遭遇这样或者那样的责难，甚至会引起对其正当性的质疑。可能存在的一种质疑是，检察院对法院的执行裁定进行审核批准，那么检察院岂不又成为法院之上的裁判机关，这是否与其法律定位相冲突？众所周知，判断权是法院独享的司法品格，检察院不享有判断权而不可能成为司法裁判机关。之所以赋予检察院审查法院所作的重要执行裁定的权力，最主要的目的是更好地发挥检察院的检察职能，适当约束执行权力的

---

① 参见江必新：《能动司法：依据、空间和限度》，载《人民司法》2010 年第 1 期；江苏省高级人民法院司法改革办公室：《能动司法的实践进路与制度构建》，载《法律适用》2010 年第 10 期；苏力：《关于能动司法与大调解》，载《中国法学》2010 年第 1 期；顾培东：《能动司法若干问题研究》，载《中国法学》2010 年第 4 期等。

② "相对合理主义"是龙宗智教授根据我国特定的法治语境提出的司法改革路径。参见龙宗智：《论司法改革中的相对合理主义》，载《中国社会科学》1999 年第 2 期，第 130-140 页。所谓的"相对合理主义"是指在一个不尽如人意的法治环境下，在多方面的条件约束下，无论是司法改革，还是司法操作，都只能要求一种相对合理，不能尽善尽美。正是由于制度条件的约束，在制度安排上一级实际操作中，我们往往不能不以一些不尽合理的方法达到某种合理的目的。龙宗智：《相对合理主义视角下的检察机关审判监督问题》，载《四川大学学报》（哲学社会科学版）2004 年第 2 期，第 73 页。

恣意行使。这与其法律监督机关的本质并不相悖。有论者担心，现有的执行检察监督范式可能会引起检法的直接冲突，新的模式可能会引起更为激烈的检法冲突，笔者不否认这种可能性。但是，推进执行检察监督制度已经成为我国的共同制度趋向，法院也并非一味消极抵制，也同意建立执行检察监督制度。最高人民法院副院长江必新在 2009 年的讲话中明确提出，"要建立执行裁决权和执行实施权分权制约体制，要加强对执行工作的检察监督，其主要目的就是要通过建立执行工作的监督制约机制，确保执行工作廉洁高效。"①法院态度的转变大大削减了检法两家直接冲突的可能性。同时，各地也在积极调和检法两家的关系，促进其积极的沟通与合作。2007 年 3 月，深圳市人大常委会通过《关于加强人民法院民事执行工作若干问题的决定》要求，"人民检察院应当建立、健全有关工作制度，加强对人民法院民事执行工作的法律监督。"这是全国首次以地方性法规的方式确立了检察院的执行检察监督权，这就从法律上减少了法院对执行检察监督制度抵制的可能性。

## 四、审查批准之执行检察监督方式的程序保障

检察院对法院的执行裁定进行审查批准是更加合理的民事执行检察监督范式，就应当以这一思路为基础展开对其程序构造的深层分析。这些具体的程序结构直接体现检察院与法院在其中的对抗与调和，在进行具体程序设计时应该充分考虑二者之间的利益衡平。

（一）执行检察监督的范围

笔者所建构的执行检察监督范式是一种事中监督，适用范围较为有限：法院在强制执行过程中作出的关涉当事人或者利害关系人的重大实体利益的执行裁定。强制执行程序旨在实现审判程序确定

---

① 江必新：《尽快建立健全内部监督制约机制 将执行工作纳入规范化轨道》，载 http://www.hicourt.gov.cn/news/news_detail.asp? newsid=2009-2-19-14-36-6，最后访问日期：2015 年 12 月 15 日。

的民事私权，并不具体确定当事人之间的是非曲直，然而，实践中用裁定来确定当事人或者利害关系人权利义务关系的情况比比皆是，法律也没有提供适当的救济手段，"大量使用民事裁定确定当事人以及案外第三人之间的民事实体权利义务关系，使大量的案外第三人的民事实体权利义务在没有经过诉讼当事人诉辩的情况下，就由简单的执行程序和执行的民事裁定予以确定，有极大的可能侵害民事主体的民事实体权利，甚至造成更严重的后果，并且没有合法的民事程序进行救济"。① 因此，对这些关涉当事人或者利害关系人的重大实体利益的执行裁定有必要加以检察监督。具体而言，这些执行裁定包括：（1）变更或者追加执行当事人的裁定；（2）诉前或者诉讼中作出的保全或者先予执行的裁定；（3）查封、扣押、冻结、拍卖或变卖的裁定；（4）代位执行的裁定；（5）执行回转的裁定；（6）被执行人申请对国内仲裁裁决或者公证债权文书不予执行作出的裁定。此外，法院作出的同意参与分配的通知，不采用执行裁定的方式，亦应在执行检察监督范围之内。由此可见，这种执行检察监督范式主要针对法院通过积极行为作出的执行裁定。法院怠于行使权利或者消极不作为等不能涵摄到此种范式之下，对其可以通过抗诉、检察建议或者监督意见等方式加以检察监督。

（二）执行检察监督的主体

当执行法院作出涉及当事人或者利害关系人的重大实体利益的执行裁定时，执行法院应当主动将该执行裁定报请同级检察院审查批准。质言之，民事执行检察监督的主体是作出执行裁定的同级检察院。同级检察院与执行法院之间的时空距离最近，便于执行法院对执行裁定进行报批，检察院亦可最快地获悉执行法院的执行行为或与执行案件相关的信息，及时进行信息的反馈，避免出现执行信息不对称性的局面。同时，同级检察院进行执行检察监督可以方便

---

① 杨立新：《从一份执行案件民事裁定书存在的错误看加强执行监督的必要性》，载《法治研究》2009 年第 1 期，第 9 页。

检察院对执行当事人或者利害关系人进行相关的调查取证、核实信息等，保证检察院就执行裁定作出谨慎的决定。再者，同级的法院与检察院在平常的工作中，相互交流比较多，关系比较融洽，这有助于推动检察院对执行检察监督工作的顺利开展。最后，由于执行法院同级的检察院进行执行检察监督可以充分调动县区一级检察机关的积极性，因为传统的抗诉范式中县区一级检察院无权提出抗诉。数量最多的县区一级检察院的参与将极大地提高执行检察监督的实效性。作为例外，当同级检察院遇有客观上难以克服的困难或者受到过度不当干预的，可以报请上级检察院进行执行检察监督。

（三）执行检察监督的启动

现有的执行检察监督范式大多坚持事后监督方式与谦抑原则，[①] 检察院只能根据当事人或者利害关系人的事后申诉，才可提出抗诉或者监督意见等。与此不同，笔者所建构的执行检察监督是一种事中监督：法院作出影响当事人或者利害关系人重大实体利益的执行裁定须经检察院审查核准，若是检察院作出驳回执行裁定的决定，法院的执行裁定不能生效。这意味着，民事执行检察监督的程序启动必须是法院主动向同级检察院进行报批，这将是一种正式的制度性要求。同时，鉴于目前很多法院仍对执行检察监督持抵制立场，司法实践中可能会发生法院未向检察院报请批准就开始强制执行的情形。在这种情况下，当事人或者利害关系人可以向检察院提出申请要求检察院撤销法院的执行裁定，若是检察院发现法院的执行裁定未经批准既已执行，在事实核对清楚后有权撤销法院的执行裁定。

（四）执行检察监督的审查批准程序

同级检察院收到法院的执行裁定后，应对该执行裁定的合法性

---

① 谷佳杰：《民事执行检察监督的当下境遇》，载《当代法学》2015 年第 2 期；孙加瑞：《检察机关实施民事执行监督之程序设计》，载《人民检察》2007 年第 13 期，等等。

与正当性进行全面审查。为保证检察院决定的合理性，应当赋予检察院对执行案卷的调阅权。案件已经终结执行，执行人员已将案卷归还档案室时，检察院可以直接调阅案卷。执行程序尚未终结，相关资料未装成案卷或执行程序虽终结执行人员在规定的期限内未归档的，检察院可以直接向执行人员借阅案卷或者复制相关资料，执行法院应给予配合。① 在审查批准过程中，检察院可以要求当事人或者利害关系人提供证据证明法院执行裁定违法（如拍卖公告或竞拍程序不合法、拍卖成交价远低于评估价、未经评估变卖或应当拍卖而变卖或过高作价抵债损害当事人或者利害关系人利益或者超标查封、扣押、重复查封，等等）。特殊情况下，检察院可以主动调查。对于检察院的调卷或者调查，执行法院应予以配合。

　　检察机关对执行裁定的审查原则上实行书面审查，案情比较重大、复杂、疑难时，可以依法召开由执行法官、有关当事人或者利害关系人参加的公开听证。检察机关应自收到法院的执行裁定的次日起 10 日内作出决定。有检察官提出借鉴瑞士的抗告制度，通过审查处理程序，由检察机关作出撤销或纠正原执行行为的裁定或者驳回抗告的裁定。② 笔者对此不敢苟同。裁定是指法院在审理民事案件过程中，对所发生的程序上应当解决的事项作出的权威性判定。③ 裁定是法院为解决程序性问题而适用的裁判形式，检察院不具有作出裁定的权力。笔者认为，适用"决定"形式更为恰当。经过审查处理，检察院认为法院的执行裁定理由正当的，作出批准的决定；认为法院的执行裁定的理由不正当的，作出不予批准的决定。

---

① 郭宗才：《民事执行领域的检察监督运作研究》，载《国家检察官学院学报》2008 年第 6 期，第 44 页。

② 冯仁强、谢梅英：《民事执行行为检察监督制度论》，载《河南社会科学》2009 年第 2 期，第 33 页。

③ 谭兵主编：《民事诉讼法学》，法律出版社 2004 年版，第 407 页。

（五）对检察院的不批准决定的救济程序

执行检察监督范式对法院的执行裁定设置了一道严格的审查程序，法院在作出涉及当事人或者利害关系人的重大实体利益的执行裁定时必然更加慎重。法院作出执行裁定时已经非常慎重，如若这种执行裁定也未获得检察院的批准而无法继续执行，就应为执行法院配备相应的救济程序。这种救济程序不但为法院提供了挽救被驳回的执行裁定的法律途径，而且可以有效地反过来制约检察院的监督权的滥用，可以说这种救济程序的建立达到了一箭双雕的良好效果。就其制度设计而言，法院在其执行裁定被驳回后，可以在 10 内以检察院违反法律或者滥用职权等为由，向作出不予批准决定的检察机关的上级检察院申请撤销不予批准的决定。上级检察院在收到执行法院的撤销不予批准决定的申请后，应当进行全面审查。必要时，上级检察院也可以向执行法院进行调卷或者对当事人和利害关系人进行调查，并应在收到执行法院撤销不予批准的决定后 10 日内作出决定。经过审查处理，上级检察院认为下级检察院不予批准决定的理由成立的，作出驳回申请撤销的决定；认为下级检察院不予批准的决定理由不成立的，撤销不予批准的决定，并作出批准执行裁定的决定。

## 结　语

"引入说"所力主的"叠床架屋"式的全方位的执行检察监督范式基本上无法实现正式的制度内监督。针对这一根本性缺陷，笔者借鉴公安部门侦查的刑事案件报请检察院批准逮捕程序的制度精髓，并从瑞士的抗告制度中获得智慧的启迪，对其加以改造，从而提出了"法院作出的关涉当事人或者利害关系人重大实体利益的执行裁定报请检察院批准决定"的新的执行检察监督范式。这种模式很好地契合民事执行领域的执行法官权力过大，执行程序失序以及检察院特有的法律监督功能的中国法治语境，使得检察院的检察监督作为一种正式的制度规定嵌入到执行程序中，从而实现了制度外监督向制度内监督的实质性转变。不过，这种新的执行检察监督范式只能是一种"相对合理主义"的改革路径，在具体制度运作中会遇到某些制度困境或者法律困惑。任何一种制度的真正变革都会遇到这样或者那样的困难，不应因遭遇困境就退缩不前。必须说明的是，尽管其思路建构在对既有的执行检察监督范式的批判性反思基础上，但是"法院的执行裁定报请检察院批准决定"的执行检察监督范式并不反对这些执行检察监督范式的实践适用。制度内的监督范式辅以制度外的监督范式的多元运用，才能真正推动执行检察监督的制度性变革。

# 第十章　我国股东代表诉讼制度的建构

## ——兼论《公司法解释四》之相关规定

最高人民法院（以下简称最高院）于 2016 年 12 月 5 日审议通过了《最高人民法院关于适用〈中华人民共和国公司法〉若干问题的规定（四）》（以下简称《公司法解释四》）并于 2017 年 9 月 1 日起施行。总体来看，《公司法解释四》是历次公司法解释中条文最多，涉及问题最广的一个司法解释。《公司法解释四》细化了《公司法》中的一系列规则，主要解决诉讼方面的问题。具体来说，它分别规定了"股东会或者股东大会、董事会的决议效力"诉讼、"股东知情权"诉讼、"利润分配请求权"诉讼、"优先购买权"诉讼和"股东代表诉讼"这五个方面的诉讼问题。以往公司法和相继出台的三部司法解释一直没有对这几类公司诉讼做出相应的规定，在诉讼程序上，民事诉讼法也并没有做出特别的规定，因此本次司法解释的出台是希望能够细化这几类诉讼制度，使得公司法相关的诉讼在审判实践中能够有所指引，增强《公司法》的可适用性。

股东代表诉讼正是本次司法解释针对的几类公司法上的诉讼类型之一。2005 年《公司法》修订，我国第一次以成文法的形式确立了"股东代表诉讼"，但公司法上的数个条文难以解决实践中的股东代表诉讼出现的种种问题。例如，原被告的诉讼地位、公司的诉讼地位、和解、既判力等问题一直没有出台相应的规则，实践中的做法也是应用不一。在股东代表诉讼方面，本次司法解释共涉及

4 个条文（从第 23 条到第 26 条），分别对公司直接诉讼，当事人的诉讼地位，胜诉利益归属，诉讼费用的负担四个方面的内容加以明确和细化，补充了公司法在股东代表诉讼方面的一些空白。但也可以看出，本次针对股东代表诉讼的司法解释（共 4 条）并非能够一蹴而就解决所有问题，还有很多继续研究和深入思考的空间。因此本章将以《公司法解释四》的出台为契机，以股东代表诉讼的民事诉讼程序为出发点，分析本次司法解释对于股东代表诉讼的补充规定及其适用性，尚存在疑问之处以及笔者的合理建议。

## 一、公司诉讼和股东代表诉讼概述

随着世界公司治理模式的发展潮流由股东会中心主义向董事会中心主义过渡，管理权与所有权分离趋势愈加明显，为防止管理层违背受信义务而破坏权力制衡的公司治理机制，股东代表诉讼与股东直接诉讼共同构成股东借助司法权力间接参与公司治理的双臂，愈受重视。[①] 公司的利益是股东、债权人和职工利益赖以实现的根本保障。在公司的利益受到损害时，公司机关应当行使诉权，通过诉讼救济以挽回损失。但是，在某些情况下，公司机关的组成人员（如大股东、董事会成员）就是损害公司利益的行为人，或者虽然不是公司利益的侵权行为人，但与侵权人朋比为奸，这就必然造成公司诉权行使之懈怠。[②] 股东代表诉讼（或者称股东派生诉讼）就是对公司诉权无人行使时赋予股东承担公司诉权的权利：当公司的合法权益受到不法侵害而公司却怠于起诉时，公司的股东即以自己的名义起诉，而所获赔偿归于公司。一般认为，其主要包括以下几个方面的含义：（1）公司的合法权益受到不法侵害，主要是公司的董事、控制股东、经理等公司内部人员的侵害；（2）公司怠于

---

① 王亮：《股东代表诉讼的权利属性阐明——以前置程序重构为中心》，载《学术探索》2015 年第 12 期。

② 刘俊海：《股东代表诉讼的提起权》，载王保树主编：《商事法论集》（第一卷），法律出版社 1998 年版。

起诉或者表示拒绝起诉；（3）公司的股东代表公司，并以自己的名义提起诉讼；（4）公司股东是为了公司的利益而起诉的，因此，胜诉利益应当归于公司。

这一类型的诉讼在德国、日本和我国的台湾地区等大陆法系的国家和地区，被称为股东代表诉讼；在英国、美国、加拿大等英美法系国家称为"派生诉讼"（Derivative Suit）。代表诉讼、派生诉讼的含义基本是相同的，我国《公司法解释四》以股东代表诉讼加以规定，本章亦对大陆法系国家和地区采用股东代表诉讼之概念。

在现代公司制度下，公司经营大权多由董事、经理等高级管理人员把持，而小股东对于公司经营的监督制约能力越来越弱，因而常有董事滥用权力，以及大股东欺压小股东等事情发生。1828 年英国判例首次承认股东代表诉讼的提起权，此后，普通法系各国纷纷仿效英国，允许股东于法定情形下提起代表诉讼，而以美国的相关制度最为发达。大陆法系各国受此影响，也逐步建立起类似制度。法国法院于 1893 年即准许股东代表诉讼的提起权。德国也有此制度。日本 1950 年《商法典》第 267 条、第 268 条规定了此制度，我国台湾地区"公司法"也借鉴美日的做法，在第 214 条、第 215 条规定了股东代表诉讼制度。[①] 除以上国家和地区外，西班牙、菲律宾、韩国等国家在立法上存在这一制度。[②] 我国对股东代表诉讼制度的研究起步较晚，虽然自 1993 年《公司法》颁布之后学者便开始研究英美和日本等发达国家的股东代表诉讼制度，但直到 2005 年《公司法》修订，我国才第一次以成文法的形式确立了"股东代表诉讼"制度。《公司法》第 151 条共分为三款，第 1 款规定了股东行使诉权的主体范围、实体条件和前置程序，第 2 款在

---

① 刘俊海：《股东代表诉讼的提起权》，载王保树主编：《商事法论集》（第一卷），法律出版社 1998 年版，第 84 页以下。

② 赵万一、赵信会：《我国股东代表诉讼制度建立的法理基础和基本思路》，载《现代法学》2007 年第 3 期。

前款的基础上规定了前置程序向股东代表诉讼程序的转化，第3款则将股东代表诉讼对象的范围由公司内部董事、监事、高管的行为扩展到公司以外第三人侵犯公司利益的行为。然而，我国股东代表诉讼制度尚处于起步阶段，与已有一百多年发展历史的西方国家相比仍有诸多不足之处，股东代表诉讼的规定尚显单薄。

为充实股东代表诉讼之相关规定，最高人民法院于2009年10月召开了《关于适用公司法若干问题的规定（四）》（征求意见稿）专家论证会，草案内容显示股东代表诉讼的规定被扩展为10条，对案件管辖地、原告及被告范围、公司诉讼地位、参加诉讼后果、再审等问题都做了更为细致的规定。而在2016年12月5日通过的《最高人民法院关于适用〈中华人民共和国公司法〉若干问题的规定（四）》中涉及股东代表诉讼的条文缩减至4条，可以看出，股东代表诉讼中尚有许多问题未臻完善。

司法实务对学界广泛抱以厚望的股东代表诉讼制度之适用反馈并不甚乐观。2005年公司法修改以来，股东提起代表诉讼借以维护公司权益的案件数量仍未有明显提升，笔者在中国裁判文书网进行检索，[①]经从司法案例中以"股东代表诉讼"为关键词进行检索后发现，从2007年到2016年年末的近10年间一共仅为371个案件（包括一审145件、二审184件、再审29件、再审审查与审判监督案件13件）。另有以"股东派生诉讼"为关键词进行检索，有71个案件，而其中尤多以原告股东主体不适格或未竟前置程序为由而被驳回起诉，极少数案件因原告证据充沛而致胜诉。就此实证数据而言，中国公司法颇费周折方引入的股东代表诉讼制度所致力于维护公司治理均衡、保护中小股东权益的立法目的并未在实践中运行良好。

为避免公司法中股东代表诉讼制度成为一纸空文，应增强这一诉讼制度的可诉性。可诉性指的是其本身不仅具备判断纠纷是非的

---

① 检索的日期为2016年12月22日。

明确标准，并且具备可供当事人选择是否进入诉讼程序的安排以及最终通向诉讼的便捷途径。现行《公司法》所载股东代表诉讼制度集中规定于《公司法》第 151 条，但仅原则上明确了股东在一定条件下具有以自己名义代公司提起诉讼的权利，并无具体构成要素、权利内容、法律责任等规定。股东代表诉讼本是商事实体法上的制度创设，并无专门的民事程序规则与之相适应，此制度建构需在实体法和程序法上共同加以塑造。对代表诉讼股东诉权的形成、属性及其内容，当事人地位，和解的可行性，胜诉判决利益的归属和既判力等问题都予以明确。面对实践中胜诉率极低，偏离轨道的股东代表诉讼，本次出台的《公司法解释四》在很多争议问题上做出了回应，这些回应是否将解决公司代表诉讼中理论和实践的双重疑难？本章将结合《公司法解释四》对新规定、对股东代表诉讼中的程序性问题作出梳理。

## 二、股东代表诉讼当事人的确定

股东提起代表诉讼，是当事人依法行使诉权的结果。当事人行使诉权与人民法院行使审判权相结合，形成诉讼法律关系。诉讼法律关系的形成，既离不开人民法院，也离不开诉讼的各方当事人和其他诉讼参与人。从这个意义上说，研究股东代表诉讼的当事人，是研究股东代表诉讼制度的逻辑起点。

1. 股东作为原告的诉讼地位

股东代表诉讼作为一种特殊的诉讼形态，不能简单地直接适用一般诉讼规则。因而，按照诉讼程序来说，首先需要解决的问题就是，原告以谁的名义提起诉讼，原告需要具备什么资格和条件，才能行使代表诉讼提起权。

股东和公司是相互独立的民事主体，当股东提起代表诉讼时，以谁的名义提起？即适格的原告应是公司还是公司股东？无论是大陆法系还是英美法系，都要求股东以自己的名义提起诉讼。因为公司有自己独立的意志和主体资格，如果其未予起诉，其他主体不能代其起诉。① 例如，美国法院关于公司股东提起派生诉讼权利甚至规定在民事诉讼规则中。《美国联邦地区法院民事诉讼规则》第23条之1规定：如果公司或非法人团体没有实现其应予恰当主张的权利，该公司或团体的一个或多个人或社员则可提起代表诉讼，以实现该公司或团体的权利。在其诉状书中应当证明并主张原告的法律行为发生时，是公司的股东或社团的成员，或者原告或其成员身份是依法取得的……该规定中所说的"原告"，是指提起诉讼的股东，而非股东所属的公司。

股东不仅应当以自己的名义提起代表诉讼，而在提起代表诉讼和进行代表诉讼期间，必须始终具备股东身份。同时，一般认为，股东只要有一份股份，但是只要符合其他条件，法院也不能以其持量过少为由而驳回其诉讼请求。② 英国判例认为提起代表诉讼的股东，要求其证明所诉的过错行为人控制了公司。而要做到这一点的一个最明了的方式是：证明董事会和股东大会均被请求以股东名义提起诉讼，但是都被拒绝。而这种拒绝是由于过错行为的表决所

---

① 早在1843年英国 Foss v. Harbott 一案中，法官就是以原告不适格而驳回原告股东起诉的。在该案中，公司的两名股东代表全体股东控告公司五名董事，法院未予准许。[参见 Foss v. Harbott（1843）2 hare461,PHD/Maindoc/CH9.CHI/Cwin] 法院拒绝原告的主要理由有二：其一，是原告的起诉不符合适当原告规则。根据适当原告规则，公司是独立法人，应由公司对损害公司利益的加害人提起诉讼，而不是由股东提起。如果一个股东人数众多的上市公司的每一个股东都能以自己的名义起诉，则同一件侵害公司利益的纠纷，股东们可能多次起诉，这不仅将会使公司多次受偿而获得不当利益，使判决没有既决效力，无法制止重复的诉讼；而且诉讼的耗时耗费将太大，违背诉讼经济原则。其二，原告的起诉不符合公司内部管理规则。根据内部管理规则，如何对待公司董事及管理人员的行为，应以股东大会上多数股东的意志为准。未经股东大会的多数股东同意，少数股东不得仅因公司经营状况不好或董事的行为违反公司内部规定而对其提起诉讼，法院更不应代替公司股东大会作决定。但是，在 Foss v. Harbott 规则之外，英国的衡平法发展了一系列的例外规则，承认了在一定情形下，股东可以以自己的名义提起派生诉讼。

② 刘俊海：《股东代表诉讼的提起权》，载王保树主编：《商事法论集》（第一卷），法律出版社1998年版，第96页以下。

致。① 日本和美国立法都认为股东持股量的多少对股东提起代表诉讼没有影响。但是，法院有可能根据股东持股量的多少判断起诉的股东能否充分而公正地代表其他同类股东行使公司权利。如果股东持股量过少，法院还有可能令其提供诉讼费用的担保。② 所谓诉讼费用的担保（Security for expenses in deriative action），是指原告股东提起代表诉讼时，法院有权根据被告的申请而责令具备一定起诉条件的原告向被告提供一定数额的担保，以便在原告败诉时，被告能够从原告所提供的担保金额中获得诉讼费用补偿的制度。诉讼费用的担保制度在一定程度上可以防止股东滥用诉权，影响公司的正常经营活动。

综观世界一些国家和地区的相关法律规定，无论英美法系还是大陆法系的公司法或者其他相关法律，都确立了股东代表诉讼制度，其共同点是，原则上都允许公司股东为公司的利益向侵害人提起代表诉讼，但多数国家出于对公司和股东间利益失衡的考量③，均对提起代表诉讼的股东资格作出了一些限制性规定，只允许符合法定条件的公司股东提起诉讼，并非任由公司股东随意提起，尽管对于股东究竟符合哪些条件才能提起代表诉讼，不同国家的具体规定也不完全一致，但普遍规定了相应的条件限制。概括而言，从我

---

① L.C .B .Gower, Gower's Principle's of Modern Company Law, p.650.

② 参见《纽约普通公司法》第 627 条。不过，美国加利福尼亚州的公司法不再把原告股东的持股数绝对作为是否责令其提供诉讼费用担保的标准。该法第 800 条规定，只要原告所在的公司、作为被告的董事和职员能够证明下列两种情形之一的，法院即根据其请求，责令原告股东提供费用担保：一是代表诉讼不存在使公司或其股东受益之合理可能性；二是代表诉讼中除原告所在公司之外的被告根本没有参与原告追诉的行为。法院有权决定担保的数额，但是最高不超过 50000 美元。《日本商法典》第 267 条第 4 项和第 5 项规定，"股东提起代表诉讼时，可以责令股东提供相应的担保；被告提出此种请求时，应当阐明原告提起此项诉讼出于恶意"。可见，日本的立法也采取了灵活的态度，与加州立法相近。

③ 股东不受限制地提起代表诉讼，有可能假借代表诉讼和维护公司利益之名，行谋取不正当私利之实，从而造成与公司其他股东之间的利益失衡，甚至可能损害其他股东的利益。

国 2005 年修订后的《公司法》第 151 条第 1 款来看，我国股东代表诉讼基本采用对美国、日本，以及我国台湾地区制度的折中组合态度，对原告之股东资格的限制分为两种：股东资格限制区分为有限责任公司和股份有限公司：第一，有限责任公司的股东关系具有封闭性，股东人数可以从 1 人到 50 人。由于有限责任公司具有比股份有限公司更强的人合性，因此，《公司法》对有限责任公司有权提起股东代表诉讼的股东资格没有做额外限制，凡是有限责任公司的股东都具有原告资格。第二，股份有限公司的股东关系具有开放性，其股东人数并无上限限制，这一点在上市公司身上体现得最明显。由于股份有限公司比有限责任公司具有更强的资合性，因此，《公司法》要求股份有限公司中有权提起股东代表诉讼的原告应当连续 180 日以上单独或合计持有公司 1% 以上的股份。根据司法解释的规定，"180 日以上连续持股期间，应为股东向人民法院提起诉讼时，已期满的持股时间；规定的合计持有公司百分之一以上股份，是指两个以上股东持股份额的合计"。那么为股份有限公司股东代表诉讼设计"持股份额"及"持股期间"的门槛是否适合呢？有学者认为，着眼于股东代表诉讼制度本旨和我国的司法实践实际状况，1% 的比例对于大部分中小股东依然是相当高的要求，对于部分优先股股东可能更是如此。如果对公司法的条文含义加以严格解释，无疑会剥夺部分中小股东的诉讼权利，因此，在司法实践中可以确立一些例外规则。①

除了对"持股份额"及"持股期间"作为原告主体的限制之外，是否可以从主观方面进行限制？日本公司法中的股东代表诉讼从股东主观方面加以限定："如果提起诉讼追究董事责任的目的是为了追求该股东个人或第三人的不正当利益，或给公司造成损害，则该股东不得提起诉讼。"通常认为，股东提起股东代表诉讼时必

---

① 刘凯湘：《股东代表诉讼的司法适用与立法完善——以〈公司法〉152 条的解释为中心》，载《中国法学》2008 年第 4 期。

须是基于"善意"，必须以维护公司利益为目的，而不能借股东代表诉讼谋求个人私益或实现非法目的。"善意原则"没有具体化的判断标准，但股东若曾参加、批准或默许过所诉侵害行为，或者以干扰公司生产经营、损害公司股东权益为目的，或者为公司竞争对手牟取竞争优势，则其提起的诉讼可以推定为"恶意诉讼"。① 我国《公司法》没有就主观要件作相应的限制性规定，如果被起诉的董事、第三人等被告有证据证明原告的起诉具有恶意，司法机关也应借鉴日本立法并参酌学说理论，认定起诉股东不具备原则资格进而驳回起诉。

但从我国目前对股东原告资格采取持股比例及持股期间的双重限制，与我国台湾地区的规定相似，比日本、美国等国家的限制程度更高，在一定程度上已经能够减少股东滥用诉权而给公司正常经营带来的影响。

通过以上分析可以看出，在确立股东代表诉讼制度的国家或地区，并不是所有股东均能提起股东代表诉讼。因为股东代表诉讼的直接目的是维护公司的利益，制止损害公司利益的行为，如果放任公司股东无限制地行使提起代表诉讼的权利，也有可能出现有些股东利用代表诉讼谋取个人私利，破坏公司正常经营秩序或公司信誉的情形。正是为了避免滥诉，维护公司的正常运转，各国立法均对原告的股东资格施加一定的限制。基于不同国家的历史、法律背景和价值标准的差别，各国的限制条件并不相同，从我国公司治理和公众持股的现实情况看，我国对于股东提起代表诉讼的资格严格多过宽泛，客观上不利于小股东提起诉讼和保护小股东权益。我国上市公司的股份尚未实现全流通，部分上市公司的股份还包含相当一部分不能上市流通的法人股，真正在市场上流通的股份有的还不到一半，在这种情况下，要求达到持股 1% 以上才能起诉，对于分散

---

① 刘凯湘：《股东代表诉讼的司法适用与立法完善——以〈公司法〉152 条的解释为中心》，载《中国法学》2008 年第 4 期。

的社会公众持股人来说，无疑是十分困难的。这使得小股东难以依法获得应有的救济，合法权益得不到应有的保护，而董事、大股东反而有恃无恐，导致公司治理较为混乱，法律规定的治理结构大多有其名而无其实，因而迫切需要鼓励小股东通过合法途径强化对公司董事、大股东的监督。

2. 公司的诉讼地位

公司的诉讼地位是一个公司法与民事诉讼法相融合的问题，其与整个股东代表诉讼的诉讼制度框架、公司治理机制等制度理念密不可分。关于公司诉讼地位的实践操作，各地法院操作不一。有学者对此稍作统计，在"北大法意中国司法案例数据库2.0版"和"最高人民法院裁判文书网"上，通过输入"派生诉讼"和"代表诉讼"进行全文检索，共收集我国从2002年至2014年期间适用股东派生诉讼程序的一审判决、裁定、调解书共计70例，其中，公司作为无独立请求权第三人参加的52例，公司作为被告的6例，公司作为原告的2例，公司未被列为当事人的10例。① 可知，实践中公司作为无独立请求权第三人的比例约为74.3%，作为被告的比例约为8.6%，作为原告的比例约为2.8%，未被列为当事人的比例为14.3%。可见，公司是否应作为当事人、作为何种类型的当事人在实践中仍然混乱。其中首要面临的问题即是公司是否作为股东代表诉讼的必要当事人。

英美法根据当事人与诉讼的关联程度，把当事人分为三类：第一类是形式的当事人，对于这类当事人，如果无法通知或找到时，他们可以不出庭；第二类是必要的当事人，是指与案件有利害关系，为达到公正审理的目的，应该出庭的当事人；第三类是"必不可少的当事人"，即他们不仅对争讼有利害关系，而且其利害关系十分密切，法庭对案件的裁决，必将涉及他们的利益。这类当事

---

① 谢婧：《股东派生诉讼中公司诉讼地位之确定》，载《中共乐山市委党校学报》（新论）2015年第5期。

人应当也必须参加诉讼。① 而股东提起的代表诉讼，其所在的公司为"必不可少的当事人"，起诉时必须将其列为当事人。那么该公司是原告、被告还是第三人？对公司在代表诉讼中的法律地位，各国立法例并不一致。

在美国判例中，公司的诉讼地位明显地分为程序意义的诉讼地位和实体意义的诉讼地位。由于公司拒绝以自己的名义作为原告就其所遭受的损害提起诉讼，股东就将其作为被告，但是它是以名义上的被告而参加代表诉讼的；但同时，法律所判决的利益直接地归属于该公司，该公司又是代表诉讼中的真正原告。但是，在诉讼上，公司是与其他真正的被告为共同被告的。在英国法中，公司也必须作为代表诉讼中的被告。公司作为代表诉讼中的真正原告，如果法院判决实施不正当行为的董事或其他行为人（也是案件实质的被告）向公司赔偿损失，受益的是公司而不是股东（名义原告）。由于公司机关——董事会或股东大会未批准由公司提起的诉讼，所以公司不能作为原告。但公司又不得不作为代表诉讼的当事人。

在大陆法系国家，公司则作为诉讼参加人进行诉讼。根据《日本商法典》第 268 条之 1 第 2 项和第 3 项之规定，股东和公司可以参加代表诉讼；但是，无理拖延诉讼或使法院显著增大负担时除外；提起代表诉讼的股东在提起诉讼后，应当即时将该诉讼告知公司。由此可见，在代表诉讼中，公司既不是原告，也不是被告，而是一种诉讼参加人，作为股东（原告）一方的诉讼参加人参加诉讼。根据《日本民事诉讼法》第 201 条第 2 项规定，代表诉讼判决的效力当然及于公司。不过，由于参加诉讼形式多样，关于此种参加诉讼的性质，有不同看法。以日本为例，日本学界对代表诉讼中公司的参加地位存在三种不同认识：（1）从参加；（2）属共

---

① 参见 ［美］米尔顿·德·格林：《美国民事诉讼程序概论》，上海大学文学院法律系译，法律出版社 1988 年版，第 58 页。

同诉讼的当事人参加；（3）共同诉讼的辅助参加。第一种相当于
我国无独立请求权第三人，第二种相当于我国共同诉讼当事人的追
加，第三种则是无法与我国民事诉讼找到对应物的特殊的当事人
结构。

关于我国股东代表诉讼中公司是否应当作为正当当事人参与诉
讼，在2005年修订的《公司法》中并未明确作出说明，但公司以
第三人诉讼身份参与股东代表诉讼的实践却由来已久。在2016年
通过的《公司法解释四》第24条规定："符合公司法第一百五十
一条第一款规定条件的股东，依据公司法第一百五十一条第二款、
第三款规定，直接对董事、监事、高级管理人员或者他人提起诉讼
的，应当列公司为第三人参加诉讼。"据我国《民事诉讼法》及相
关司法解释的规定，诉讼第三人区分为"有独立请求权第三人"
和"无独立请求权第三人"。其中，有独立请求权的第三人只能通
过起诉的方式参加诉讼。这是因为有独立请求权第三人有权自主决
定是参加原、被告之间已经开始的诉讼，还是另行提起诉讼，抑或
放弃诉讼权利而不起诉。法院应当告知有独立请求权第三人发生诉
讼的情况，但不能直接依职权通知其参加诉讼，是否参与诉讼由该
第三人自行决定。与有独立请求权第三人不同，无独立请求权第三
人参加诉讼的方式有两种：自己申请参加诉讼，或由人民法院依职
权通知其参加诉讼。因此，从上述《公司法解释四》第24条所规
定的公司参加股东代表诉讼的方式（法院依职权通知）来看，可
以认为公司的诉讼地位是"无独立请求权第三人"。最高院采取这
一立场反映出实践中支持公司在股东代表诉讼中应被定位为无独立
请求权第三人的居多，这一规定代表了学界和实务界的主流观点。
作为进一步例证，我们看到多个地方高院颁布的司法解释中亦规定

公司应以无独立请求权第三人的身份参加股东代表诉讼。①

与有独立请求权第三人相对应，无独立请求权第三人在诉讼中不具有独立的诉讼地位，而只是辅助性的诉讼参与人。无独立请求权第三人对原告和被告之间的争议标的没有直接的利害关系，但就该诉讼标的与诉讼的一方当事人有间接的利害关系，该方当事人在诉讼中的成败将会传导性地影响到其自身的利益，因此，无独立请求权第三人参与到诉讼中，是辅助一方当事人进行诉讼。那么该如何进行辅助呢？有学者提出，应当由法律明确规定公司在股东代表诉讼中必须辅助原告作为原告诉讼辅助人。② 也有学者认为公司作为第三人参诉，有可能协助原告股东，也有可能偏袒被告，但公司在诉讼中的意见并不重要。因为原告股东代为行使公司的诉权，此时形成实质对抗的是原告股东与被告。公司更多表现为胜诉利益的被动接收方。

也有学者不同意将其列为无独立请求权的第三人，而应列为名义上的被告。理由如下：将公司列为名义上的被告是认为公司在诉讼中不应被列为原告，因为公司机关拒绝以公司的名义提起诉讼；亦不应被列为必要的共同诉讼人，因为在这种情形下，公司要么与原告股东一同成为共同原告，要么与对公司负担债务的行为人一同成为共同被告，均不合乎代表诉讼与共同诉讼制度的本旨；更不宜被列为无独立请求权的第三人，因为原告股东在代表诉讼中所行使的请求权恰恰是公司的请求权。唯一较为可行的选择是，参酌英美国家的立法例，出于方便性与技术性的考虑，将公司列为名义上的被告。但公司与真正的被告不同，原则上必须坚持中立立场，不能

---

① 《北京市高级人民法院关于审理公司纠纷案件若干问题的指导意见（试行）》《江苏省高级人民法院关于审理适用公司法案件若干问题的意见（试行）》《山东省高级人民法院关于审理公司纠纷案件若干问题的意见（试行）》均有此规定。

② 文新：《股东代表诉讼中公司诉讼主体地位辨析》，载《政治与法律》2015年第6期。

积极地支配诉讼。①

公司虽然与诉讼标的有直接的利害关系，但却不能以原告的身份参加诉讼，而由股东实质上代表公司起诉；同时，公司是诉讼结果的直接承受者，且掌握着与争议有关的相关证据、资料，理应通过适当程序参与到诉讼中。可以看出，无论是作为以英美为代表的国家将公司作为形式被告，还是以日本为代表的国家公司可以选择以原告共同诉讼人或者辅助一方当事人的身份参与诉讼从程序，各国的立法例都认为公司是诉讼利益的核心，均鼓励公司积极地参与到诉讼中来。笔者认为，司法解释应明确规定公司的法律地位为无独立请求权之第三人，是在我国现行的法律制度中比较符合实践、折中和妥协的做法。事实上，在案件实际的审理过程中，为诉讼的顺利进行提供诸多相关的证据，公司从自身的利益角度出发，确保了股东代表诉讼制度的公平公正，同时大大提高了诉讼的办事效率与质量。但依照我国的无独立请求权第三人制度，公司在股东代表诉讼中不能独立地提出诉讼请求，不能对原告提出的诉讼请求或被告的抗辩作出变更、承认或者放弃表示，公司亦没有权利请求或接受诉讼和解，无法独立地就一审判决提出上诉请求。

3. 代表诉讼被告

代表诉讼被告即真正的被告，是对公司实施了不当行为而对公司负有民事责任的当事人。该被告并非是公司的共同诉讼人，本质上说公司与真正被告人的利益关系是针锋相对的，所以二者的诉讼行为是分别独立，对其各自发生效力。例如，不得与形式被告共同委托同一诉讼代理人等。②

---

① 刘俊海：《股东代表诉讼的提起权》，载王保树主编：《商事法论集》（第一卷），法律出版社1998年版，第95页以下。

② 刘俊海：《股东代表诉讼的提起权》，载王保树主编：《商事法论集》（第一卷），法律出版社1998年版，第96页。

根据《公司法》第 151 条规定[①]，我国股东代表诉讼中的被告既可能是公司的董事、监事、高级管理人员，还可能是公司之外的第三人。《公司法》第 151 条第 3 款中还规定了"他人侵犯公司合法权益，给公司造成损失的，本条第一款规定的股东可以依照前二款的规定向人民法院提起诉讼"。立法对该规定是比较模糊的。就"他人"的外延尚无明确规定。那么，是否在此范围内的任何人都适合作为股东代表诉讼的被告呢？第一种观点认为，在此范围内的任何人都有可能因为侵害公司合法权益并给公司造成损失而受到股东代表诉讼的问责；第二种观点认为，公司股东应该排除在"他人"的范围之外；第三种观点认为，非公司控制者是不包括在"他人"范围之内的。原因在于，董事会作为公司的法定诉讼代表机关在公司控制者（如控制股东）所施加的压力和影响下对其滥权行为的诉讼与否通常难以理性判断，而面对非公司控制者实施加害行为的情况却完全可以凭借商业智识做出正常的诉讼决定。

就域外来看，股东代表诉讼被告的范围大致可以分为两种立法模式：以美国为代表的自由主义模式和以英国、日本为代表的限定主义模式。在美国，任何损害公司利益的人都可能被股东提起诉讼，被告范围的宽泛使得股东代表公司诉讼与公司自己起诉具有同样的覆盖面。在英国，股东代表诉讼的被告只能是公司董事，而不得延伸至其他人；日本公司法则将股东代表诉讼被告的范围严格限定在公司内部，包括发起人、设立时的董事和监事、公司负责人、清算人等。从法律条文来看，我国对股东代表诉讼被告的规定更接近于美国的自由主义模式，股东可以提起对公司之外第三人的诉讼，使得诉讼被告的理论范围变得很宽泛。但是，由于我国法律和司法解释均未就侵犯公司合法权益之"他人"的范围作出更明确的规定，实践中存在巨大争议，部分学者和审判人员认为法律规定

---

① 《公司法》第 151 条第 3 款规定："他人侵犯公司合法权益，给公司造成损失的，本条第一款规定的股东可以依照前两款的规定向人民法院提起诉讼。"

的"他人"并非是宽泛意义上的任何第三人，而应当像董事、监事及高级管理人员一样做限定解释。笔者认为，出于发挥股东代表诉讼的积极作用考虑，他人应作宽泛理解，应指除了董事、监事及高级管理人员以外的任何人。根据《公司法解释（二）》第 23 条的规定，清算组成员从事清算事务时，因不当行为给公司造成损失，股东可以提起代表诉讼。① 可见，清算组成员完全可以成为股东代表诉讼的被告。

针对董事、高级管理人员、监事会、监事、他人的范围，《公司法解释四（征求意见稿）》第 31 条对此作出了更为宽泛的解释，将其扩展至全资子公司："公司法第一百五十一条第一款、第二款所称的'董事、高级管理人员'、'监事会'、'监事'包括全资子公司的董事、高级管理人员、监事会、监事。公司法第一百五十一条第三款所称的'他人'，是指除公司或者全资子公司的董事、监事、高级管理人员以外的其他人。"这一条将"董事、高级管理人员"、"监事会"、"监事"扩大到了全资子公司的董事、高级管理人员、监事会、监事，但是《公司法解释四》却最终没有通过双重股东代表诉讼制度，是一个遗憾。

事实上，在我国司法实践中已经出现了多起试图提起双重代表诉讼的案件。在如下的一则案例中，可以略见一二。詹某某、方某某为台湾地区 L 企业股份有限公司（以下简称 L 公司）的股东②。饶平 J 冷冻食品有限公司（以下简称 J 公司）系 L 公司在汕头市饶平县设立的全资子公司。J 公司第一届董事会成员共有 10 名，均

---

① 《最高人民法院关于适用〈中华人民共和国公司法〉若干问题的规定（二）》第 23 条："清算组成员从事清算事务时，违反法律、行政法规或者公司章程给公司或者债权人造成损失，公司或者债权人主张其承担赔偿责任的，人民法院应依法予以支持。有限责任公司的股东、股份有限公司连续一百八十日以上单独或者合计持有公司百分之一以上股份的股东，依据公司法第一百五十二条第三款的规定，以清算组成员有前款所述行为为由向人民法院提起诉讼的，人民法院应予受理。"

② 广东省汕头市中级人民法院（2004）汕中法民四初字第 66 号民事判决书（一审）。

系 L 公司的股东。

两原告认为：陈蔡某某在担任 J 公司董事长、总经理期间，不遵守公司章程和《公司法》的规定，违反公司章程和有关公司管理法规，损害公司利益，剥夺詹某某、方某某的知情权。请求（1）判令被告陈蔡某某停止损害公司利益，排除对原告行使公司知情权的妨碍，履行公司章程规定的应尽义务；（2）判令被告 J 公司清结自公司成立后至今的红利 20 万元并依约定给付两原告；（3）诉讼费由被告承担。诉讼中，两原告明确，诉讼请求第 1 项所称的"损害公司利益"中的"公司"，具体所指为 J 公司。

汕头市中级人民法院审理后认为：本案 J 公司是台商独资经营企业，投资者是台湾地区 L 公司，詹某某、方某某虽是台湾地区 L 公司的股东，但并非 J 公司的股东，原告在本案中并没有起诉台湾地区 L 公司，故本案并非股东权纠纷。

詹某某、方某某是以 J 公司的利益及对 J 公司的知情权受到陈蔡某某的侵害和要求分配公司盈利而提起诉讼。以双重代表的诉讼模式来看，在此案件中两原告认为，作为 J 公司董事长、总经理的陈蔡某某的行为损害了 J 公司的利益，J 公司系 L 公司设立的全资子公司，但由于 J 公司及 L 公司均怠于且无动力对之提起诉讼，其二人作为 L 公司的股东，以 J 公司的名义提起诉讼，追究陈蔡某某损害 J 公司的法律责任，则属于典型的双重代表诉讼。以当时法院的观点来看，法院认为两原告并非 J 公司股东，故其对 J 公司不享有知情权，J 公司即使存在盈余，也应向 L 公司而非向两原告分配；至于 L 公司是否将其从 J 公司取得的盈利在其股东中进行分配则属于另一法律关系，詹某某、方某某在本案中并没有起诉 L 公司，故不属于本案审理范围，遂判决驳回两原告的诉讼请求。

设置双重股东代表诉讼是否有必要？股东代表诉讼制度诞生之初，企业结构主要体现为单一、平面的形态，公司所有权清晰，法律关系简单，独立享有权利和承担义务，因而股东代表诉讼制度也能够充分发挥其作用。而如今，在经历全球性公司合并、重组浪潮之后，越来越多的企业以企业集团的形式呈现，各企业之间紧密度、关联度增强，出现众多关联公司、母子公司、控股公司。显然，现代公司结构已经趋向更为复杂、立体、迈向集团化。正如有的学者指出，以若干股东设立独家公司的传统模式面临挑战，逐渐出现了以资本为联结纽带、以母子公司为主体、以集团章程为共同行为规范，由母公司、子公司、参股公司以及其他成员企业或者机构共同组成的企业法人联合体的现象。①

因此，互为母子公司的两个公司的管理团队实为同一批人或者子公司的管理团队实际上由母公司进行安排，进而可能导致当出现母公司依其强势地位作为子公司股东侵犯子公司利益（尤其是唯一股东或控股股东的情况）的情况，一则母公司不会自己起诉自己，二则子公司管理团队受母公司控制也不会为子公司利益提起诉讼，这种情况下股东单重代表诉讼似乎难以启动，也无其他救济途径，母公司的最主要利润来源于下属子公司，在子公司董事、监事及高级管理人员预谋采取不当行为侵害子公司权利时，母公司股东作为利益的最终获取方将间接受到侵害，若对此类情况不加约束，纵容子公司董事、监事及高级管理人员的侵害行为，不仅母公司股东权益难以得到保障，同时也会殃及子公司、母公司的利益，不符合公平正义的法治理念。母公司股东作为侵害的最终承受者，无疑需要司法赋予母公司股东救济的措施，这是股东双重代表诉讼的理论基础。

在域外，股东双重代表诉讼模式始于案例、发展于案例，也经历了一个从肯定到否定再到肯定的辩证发展过程。股东双重代表诉讼的发展，最早以美国为活跃地区，其他地区如日本、我国香港地区、韩国等，对该制度也有吸收与借鉴。美国学者 David W.

---

① 薛夷风：《试论多重代表诉讼及其意义》，载游劝荣主编：《公司法比较研究》，人民法院出版社 2005 年版，第 406 页。

Locascio 认为，股东双重代表诉讼指由母公司的股东为子公司之利益而提起的代表诉讼。[①] Joseph M. Mclaughlin 则认为，股东双重代表诉讼指母公司股东为该母公司的全资子公司或控股子公司请求损害赔偿而提起的代表诉讼，[②]从表述上看皆肯定股东双重代表诉讼由母公司或控股公司的股东提出，其次肯定目的是子公司之利益。不同点是在母公司与子公司控制关系的紧密程度上有所区分，前者仅要求是母子公司间，后者则明确要求适用于全资子公司和控股子公司两种情形。

纵观国外股东双重代表诉讼的历史演进过程，产生、发展的主要原因在于立体结构的集团公司不断增多以及公司并购、重组步伐的加快。从我国经济发展的现状以及代表诉讼的实务发展而言，未来引入该制度仍可期待。

## 三、股东代表诉讼判决及其效力

目前诉讼法学界普遍认为，既判力是指法院作出的终局判决，一旦生效，当事人和法院都应当受该判决内容的约束，当事人不得在以后的诉讼中主张与该判决相反的内容，法院也不得在以后的诉讼中作出与该判决冲突的判断。既判力的消极作用是指在诉讼标的同一的情形下，前诉判决对于后诉在程序上的约束力。如果后诉的诉讼标的与已经作出的确定判决的前一诉讼程序中的诉讼标的相同，则在新诉中，即发生了既判力抵触之理由，应以诉不合法为理由予以驳回，而无须进行实体审理。

---

① "a suit by a shareholder of a subsidiary/corporation's parent to enforce a cause of action in favor of the subsidiary", see David W. Locascio, The Dilemma of the Double Derivative Suit, 83 Nw. U. L. Rev. 729 (1989)

② "a derivative action maintained by a shareholder of a parent corporation to recover for a claim belonging to a wholly owned or majority-controlled subsidiary company", see Joseph M. Mclaughlin, Directors' and Officers' Liability: Shareholder Derivative Litigation Developments, Simpson Thacher & Bartlett LLP Publish dated as of December 9, 2010.

既判力是一种禁止当事人对同一纠纷再度提出争议的强制性效力，因此就必须对其所涵盖的范围进行界定。从确立可适用的具体性基准的角度来分析，一般可以分为既判力的客观范围、既判力的主观范围。既判力的客观范围是指生效判决对哪些实体法律关系有既判力的问题。既判力的主观范围问题，就是对谁产生判决效力的问题。股东代表诉讼的生效判决也毫不例外地产生既判力，对股东代表诉讼生效判决的既判力进行研究，应在立足于保障当事人行使处分权的基础上，亦要充分考虑公司的利益，避免公司受到滥诉之困扰，能促进股东代表诉讼制度的进一步完善。

1. 既判力的客观范围

通说认为，原则上只对判决主文中表述的判断事项产生既判力，而所谓判决主文的判断亦即对于诉讼标的之判断。[①] 由于诉讼标的有传统理论与新理论的不同，既判力的客观范围也随之变化。在股东代表诉讼中界定既判力的客观范围主要在于判断其诉讼标的。股东代表诉讼标的只有一个，即公司与侵害人之间的侵权法律关系。在股东代表诉讼中，由于权利受侵害的直接对象是公司，股东代表进行诉讼权利的实施，但诉讼本身并无实质性变化，因此股东代表诉讼的诉讼标的只有侵害人与公司之间的侵权法律关系，相应地，股东代表诉讼既判力的客观范围也仅及于侵权法律关系。有学者认为只存在一个诉讼标的，理由如下：如果认为股东代表诉讼含有两个诉讼标的，公司与代表诉讼之原告股东间的权利义务关系即原告股东代表公司诉讼的资格也是诉讼标的之一的话，则可能出现无法解决的矛盾。原告股东起诉后，因其代表诉讼资格于法不符，被判决败诉是因为，后一诉讼标的的胜诉依赖于前一诉讼标的的成立，由于该判决对公司及其他股东具有既判力，因此，公司和其他股东将不得再行提起有关该不法行为的直接诉讼或股东代表诉

---

① 江伟、肖建国：《论既判力的客观范围》，载《法学研究》1996 年第 18 卷第 4 期，第 37 页。

讼，这显然与设立股东代表诉讼制度的目的与宗旨是背道而驰的。因此，这也从既判力的角度说明了股东代表诉讼的诉讼标的只有一个。笔者对此所持理由不同：如果是并存在原告股东代表公司诉讼的资格也是诉讼标的之一的话，则对应的是确认之诉的诉讼标的；而在实体法上并不存在这种确认之诉的规定。股东能否提起代表之诉，需要法院对其资格、前置程序进行一定的审查，这些只是审理真正的诉讼标的的必经之规范（其存在是依据实体法之规定），并非是另外一个需要解决法院予以裁判的诉讼标的，不产生既判力。

2. 既判力的主观范围

按照既判力理论，既判力不仅对某一裁判所针对之诉讼标的有拘束力，同时对某些主体也有拘束力。生效判决对哪些主体有既判力就是既判力的主观范围。根据划定既判力主观范围的原则，既判力只对提出请求者及相对的当事人具有拘束力。这一原则表明生效判决对被裁判的诉讼标的是所涉及的当事人以外的人？股东代表诉讼生效判决的既判力是否仅及于其他股东和公司？笔者认为，由于股东代表诉讼性质的特殊性，其生效判决的既判力不仅当然地及于原告股东和被告，也有必要及于公司以及其他没有参加诉讼的股东。在股东代表诉讼中，权利受侵害的直接对象是公司，股东只是间接受害者，股东所行使的是直接受害者即公司的权利，目的也是维护公司的利益。在代表诉讼中，原告股东仅享有程序意义上的诉权，实体意义上的诉权则属于公司。生效判决不仅对原告股东有既判力，而且对公司和其他股东亦产生既判力，不仅其他股东不能再就同一理由提起代表诉讼，而且公司机关也不得再就同一理由提起直接诉讼。换言之，对代表诉讼实体问题的最终判决具有既判力，对公司和所有的股东包括开始为原告但后来又退出诉讼的那些股东皆有拘束力。本次《公司法解释四》对此在第24条第2款作出了规定："一审法庭辩论终结前，符合公司法第一百五十一条第一款规定条件的其他股东，以相同的诉讼请求申请参加诉讼的，应当列为共同原告。"

　　从股东代表诉讼的特性来看，原告股东提起的代表诉讼与公司提起的直接诉讼尽管当事人有所不同，但原告股东仅系代表公司进行诉讼，公司是实质上的当事人，故公司应受既判力约束。股东代表诉讼的诉讼标的是公司与侵害人之间的权利义务关系，对此，公司不得另行起诉，显然系受既判力约束。股东代表诉讼所生实体法效果直接由公司承担，胜诉利益归属公司，这也是判决效力及于公司的表现。股东代表诉讼之原告是否胜诉，并不影响诉讼结果的既判力。原告股东起诉是因为公司怠于行使诉权之故，原告败诉虽是对侵害人的诉讼请求未被认可，但公司本身也可能存在过错。有时正是因为公司的过错（如不及时行使诉权导致诉讼时效期间届满等）才造成了原告败诉。所以由公司承担败诉风险并不过分。而且，如果是因为原告股东恶意提起诉讼的，公司和其他股东应享有对原告股东的赔偿请求权。因此，股东代表诉讼判决的既判力亦及于公司。

　　股东代表诉讼生效判决的既判力亦及于其他股东。在我国，股东参加诉讼的形式乃视股东人数而定。如果股东人数在 10 人以下的，即可以按照共同诉讼的形式参加诉讼，生效裁判的既判力及于所有的股东，其他未参加诉讼的股东亦不能再代表公司提起代表诉讼。如果股东人数在 10 人以上属人数众多的，则按代表人诉讼形式进行诉讼，生效裁判对已经登记的全体权利人有拘束力，即既判力的主观范围包括已登记的所有权利人，他们均不得再向法院就该案重新提起诉讼。与此同时，该生效判决对未参加登记的权利人则具有预决效力，即案件判决后，未参加登记的权利人在诉讼时效期间内提起诉讼，且人民法院认为其诉讼请求成立的，可以裁定适用人民法院此前已经作出的判决，而无须另行裁判。这是法院判决效力的扩张，是间接地把生效判决的效力扩张及于有关的利害关系人，即人数众多的代表诉讼的生效判决的既判力亦及于所有的股东。只要符合条件的股东代表公司向法院提起了代表诉讼，其他任何股东即均应受既判力之约束，不能就同一诉讼标的再向法院提起诉讼。

在股东代表诉讼中，原告股东仅作为形式原告，因此在股东代表诉讼中存在虚假诉讼的可能。以高管损害公司利益为例，高管可以操纵关系友好型股东提起代表诉讼，然后原告股东故意准备证据不足，与高管合谋取得败诉判决。因在股东代表诉讼中，原告股东作为形式原告，其行使的是公司的诉权，因此，一旦判决确定，对公司和其他股东也当然产生拘束力。公司就相关争议已经无权再行提起诉讼。因此，其他股东也就无权另行提起股东代表诉讼。对此笔者认为，可以通过启动第三人撤销之诉来解决相关争议。在司法实践中，一些法院也明确支持提起第三人撤销之诉。例如，深圳市中级人民法院《关于审理股东代表诉讼案件的裁判指引》第17条规定："人民法院对股东代表诉讼案件作出的判决、裁定、调解书生效后，持股时间和比例符合公司法第一百五十一条第一款规定的公司股东依照民事诉讼法第五十六条第三款规定提起诉讼的，人民法院应予受理。"

3. 和解

从英美法系和大陆法系中具有代表性的美、日两国的公司立法及审判实践来看，虽然各自的股东代表诉讼制度的设置有别，诉讼和解制度也存在一定的差异，但在允许双方当事人之间进行诉讼和解方面却是共通的。在美国司法实务中，法官通常肯定股东代表诉讼中的和解制度，特别是上市公司的股东代表诉讼中，以和解方式结束诉讼的比例高达80%。[①] 一方面，股东代表诉讼的诉讼成本远高于一般民事案件，并且在资讯高度发达的当代，很可能会对公司的正常经营造成负面影响。允许原告股东与被告进行诉讼和解，使诉讼能够尽早结束，既可节约诉讼成本，又能使公司及其管理层及早摆脱诉讼的困扰，而提高公司经营管理的效率。另一方面，由于公司具有独立的法人地位，具有自身独立的利益，其利益与原告股

---

① 王林清：《证券法理论与司法适用》，法律出版社 2008 年版，第 529 页。

东的利益很多时候并不一致，原告股东难免会基于私利采取机会主义行为，并且应当注意的是，法院对代表诉讼实体问题的生效判决及其批准的和解方案原则上都具有既判力。诉讼和解一经通过，其他股东皆无权就同一诉讼标的再行提起代表诉讼，当然公司也不得再对责任人自行提起直接诉讼。所以有必要对诉讼和解加以限制和规范。

为避免原告股东采取机会主义行为，就需要有相应的保障机制来防止诉讼和解制度的滥用。在各国所采取的保障措施中，一项重要举措就是赋予公司异议权。我国2005年《公司法》和《公司法解释四》对该问题并无规定，司法实践中已存在这方面的先例。例如，浙江××电力开发有限公司、金华市××物资有限公司与××置业投资有限公司等损害公司权益纠纷案①是一起股东代表诉讼案件，该案在最高人民法院主持下，各方达成调解协议。最高人民法院就该案公布的裁判要旨为："有限责任公司的股东依照《公司法》第151条的规定，向公司的董事、监事、高管人员或者他人提起股东代表诉讼后，经人民法院主持，诉讼各方达成调解协议的，该调解协议不仅要经过诉讼各方一致同意，还必须经过提起股东代表诉讼的股东所在的公司和该公司未参与诉讼的其他股东同意后，人民法院才能最终确认该调解协议的法律效力。"另外，最高人民法院在（2008）民二终字第123号民事调解书中公布的裁判要旨规定，必须经公司和其他股东一致同意才予以认可。可见，实践中最高法院倾向于保护股东代表诉讼和解案件中公司异议权的实现。

同时，公司异议权的实现还需要在法律上赋予和落实公司及其他股东对和解方案的知情权。法院在收到股东代表诉讼的和解方案之后，须通过公告或其他合理之方式将其内容通知公司和其他股

---

① 浙江省高级人民法院（2007）浙民二初字第5号民事判决书（一审），最高人民法院（2008）民二终字第123号民事调解书（二审）。

东，对于有限责任公司的股东以书面形式通知，而股份有限公司的股东则可以公告的形式通知。通知必须包括和解协议的内容及提起异议的时间等，有异议者可以请求法院就和解方案召开听证会或通过其他方式提出异议。未通知公司股东其他股东的和解方案对其无既判力之效力。另外，因为股东代表诉讼本身具有"共益性"，当事人的和解协议不仅影响公司和股东的权益，而且会影响公司债权人的权益，故法律应赋予法院对和解协议的审查权，即原告股东和被告私下和解时，所达成之和解方案必须经过法院批准。事实上，在股东代表诉讼的司法实践中，基于原告股东广泛分布，被告、原告股东所在公司以及诉讼律师各自的利益考量再加上代表诉讼案件本身的复杂性，使得绝大部分代表诉讼均通过妥协达成和解并经法院批准通过，从而使该代表诉讼结束，因此对于这一部分还需作出更为细化的规定。

4. 胜诉利益处置

本次《公司法解释四》于第 25 条规定了关于胜诉利益归属的问题："股东依据公司法第一百五十一条第二款、第三款规定直接提起诉讼的案件，胜诉利益归属于公司。股东请求被告直接向其承担民事责任的，人民法院不予支持。"因股东代表诉讼具有代表性质，在公司作为法律拟制的主体，怠于行使诉权的情况下，股东代为提起诉讼，具有民法中无因管理的性质。因此，一旦代表诉讼获得胜诉判决，作为形式原告的股东，其提起诉讼所支付的合理费用（如调查费、评估费、公证费等合理费用）应当由公司承担，这种激励措施在目前来看还有待实践的进一步验证。

## 四、域外股东代表诉讼制度之比较

"股东代表诉讼"这一法律概念被引入中国及得到立法确认的时间不长，相较而言，英国、美国、日本等国家对股东代表诉讼制度的研究和实践时间更长、经验更丰富。因此，对有关公司在股东代表诉讼中地位问题进行域外法对比研究，能够取长补短，对进一步完善我国的相关制度有积极意义。囿于篇幅，本章中只介绍股东代表诉讼中与诉讼程序相关的可供借鉴之部分以供参考。

1. 英国

公司法和民事诉讼法学理论界普遍认为，股东代表诉讼发端于19世纪英国衡平法，是随着英国 1843 年 "Harbottle" 案件确立起来的 "规则" 以及以后陆续确立的一些 "例外规则" 而逐渐建立和完善的，这些规则共同构成了传统的福斯规则。经过了一个多世纪的发展以及在实践中的不断适用与改进，相关判例不断出现，从而形成了一个纷繁复杂的英国判例法体系。然而传统福斯规则所争论的焦点始终集中在是否要赋予股东代表公司提起诉讼的权利，以及股东在什么情况下才可以适用代表诉讼制度。相比而言，传统福斯规则的天平更倾向于尊重公司自治，重视公司运营的有效性，所以小股东提起代表诉讼的权利非常有限。只有出现了违法交易、欺诈行为、需特别多决议通过的不当行为时，股东才有行使代表诉讼的权利。由于这些行为都不可以被简单多数股东批准，因此英国法又称它是 "不可批准之过错理论"（the non-ratifiable wrong theory）。其结果的直接导向是股东代表诉讼也是作为判例的例外而存在，在实践中难以适用。这使得代表诉讼制度几乎没有为小股东提供有效地保护自己和公司利益的手段。

而随着世界上成文化发展的逐步加快和公司代表诉讼产生的种种弊端，英国也积极进行了公司法成文化发展。最终于 2006 年 11 月 8 日获准通过《公司法》，完成了最后的立法程序。有关股东代表诉讼制度被规定在《公司法》第 11 部分第 1 章第 260—264 条中。2006 年《公司法》对代表诉讼的改革主要体现在以下三个方面：第一，扩大了适用范围。判例法下若股东会可能或已经批准了董事的不适行为，则禁止小股东提起该类诉讼。2006 年《公司法》针对上述做了重要的变革，小股东针对董事实际或计划的不履行责任、过失和违反义务等行为，均可起诉，不再以股东会决议为要件。第二，改革诉讼前置程序，将其一分为二。先由小股东提出案件表面证据成立，法院审理后决定是否继续诉讼程序，赋予了法官极大的自由裁量权，让法官来掌控整个代表诉讼案件的发展节奏，司法监督成为维护公司效率和小股东保护之间平衡的主要方法。这是英国关于代表诉讼改革的亮点，然后由公司提供证据，避免其遭受恶意诉讼。第三，针对"少数股东欺诈"严格适用条件，新的公司法规定了在欺诈情形下，废除了原告股东对不当行为人是否控制了公司，是否从中获益的举证责任。第四，列举了法院对该类诉讼的考察因素。对此尽管新法并未给出明确的标准，可还是列举了多种情形以供法官审理参照。同时新公司法还强调法院应根据个案分别作出判断，可以不受这些情形的影响。关于程序性规定，《公司法》进行了三方面修改：其一，非公司现任成员，不能成为原告；其二，设置法院许可继续进行代表诉讼的前置审判程序；其三，法院就代表诉讼审查是否许可的考察因素。

英国 2006 年《公司法》对股东代表诉讼从实体和程序两方面进行修改，相比判例法更具优势。为了保持与新公司法的协调，英国 2007 年《民事诉讼规则》对 1999 年原有的民事诉讼规则进行了修订，就诉讼提起、诉讼告知、费用和补偿制度及中止和和解制度以及有关代表诉讼管辖的内容予以规定，由此形成实体法和程序法相互衔接的立法模式。例如，1999 年《民事诉讼规则》第 19.9 条第 7 款规定，若原告股东合理诚信起诉，即使败诉，法院也有权命令公司补偿原告的诉讼费用。但该条规则并未规定费用补偿的授予条件，而在第 19.9 条注释中要求申请者有义务证明他真正地需要这笔补偿费用。2007 年《民事诉讼规则》对此进行修订，法院可命令因此诉讼受益的公司、法人或者工会，对原告因许可申请或进行代表诉讼中或两者兼有中产生的费用进行补偿。在诉讼和解方面，2007 年《民事诉讼规则》同样秉持了这一态度，凡是法院许可的继续代表诉讼，未经法院命令许可不得中止或者和解。这也实际上反映了法院在代表诉讼程序中发挥着主导性的作用。

传统判例法下的股东代表诉讼规则设置不但严格生硬、不成体系，而且还标准模糊，难以适应现代经济的发展。因此，英国开始逐渐重视股东代表诉讼制度的成文化。经过漫长的历程，终于在2006年《公司法》和2007年的《民事诉讼规则》中正式确立股东代表诉讼制度。在成文法中规定股东代表诉讼制度可以说确立了一个更现代、更灵活、易实现的股东提起代表诉讼的标准。这两部制定法，从实体法和程序法上共同对更加现代化的股东代表诉讼制度设计作出了具体的回应。

从我国来看，2013年修订的《公司法》第151条就股东代表诉讼提起的条件、被告范围以及前置审判程序只是作了原则性的规定。而最高院出台的《公司法解释四》就代表诉讼的等程序性问题又作了进一步规定，这显然和英国的立法模式有所不同。在此可以对英国的立法模式予以借鉴，在公司法和民事诉讼法就股东代表诉讼分别进行立法规定，实施起来又相互配合，有利于避免只是单一规定在一个法文本中不足的尴尬。毕竟过多地将诉讼程序性的内容规定在实体法中是不妥的。

2. 美国

诉讼作为解决纠纷的一种机制，在美国的运用相当广泛，而公司法除了立法，相当多的程度上还得到了判例的推动，因此在全球备受瞩目。尤其是股东代表诉讼，虽然原产自英国，起先作为衡平救济而问世，而经过在美国的发展和完善，现在成了股东诉讼的一种重要的方式。在美国，代表人诉讼和个人诉讼被总称为直接诉讼（direct suit），以此与代表诉讼相对称，这也恰当表明了两种诉讼的不同性质。①

一般认为，股东代表诉讼的全面发展是在美国。在美国公司法早期判例中，无人试图从中推导出禁止少数派股东提起诉讼的一般性实体规则，美国法院也没有想到要考察多数股东的追认权力。1871年的 Attorney General v. Utica Ins. Co. 一案，首开了小股东有

---

① 李小宁：《公司法视角下的股东代表诉讼》，法律出版社2009年版，第57页。

权控诉公司管理层的先河，法院开始接受股东对公司的起诉。随后经过一系列判例，股东代表诉讼制度不断成熟，其诉讼对象也由公司内部成员扩充至公司以外的第三人，并于1881年以成文法的形式确立了历史上有名的衡平规则94（Equity Rules 94），允许小股东为公司利益提起代表诉讼。19世纪末期，美国股东代表诉讼制度开始得到较大的发展，代表诉讼被大量受理，与股东直接诉讼划清了理论和实践的分野界线。20世纪50年代美国律师协会制定的《标准商事公司法》（Model Business Corporation Act）第七章规定了"代表诉讼程序"，并于1990年又进行了全面的修订，使之更趋完善和合理。1966年美国联邦政府在增补《联邦民事诉讼规则》第23条对股东代表诉讼作了专门规定，1987年又对该条在法律技术层面加以整理。

在原告股东的资格限制上，美国《标准商事公司法》第7.41节对原告股东资格作出了具体规定：股东不能启动或者继续一项代表程序，除非该股东：在被控诉的作为或者不作为发生时为该公司股东或者通过合法的转让从一名当时的股东手中受让股票而成为公司股东；且在行使公司权利时公正、充分地代表了公司的利益。根据法律规定及对实践判例的总结，美国对原告资格问题主要形成了以下规则：（1）当时持股规则（Contemporaneous Ownership Rule）；（2）持续违法行为原则（Continuing Wrong Theory）；（3）公正、充分的代表性；（4）净手规则（the Clean Hands Rule）。

美国股东代表诉讼对被告的范围采用自由式，没有加以限制。同时，对被告的违法行为也规定得很宽泛。因此，在制度产生的初期，美国法对该制度的限制是很小的，股东可以起诉的对象十分广泛，与公司自身有权提起的诉讼范围相同。对公司实施不当行为的大股东、董事、经理、雇员和第三人均在此列。但基于美国对董事经营行为尊重的传统，以及上述商业判断规则在前置程序中的运用，实践中几乎没有公司外部人成为代表诉讼被告的案例。因此，在实际操作中，该制度的可诉主体主要为公司内部人。

在处理代表诉讼程序的问题上，美国采用处理集团诉讼的相关规则，[1] 人数众多的中小股东构成一个诉讼集团，代表诉讼可以看作集团诉讼的一种具体形式，未起诉的股东的地位等同于集团诉讼中的集团成员，类似于我国代表人诉讼中的被代表的原告方当事人。当数个股东分别就同一事实提出代表诉讼时，若无其他限定因素，美国法院一般允许首先立案的诉讼继续进行，其他诉讼则会被中止、驳回或合并到已立案的诉讼中去。如果未起诉的股东在诉讼进行过程中要求参加诉讼，按照集团诉讼的规则，由法院以职权决定是否准许，通常允许和鼓励其他股东加入到原告队伍中来，但以《联邦民事诉讼规则》第 24 条第 1 款规定，如果申请人的利益已由现在的当事人给予充分代表的，不予准许参加。当原告股东人数众多时，美国法院通常仍要指定诉讼代表人，按照集团诉讼的要求来处理。

为激励股东提起合理的代表诉讼，美国股东代表诉讼制度中设置了诉讼费用补偿请求权及比例性个别赔偿请求权。尤其在诉讼费用补偿方面，美国《标准商事公司法》采用了"实质利益原则"。该法第 7.46 节规定：在终止代表程序时，法院可以命令公司向原告支付在程序中发生的合理费用（包括律师费），如果法院认为该程序使公司获得实质性的利益。[2]

目前在我国股东代表诉讼的激励机制比较薄弱，激励措施不足，使得股东在提起代表诉讼时将背负比较沉重的成本压力，股东代表诉讼成为条文上的制度而发挥不了实际作用。作为提起诉讼的小股东其要预付很大一笔诉讼费、律师费，以及差旅费等费用。在美国，作为一般原则，当代表诉讼给公司带来实质性利益时，即使公司未从中获得特定财产金额，原告股东仍可从公司获得合理性费用的补偿。至于公司对于胜诉原告的补偿，是否应以公司从胜诉判

---

[1]　沈达明：《比较民事诉讼法初论》（下），中信出版社 2000 年版，第 161 页。

[2]　沈四宝：《最新美国标准公司法》，法律出版社 2006 年版，第 86 页。

决中获得财产利益为限？借鉴前述美国法的"实质利益原则"，即只要代表诉讼的结果对公司有一定的好处，即便诉讼之结果仅产生了阻止公司董事或其他高级职员从事不当行为的效力，股东亦有权要求公司补偿其合理费用。本次《公司法解释四》第 26 条规定："股东依据公司法第一百五十一条第二款、第三款规定直接提起诉讼的案件，其诉讼请求部分或者全部得到人民法院支持的，公司应当承担股东因参加诉讼支付的合理费用。"我国虽然在激励股东提起诉讼上有所进步，但和美国的实质利益原则的规定仍有所差距。股东提起诉讼时仍心存芥蒂，因为无论如何股东都需承担代表诉讼败诉的风险。

3. 德国

《德国关于公司完善和股东诉讼现代化的法律》（以下简称GUMA）于 2005 年开始生效，把英美法意义上的股东代表诉讼制度引入了德国。虽然德国法对该制度的设计在很大程度上借鉴了美国的制度，但德国公司本身结构上与美国存在较大不同，德国立法者根据本国公司法实践情况锐意创新，使得德国法上对股东代表诉讼制度的程序性限制有一些独特的规则。在此之前，德国法上并不存在英美法意义上的股东代表诉讼制度。德国法上小股东的权利局限于敦促公司或者其特别代表人提起公司诉讼，而不能自行提起股东代表诉讼，这是由于历史上德国法始终坚持公司的损害赔偿请求权必须由公司自行行使这一原则。在实践中，这条规定收效甚微，主要原因除了关于诉讼主体的限制，诉讼客体也限制在公司董事或监事，而把公司控制股东排除在外。

德国法在引入股东代表诉讼制度的同时，通过诉讼许可程序这一程序的设定，为其合理的实施奠定了基础。诉讼许可程序的目的是对股东代表诉讼的构成要件进行审查，从而将不合理的、不应该的、不必要的诉讼排除，一方面减少法院的工作负担，同时也避免公司陷入过多不必要的法律纠纷中。只有顺利通过诉讼许可程序，股东才能成为适格原告。GUMA 第 148 条对资格审查确立了四项审查要件：包括原告主体的资格、前置申请、公司损害和公司利益。在原告资格方面，德国同样有关于持股比例和同期持有的限制规定。例如，GUMA 对于持股比例的限制为合计持有公司 1% 或超过 10 万欧元股本，同期持有则要求提出诉讼许可申请的股东需要证明他（或者在全部继受的情况下他的合法前手）是在义务违反或损害事实公开而被迫知晓之前取得股票的。在前置程序方面，德国 GUMA 第 148 条规定，提出诉讼许可申请的股东需要证明自己已经徒劳地，并设定合适期限地向公司提出由其自行起诉的要求。提出申请的股东必须要用已经存在的事实证明，其对公司的利益因为其要起诉的不正当行为或者重大违法或者违反章程的行为而受到损害的怀疑是正确的。法院在前置程序中需要审查申请股东希望提起的诉讼是否与公司利益存在重大抵触。虽然股东代表诉讼是从公司利益出发，但提起该诉讼并不总符合公司利益，在此德国法上赋予了法官自由裁量权，在诉权与公司利益间作出权衡。

德国的股东代表诉讼在借鉴英美相关制度的基础上，也根据本国实际情况在制度设计时进行了有特色的创新——股东论坛制度。德国股东代表诉讼对原告股东的持股比例或数量作了限制，为了保证诉讼的严肃性及诉权不被滥用，该持股比例或数额的要求不是非常容易满足，特别是在股权分散的现代公司中，股东需要满足提起代表诉讼的条件往往要联合多个股东，然而股东特别是小股东之间经常缺乏互相了解的途径。针对这种情况，GUMA 在第 127 条中规定了股东论坛这一制度。根据该条规定，股份公司需要在电子版的德国联邦法律公报上设置股东论坛，股东或股东联合会可以在该论坛上向其他股东发出申请。这样的制度设定不仅有利于股东间的联系交流，且能帮助小股东联合以满足股东代表诉讼前置程序中对于持股比例或数额的要求，这无疑能增加小股东提起股东代表诉讼的动机及可能。该制度是德国股东代表诉讼制度的重要创新之一。

4. 日本

为传统的大陆法系国家，日本的商法典制定于 1899 年明治维新时期，参照德国法加以修订，然而受到"第二次世界大战"结束后世界政治格局的影响，1950 年日本对商法进行大修改时，又参照美国法引入了很多新的规定。日本的股东代表诉讼制度在这一时期被引入商法。由于这一历史渊源，虽然同为大陆法系国家，日本法上的股东代表诉讼制度与德国法相比存在较为明显的差异，而与美国法更为接近。时至今日，日本的股东代表诉讼制度已经施行了 60 多年，然而受到种种因素影响，在开始施行的前 40 年里，援引该制度提起的诉讼数量屈指可数。针对这种情况，20 世纪 90 年代以后，日本商法上曾多次对股东代表诉讼制度进行修改，而后一方面相关案件数量增加明显，另一方面制度本身也趋向合理。2003 年开始的"公司法制现代化"运动促成了日本公司法的法典化，并对其条文进行了大幅度的实质性修改，并于 2006 年开始实施，股东代表诉讼制度得以进一步完善。

日本法上对股东代表诉讼的原告主体资格规定与德国法对持股比例或数额的明确规定及规定的持股时间要件不同。日本现行《公司法》参考美制，将原商法中的客观规定保留，加入了新的主观要件，与此共同构成了新法下对申请主体的要求。

在持股期间方面，《日本商法》第 267 条第 1 款规定，代表诉讼的申请股东在提起诉讼申请之前需要连续持有公司股份达到 6 个月以上方可具备申请资格。另外，在日本现行《公司法》第 847 条第 2 款中，对关于申请股东需要持股 6 个月的规定做出了例外规定：如果申请股东为某非公开股份公司的股东，则其对该公司人员提起代表诉讼时没有持股时间的限制。

日本法上并没有对原告股东的持股比例或数额作任何限制，因此该诉权在日本法上是单独股东权。这样的标准虽然有利于法院作出判断，但也可能引发很多问题，日本就有学者指出如此程序性规定下的代表诉讼是不合理的，因为这样的规定无疑忽视了其代表诉讼的性质，他们建议加入主观要件的审查以完善该制度。针对上述情况，日本现行《公司法》对申请主体资格的审查采用了列举的方式，规定了会导致诉讼终止的主观事由。如果申请股东提出的诉讼请求，存在为其自身或第三人谋求不正当利益或者给股份公司造成损害的目的，则申请股东不具备原告资格。该规定考虑了申请股东的主观性，对怀有主观恶意的股东的诉讼资格做出了排除，即如果其提起诉讼主观存在恶意，其仍将被视为不具备起诉资格。这一规定的立法初衷是限制股东滥用诉权，同时在法理上遵循"诉讼应在整体考量上对公司有益"这一原则，很好地弥补了日本股东代表诉讼申请主体审查中主观要件缺乏的缺陷。

在前置程序方面，日本法上规定除非有例外事由，否则申请股东提起代表诉讼必须经由前置请求程序。根据日本现行《公司法》第 847 条的规定，申请股东必须首先请求公司对要诉行为自行提起诉讼；公司在 60 日内未自行提起诉讼的，申请股东可以提起代表诉讼；如果这一等待期间公司又受到无法恢复的损害风险时，申请股东可直接提起诉讼，与我国规定较类似。

除了上述程序性规定以外，日本法上较有特色的制度是在股东代表诉讼中的前置程序中，若公司不提起诉讼时须作出书面说明理由制度。在《日本公司法》第 847 条第 4 款有所规定，该条款规定如果公司决定不起诉或者在 60 天届满没有起诉，其有义务将不起诉的理由以书面形式不加迟延地递交给申请股东。该制度一方面对申请股东与公司间诉讼权利义务做出平衡，在其他程序性规定使原告股东承担更多义务的情况下，赋予原告股东获得信息与解释的权利。另一方面也是出于穷尽公司内部资源的考量，希望公司的监督机制发挥作用并使公司严肃面对申请股东提出的诉讼请求。前置程序在我国的股东代表诉讼司法实践中同样是双方争议的焦点内容之一，由于我国并不存在这项制度，法院在前置程序的审查方面实则是要花费较多的精力与时间，因此这一规定在我国也有很好的借鉴意义。

总之，股东代表诉讼制度是一个涉及公司实体法以及民事诉讼法中许多问题的复杂制度，需要实体法和程序法之间良好统筹安排、互相配合协作才能使代表诉讼发挥最大的作用。我国虽然在实体法上有了关于代表诉讼的规定，但事实上我国只是引入了该制度的主体或者说主干部分，至于与代表诉讼中实体法以及程序法上的其他一些更为复杂的规则，如双重代表诉讼、多重代表诉讼、诉讼费用担保、董事及高管责任保险、股东论坛、不起诉说明理由等制度，我国现行的代表诉讼制度或者尚未涉及，或者涉及得比较浅显。因此，总体而言我国的股东代表诉讼还处于初级探索时期。要想真正发挥其功效，不仅在实体法方面要继续予以完善，而且更需要在程序法方面作出进一步的完善。

不可否认的是，从他国公司法以及司法实践的经验来看，这些规则是否存在以及是否设计良好，对代表诉讼制度整体功用的发挥有着不可忽视的作用。因此，这些规则要不要引入、何时引入以及如何引入等问题，尚有待结合我国的国情以及具体的实践情况，进一步研究和探索。